PIQUENIQUE
NA PROVENCE

Elizabeth Bard

PIQUENIQUE NA PROVENCE

Uma história de vida com receitas

Tradução de Geni Hirata

BICICLETA AMARELA
ROCCO

Título original
PICNIC IN PROVENCE
A memoir with Recipes

Copyright © 2015 by Elizabeth Bard

Todos os direitos reservados.

Nenhuma parte desta obra pode ser reproduzida ou transmitida por qualquer forma ou meio eletrônico ou mecânico, inclusive fotocópia, gravação ou sistema de armazenagem e recuperação de informação, sem a permissão escrita do editor. O uso, sem a devida autorização, constitui pirataria e apropriação da propriedade intelectual da autora.

BICICLETA AMARELA
O selo de bem-estar da Editora Rocco Ltda.

Direitos para a língua portuguesa reservados
com exclusividade para o Brasil à
EDITORA ROCCO LTDA.
Av. Presidente Wilson, 231 – 8º andar
20030-021 – Rio de Janeiro – RJ
Tel.: (21) 3525-2000 – Fax: (21) 3525-2001
rocco@rocco.com.br
www.rocco.com.br

Printed in Brazil/Impresso no Brasil

preparação de originais
CHRISTIANE SIMYSS

CIP-Brasil. Catalogação na fonte.
Sindicato Nacional dos Editores de Livros, RJ.

B245p   Bard, Elizabeth
         Piquenique na Provence: uma história de vida com receitas/Elizabeth Bard; tradução de Geni Hirata.
         – 1ª ed. – Rio de Janeiro: Rocco, 2016.

         Tradução de: Picnic in Provence: a memoir with recipes
         ISBN 978-85-68696-26-2

         1. Memórias. 2. Culinária francesa – Usos e costumes.
         I. Hirata, Geni. II. Título.

16-30901   CDD–641.5
                                                 CDU–641.5

Para minha mãe. *Agora entendo.*

SUMÁRIO

CAPÍTULO 1 – Piquenique na Provence 11

CAPÍTULO 2 – Último primeiro encontro 30

CAPÍTULO 3 – O sushi no fim do túnel 51

CAPÍTULO 4 – Cordeiro de sacrifício 68

CAPÍTULO 5 – *Pas Mal* 83

CAPÍTULO 6 – Sobras 102

CAPÍTULO 7 – A grande friagem 125

CAPÍTULO 8 – Raízes 143

CAPÍTULO 9 – A cereja do bolo 161

CAPÍTULO 10 – A terra do tomate 177

CAPÍTULO 11 – A dieta tranquila 197

CAPÍTULO 12 – O paraquedas dourado 218

CAPÍTULO 13 – Em casa 233

CAPÍTULO 14 – O imperador do sorvete 250

CAPÍTULO 15 – Tarefa árdua 265

CAPÍTULO 16 – Hora da vagem 278

CAPÍTULO 17 – Diários da baunilha 295

CAPÍTULO 18 – *La Rentrée* 306

CAPÍTULO 19 – Eu grito, você grita 320

CAPÍTULO 20 – Presente de Natal 338

CAPÍTULO 21 – Operação *Scaramouche* 354

CAPÍTULO 22 – Mil e uma noites 367

EPÍLOGO – Dia de Ação de Graças 379

Lendo René Char 395

Agradecimentos 397

Índice de receitas 398

NOTA DA AUTORA

Alguns nomes e detalhes identificadores foram trocados para proteger a privacidade das pessoas. Mais uma vez, o pobre Gwendal não teve essa sorte.

CAPÍTULO 1

PIQUENIQUE NA PROVENCE

Normalmente, não me apresento a vacas. Mas essas eram importantes, essenciais. Se, por alguma razão, não existissem, nosso sonho de um sorvete provençal feito na região estaria morto antes de começar.

– Olá, senhoras – eu disse corajosamente, notando os ossos projetando-se de suas ancas. Para uma americana, elas pareciam um pouco esbeltas demais para um bom sorvete de lavanda. Mas estamos na França, portanto eu não deveria me surpreender se até mesmo os animais domésticos estivessem de dieta. As vacas me observaram com perfeito desinteresse quando os saltos das minhas botas afundaram na lama do começo da primavera. Uma delas finalmente ergueu a cabeça e me deu toda a sua atenção. Ela ruminava pensativamente um punhado de feno, os grandes olhos aquosos perfeitamente contornados de preto, como Elizabeth Taylor em *Cleópatra*. Repentinamente, sua cabeça inclinou-se em direção às minhas botas e imediatamente levantou-se outra vez, como se dissesse: *"Desculpe-me, madame, mas é evidente, pela limpeza de seus sapatos, que você é nova aqui. Muito, muito nova. E, normalmente, não produzimos leite para ninguém de Manhattan."*

Se você tivesse me dito no dia do meu casamento que dali a dez anos eu estaria de pé em um campo na Provence batendo papo com vacas magras, eu teria assentido com a cabeça educadamente e, torcendo meu colar de pérolas, dito que você estava me confundindo com outra pessoa.

Eu estaria errada.

NÃO VIEMOS PARA FICAR. Não tínhamos nenhuma intenção além de alguns dias de sol e uma avantajada garrafa de Côtes du Rhône.

Céreste, uma hora a leste de Avignon, não é o que você chamaria de parte chique da Provence. É uma cidadezinha de 1.300 habitantes aninhada em um vale ao longo da antiga estrada romana. Os moradores estão acostumados a ver turistas passarem por ali a caminho de cidades mais pitorescas no topo de colinas – Saignon, Lourmarin – nas proximidades. Há uma única rua principal com um açougueiro, duas *boulangeries* e um café com cadeiras de plástico e uma cobertura de palha. A partir do momento em que você entra na cidade pela rotatória perto da cruz de neon piscante da farmácia até o momento em que você sai sob uma abóbada de plátanos gigantes são cerca de 25 segundos. Se você se abaixar para vasculhar o porta-luvas em busca de um par extra de óculos de sol, você pode nem sequer notá-la. Mas ali estávamos nós, um executivo francês exausto e sua mulher americana grávida, para passar dez dias durante o feriado da Páscoa.

Gwendal e eu fomos empurrando nossas malas, as rodinhas barulhentas como as de uma diligência, pelo pátio pavimentado de pedras do B&B. La Belle Cour é uma casa charmosa, cheia de livros, sofás com almofadas grandes e macias, e o severo tique-taque de antigos relógios de pêndulo. Conforme subíamos a escada em espiral para nosso quarto (ninguém me ofereceu ajuda para carregar a mala, embora eu pudesse ter aceitado), corri a mão pelas paredes brancas, frias ao toque. Os travesseiros fofos na cama eram convidativos. Sentei-me, em seguida me estendi, com minha protuberante barriga na liderança, sobre a acolchoada coberta de chenile.

Pensei em outra escada em espiral, três andares de subida a um apertado ninho de amor no coração de Paris. Há dez anos, almocei com um bonito francês – e nunca mais voltei realmente para casa. Meu amante francês é agora meu marido francês, e eu sou uma *parisienne* adotada. Sei qual a padaria do bairro que faz os melhores croissants, posso falar fluentemente com o empregado da companhia telefônica (um feito muito maior do que parece) e posso pedir ao açougueiro um coelho sem pele sem a menor hesitação.

Havíamos passado os últimos cinco anos em quase constante movimento. Gwendal fundou uma bem-sucedida empresa de consultoria e realizou seu sonho de trabalhar na indústria do cinema. Eu havia feito a precária transição de jornalista em tempo parcial para escritora em tempo integral. Meu primeiro livro, assim como nosso primeiro filho, estava a caminho. Tínhamos um apartamento com uma lareira de verdade e algo que se assemelhava a uma banheira. Aos trinta e poucos anos, profundamente apaixonados (ainda que completamente exaustos), tudo estava dando certo.

Quando eu era criança, planejei estar neste lugar no futuro. Esperara minha vida inteira para me sentar no topo de uma bem-cuidada montanha de realizações, admirando a vista. Mas ultimamente, havia outro sentimento se insinuando. Chame de falta de oxigênio. Fadiga de batalha. Talvez seja apenas o bebê pressionando-se firmemente contra minha bexiga, mas a sensação crescente era a de que, cada vez mais, a montanha se sentava sobre nós.

Quando descemos, vestidos para o jantar, já havia quatro copos e uma garrafa de rosé na mesa de ferro batido do lado de fora. Nossa anfitriã inglesa, Angela, apareceu com um prato de *gressins*, palitos de massa de pão, crocantes, longos e finos como uma piteira de cigarro de uma melindrosa, e uma tigelinha de gengibre cristalizado. Ela era alta e elegante, com uma postura de quem cursara uma escola de etiqueta, os ombros recobertos em camadas de algodão e caxemira, e brincos pingentes de prata. Algo na maneira como mantinha seu fácil sorriso sob controle me dizia que era ela a mais expansiva do casal. Seu marido, Rod, usava uma camisa de listras em tons pastel que combinavam com suas faces rosadas. Tinha os olhos brilhantes de alguém que gostava de chorar em casamentos e filmes. Gostamos deles de imediato.

– E então, o que os traz a Céreste? – perguntou Rod, servindo o líquido rosado no copo de Gwendal. Apesar de ninguém nunca ter sido preso por tomar um copo de vinho durante a gravidez – particularmente na França –, eu me contentei, a contragosto, com água mineral gaseificada.

Gwendal fez uma pausa, tentando dar uma resposta que não soasse muito como se estivéssemos em peregrinação. Meu marido é um grande admirador do poeta francês e líder da Resistência na Segunda Guerra Mundial, René Char. Sabíamos que Char vivera em Céreste durante a guerra. Como eu estava entrando no terceiro trimestre de gravidez e estava com receio de voar, decidimos explorar o Luberon, as paisagens e eventos descritos nos mais famosos poemas de Char. Se soa estranho para as férias, bem, suponho que seja. Mas, por outro lado, algumas pessoas observam pássaros.

Assim que mencionamos Char, Angela pousou o copo na mesa, desapareceu para dentro da casa e retornou com uma pequena brochura branca. "Já leu este livro?"

Pelo que se viu em seguida, a história estava ali, logo acima, na rua. Durante a guerra, Char tivera um caso amoroso com Marcelle Pons Sidoine, uma jovem mulher da vila. Eles viveram juntos e dirigiram a rede local da Resistência da casa da família. Marcelle era mãe de uma menina, Mireille, que tinha 8 anos em 1940. "Ela acaba de publicar um livro sobre sua infância com René Char", Angela disse. "Ela mora a algumas casas daqui. À esquerda. Gostariam de conhecê-la?"

Os olhos de Gwendal brilharam, depois ficaram acanhados. Eu podia ver seu cérebro francês trabalhando: *"Mas o que vou dizer a uma completa estranha?"* São precisos mais de dez anos na cama com uma americana para curar um europeu de sua natural reserva. No final, a curiosidade venceu a cultura – não tinha como recusar.

Uma chamada telefônica foi feita, saudações educadas foram trocadas. Mireille teria prazer em nos ver dali a alguns dias.

COM NOSSO COMPROMISSO MARCADO, resolvemos explorar a região. Na manhã seguinte, enquanto eu lia no pátio repleto de flores, Gwendal saiu para uma caminhada. Ele precisava espairecer por causa dos últimos meses de trabalho. Dois anos antes, ele promovera a fusão de sua pequena empresa com uma companhia maior e trabalhara como um burro de carga (ele pertence ao raro gênero de franceses *workaholics*). Agora, encontrava-se em um ponto em que já não tinha controle estratégico. Era como um desses mímicos empurrando o teto de uma caixa invisível; tinha um ótimo salário, um título pomposo, mas ainda assim se sentia aprisionado. Angela e Rod o mandaram pegar a trilha atrás do cemitério local para o vilarejo vizinho de Montjustin. Em um dia claro, podem-se ver os cumes brancos de neve dos Alpes. Gwendal retornou ao meio-dia, os cabelos escuros molhados de suor, as botas enlameadas. Por mais que eu goste de vê-lo de terno e gravata, tinha de admitir que ele parecia cinco anos mais novo de short.

Ainda que eu não estivesse grávida de seis meses, é discutível o quanto eu teria conseguido caminhar. Gwendal, criado na selvagem costa da Bretanha, sempre tivera um vínculo maior com a natureza que eu. Ele gosta de vistas panorâmicas, de sentir a brisa se erguendo dos penhascos, agitando seus cabelos e enchendo seus pulmões como benzina. Quanto a mim, sou uma princesa do asfalto, nascida e criada. Gosto da brisa que sobe das grades do metrô, agitando minha saia e fazendo cócegas nas minhas pernas, como Marilyn Monroe. A vista de que eu mais gosto é a de uma mesa de jantar bem-posta.

Para isso, precisávamos fazer compras. O B&B não servia refeições, e como a maioria das tardes já era de agradáveis 24 graus, Gwendal e eu resolvemos fazer piquenique. Dezesseis quilômetros para oeste, descendo uma estrada que abraça as curvas das colinas de Luberon, o mercado em Apt é uma instituição nesta parte da Provence. Todo sábado, das oito da manhã ao meio-dia e meia, ele toma a cidade inteira, do estacionamento aos limites da cidade velha, pelos arcos estreitos com suas torres de relógio pontiagudas, pelas ruas pavimentadas de pedra, dentro de cada viela, em cada *placette* – uma confusão de queijos, legumes e verduras, linguiças e mel de lavanda da região.

Com o passar dos anos, os mercados franceses se tornaram meu hábitat natural. Posso dizer que quase tudo que aprendi sobre meu país adotivo foi *autour de la table* – em volta da mesa. Os rituais de compras para preparar e compartilhar refeições tornaram-se parte tão intrínseca de minha vida na França que é difícil me lembrar daqueles dias em Nova York quando o almoço eram os 15 minutos que eu levava para andar até o bufê de comida chinesa e voltar para a minha mesa.

Não tínhamos ido além do primeiro arco quando subitamente parei, tomada pelo aroma de morangos. Não a visão; apenas o cheiro. Por cima das cabeças de vários transeuntes, avistei uma mesa desmontável e uma dupla de mãe e filha, de cabelos escuros, arrumando fileiras de cestinhas de madeira. Os morangos tinham a forma de coração com perfeitas coroas de folhas verdes. Eram menores e de cor mais clara que os monstros vermelho-cor de sangue que normalmente chegavam até nós vindos da Espanha.

Tínhamos sido avisados de que a Páscoa era o começo da estação turística, e, de fato, os preços estavam estranhamente parisienses, até mais altos. Mas uma garota precisa comer. Mais especificamente, ela precisa comer os primeiros morangos de Carpentras da estação, privilégio puramente local. Comprei uma cestinha para nós e outra para Angela e pedi à mulher de cabelos escuros para guardá-las até mais tarde para mim. Eu tinha o pressentimento de que iríamos acabar com muitas compras para carregar.

Passamos por um homem que vendia ovos de codorna, pequenos e pintados, os verdadeiros quase indistinguíveis de seus equivalentes doces de Páscoa na vitrine do *chocolatier*. Feixes perfeitos dos primeiros aspargos estavam delicadamente arrumados sobre palha. Era inútil resistir. Eu tinha certeza de que, se pedisse com jeitinho, Angela me emprestaria uma panela e uma ponta em seu fogão para escaldá-los.

Nossos passos diminuíram atrás de uma crescente multidão matinal. Havia um gargalo à frente, na *boulangerie*. Uma carrocinha de ferro batido, versão mais elegante dos vendedores ambulantes de pretzel nas ruas de Nova York, estava estacionada do lado de fora. Além de croissants e *pains au chocolat*, estava carregada de pães ovalados e achatados. Alguns eram cobertos com queijo Gruyère ralado e bacon, outros, com um emaranhado de cebolas caramelizadas e anchovas. No quadro-negro lia-se *Fougasse*, o que me fez concluir que fosse um tipo de *focaccia* local. Inclinei-me para uma coberta com nozes tostadas e com o delicioso cheiro de queijo roquefort recém-derretido. Esse seria o pão perfeito para nosso piquenique, fácil de cortar com as mãos e gorduroso apenas o suficiente para eu ter uma desculpa para lamber os dedos.

A multidão na principal rua de pedestres começava a se parecer com a Times Square na noite de Ano-Novo, todo mundo arrastando os pés e dando cotoveladas. O peso de inúmeras sacolas plásticas cortava meu pulso, e comecei a ver a vantagem das bolsas de palha em cores vivas, à venda ao lado da acelga. Esquivamo-nos para uma rua secundária, passamos por barracas amontoadas de peças de tecidos vivamente coloridos e alguidares de brilhantes azeitonas verdes e saímos em uma pequena praça. Examinei a carga da manhã. Tudo que nos faltava era aquele grupo alimentar francês essencial: *charcuterie*. Aproximei-me de uma van branca sem identificação, do tipo na qual sua mãe o alertara para nunca entrar. O lado da van abria-se para revelar um imaculado balcão de inox e um mostruário. Estava repleto de grossas costeletas de porco, linguiças frescas cheias de temperos, até mesmo *boudin noir maison*, chouriço caseiro (não muito prático para um piquenique, mas não pude deixar de arquitetar como eu poderia levar várias pencas em minha mala de volta a Paris). Contentei-me em levar uma *saucisse sèche au thym* – salsicha seca em formato de ferradura, temperada com tomilho fresco e grãos de pimenta-do-reino. Eu tinha certeza de que Gwendal se lembrara de trazer o canivete de seu pai.

Fazer compras de comida na França sempre me deixa com fome. Munidos com suprimentos para alguns dias, estávamos mais que prontos para o almoço.

―⁂―

NA TERÇA-FEIRA SEGUINTE, chegamos pontualmente às 15 horas para tomar café com Mireille, a filha do amor do tempo da guerra de Char. Ela nos recebeu à porta, uma mulher de cabelos escuros, em seus setenta e poucos anos, usando uma saia de lã, sapatos confortáveis e uma blusa de algodão cor-de-rosa combinando com um lenço no pescoço. Atravessamos passagens em arco, de pedra, da meticulosamente reformada estalagem para viajantes de coches e carruagens do século XVII, que ela compartilhava com o marido e a mãe, Marcelle, agora com 94 anos. Estávamos no andar térreo, a antiga cozinha da estalagem. A grande lareira de pedra, o fogão da época, era quase suficientemente grande para eu entrar. Era fácil imaginar um enorme e tosco caldeirão de ensopado provençal ou de *soupe d'épeautre* pendurado pouco acima das brasas, pronto para dar as boas-vindas aos viajantes que paravam para dar água aos cavalos e partiam à primeira luz do dia.

Uma mesa estava arrumada junto à única janela. Sobre a toalha branca engomada, havia uma caixa de lápis de madeira e um par de fones de ouvido recobertos de couro, ligado a um emaranhado de fios envelhecidos. Pareciam objetos cenográficos para um show de mágicas antiquado. Eu não sabia ao certo o que esperar. Até aquele momento, para mim, René Char era pouco mais que um nome em nossa estante de livros.

Quando você se casa com um estrangeiro – quando você é o estrangeiro –, referências culturais são um dos maiores obstáculos a transpor. Gwendal e eu rezávamos por cartilhas diferentes. Quando nos conhecemos, ele nunca tinha visto *Clube dos cinco*; eu nunca havia visto *Os 400 golpes*. Minha primeira dança a dois foi ao som de *Wham!*, a dele, ao som de um pop star italiano de quem eu nunca ouvira falar. Minha angústia de adolescente (qualquer que fosse) era alimentada por John Donne; Gwendal preferia Rimbaud. Não vou me dar o trabalho de lhe contar o que aconteceu na primeira vez em que tentei fazê-lo comer um Twinkie. Sou formada em língua inglesa e me considero razoavelmente letrada, exceto pelos pequenos trechos que Gwendal lia em voz alta quando ficava particularmente impressionado, a poesia e a história de René Char eram novas para mim.

Eu sabia que Char fora amigo de Braque, Picasso, André Breton, nas encruzilhadas da vida intelectual de Paris entre as guerras. Durante a Segunda Guerra Mundial, ele foi um líder da Resistência francesa, recebendo armamentos de Londres lançados de paraquedas e escondendo armas, refugiados e jovens franceses que recusavam o *service du travail obligatoire*, serviço de trabalho obrigatório na Alemanha. Em 1944, ele foi para Algiers para ajudar De Gaulle a preparar a libertação do sul da França. Mas assim que nos sentamos à mesa, percebi rapidamente que o homem público não era o que Mireille queria compartilhar conosco. "Char foi como um pai para mim", ela disse, mostrando-nos uma carta escrita por ele. Sua caligrafia era regular, inclinada, com um leve floreio – um rabisco para cima na base de cada *L* maiúsculo. Ela abriu sua caixa de lápis de madeira rachada e tocou o bico de metal escurecido de uma pena de escrever. Embora os eventos de que estávamos falando estivessem há apenas setenta anos no passado, ela manuseava aqueles objetos como relíquias.

No verdadeiro estilo provençal, nós nos deixamos ficar ali a tarde inteira: um café, depois um segundo, um conhaque, depois outro. Mireille nos contou histórias de documentos falsos, colaboradores da vila e de Char ajudando-a com o dever de casa junto ao fogão de lenha. A expressão de seu rosto vagava entre a suavidade da nostalgia e o pragmatismo austero dos *paysans* locais. "Ele me fez decorar 'Maréchal, Nous Voilà', o hino de Vichy, e me disse para cantar bem alto na escola, para que ninguém suspeitasse do que estávamos fazendo", contou.

– Vocês têm alguma outra pergunta? – Mireille perguntou, enquanto nos demorávamos sobre nossas xícaras de expresso vazias. Gwendal limpou a garganta. – Li que, apesar de Char ter se recusado a publicar sob a ocupação alemã, ele escreveu durante toda a guerra. Dizem que enterrou os manuscritos no porão da casa onde morava e voltou para buscá-los quando a guerra acabou. – De fato, após a libertação, Char desencavou seus cadernos e os enviou à Gallimard, famosa editora parisiense, e chamaram a atenção do futuro ganhador do Prêmio Nobel, Albert Camus. Publicado em 1946 como *Feuillets d'Hypnos*, esses poemas permanecem sendo a obra-prima de Char. "Procuramos por toda a vila", afirmou Gwendal. "Onde", ele perguntou, fazendo seu rodeio francês para chegar ao ponto, "fica esse famoso buraco no chão?"

– Isto é fácil de lhes mostrar – respondeu Mireille. – Ainda temos a casa.

Na manhã seguinte, nos vimos passando pelas ruínas do castelo medieval e entrando no coração da *vieux village*. As casas nessa parte da vila eram amontoadas, empilhadas como blocos de construção. Era difícil saber onde terminava uma residência e começava outra. Fizemos uma curva acentuada na place des Marronniers, com sua fonte e gigantescas castanheiras, e caminhamos por uma estreita rua de calçamento de pedras até La Maison Pons.

Mireille abriu um portão de ferro e nos levou por um pórtico até um pátio interno. Havia uma roda de carroça de madeira, que chegava à altura de meu ombro, apoiada contra uma parede de pedra. "*Mon grandpère.*" Seu avô paterno, ela explicou, fora um *carrossier*. Sempre nos agachando, passamos por outro portal. Gwendal e eu tivemos praticamente de nos dobrar ao meio para não bater a cabeça nas pedras brutas conforme a seguíamos pelos degraus até a adega. Mireille afastou algumas garrafas vazias e apontou para uma prateleira de madeira baixa, a uns 30cm do chão de terra batida. "*Le voilà.* Foi aqui que Char enterrou seu manuscrito", revelou. "Enrolado em um paraquedas velho."

Gwendal olhou para baixo. "*Este é o homem que amo*", pensei. "*Um homem que pode ficar tão visivelmente emocionado com o vestígio de um buraco na terra.*"

– Costumávamos armazenar carne de porco aqui – continuou Mireille, voltando de repente a detalhes mais práticos. – Naqueles dias, comíamos de tudo. Selávamos os cortes de carne em uma camada de gordura e, quando queríamos um, bastava desenterrá-lo. – Quando nos viramos para ir embora, ela bateu o pé no chão de terra. "Meu tio foi motorista de Char durante a guerra e, antes de morrer, disse que talvez ainda houvesse armas enterradas aqui. Nunca procuramos."

No interior, a casa era um labirinto, uma série de aposentos de paredes caiadas. Nada ficava no mesmo nível. Para ir de um cômodo a outro, era preciso subir ou descer dois degraus. Havia vigas de madeira escura e uma lareira aberta na sala de jantar que ainda recendia ligeiramente a fumaça. Na metade da subida de um lance de escadas ficava o quarto onde Char dormira. Olhei pela janela, de onde ele tivera sua mesa de escrever. Eu podia ver apenas uma fresta da rua. Apenas o suficiente, imaginei, para o poeta distinguir as panturrilhas de uma bela jovem das botas de um soldado alemão. Havia mais três quartos e dois banheiros em cima. O quarto principal, o antigo sótão com telhado inclinado, estava inundado da luz da manhã. "Era aqui que costumávamos pendurar os presuntos", disse Mireille. Era óbvio que onde quer que ela olhasse, via dois mundos, passado e presente. Ela nascera nesta casa, assim como sua mãe. Corri a mão por uma das vigas. Havia um ano entalhado na madeira: 1753.

Antes de irmos embora, saímos para o jardim, um grande terraço de pedra em dois níveis com vista para os campos adjacentes.

Galhos de hortelã nova reuniam-se ao pé de uma roseira trepadeira. A primavera, celebrada no dia primeiro de maio, se aproximava, e os lírios-do-vale estavam em flor. Mireille colheu um galho e o pressionou contra minha mão. As minúsculas flores individuais sacudiram-se como sinos na brisa matinal. "*C'est un porte bonheur*, um amuleto de boa sorte", afirmou, "para o bebê."

Eu não soube o que dizer. Embora estivesse a apenas quatro meses de distância, a maternidade continuava abstrata para mim. A maioria das mulheres carrega bebês em seus ventres, mas, por enquanto, esta gravidez existia principalmente em minha cabeça. Gwendal já se sentia pai. Eu certamente não me sentia mãe de ninguém. Ainda não. Pressionei a flor contra a barriga, imaginando se o bebê poderia sentir o cheiro da primavera através da minha pele.

Subimos os degraus para a parte alta do terraço, e olhei dentro da boca do forno de tijolos ao ar livre, a abertura coberta de teias de aranha e cinzas. Estreitei os olhos para o sol da manhã. Consegui divisar apenas dois cavalos, meneando as cabeças junto à grama de uma colina próxima.

Não sou uma pessoa que saiba muito sobre satisfação. Meus ajustes-padrão tendem mais para empenho e leve pânico. Mas a cordialidade daquele lugar era inebriante: os muros altos do jardim formavam um casulo entre as casas vizinhas, as pequenas espirais de samambaias crescendo entre as pedras sem serem perturbadas. "Sei que foi uma época terrível, perigosa", eu disse a Mireille, "mas dá para sentir que sua família era feliz aqui."

– Éramos, sim. – Mireille esboçou um breve sorriso. – Mas estou triste agora. Dei esta casa para a minha filha, achando que ela voltaria para a vila com sua família. Mas, em vez disso, ela quer vendê-la.

– Ah.

As pessoas que me conhecem lhe dirão: eu quase nunca deixo a realidade atrapalhar uma boa história. Durante quase toda a minha vida, isso me tornou uma sonhadora, uma diletante, até mesmo – para mim mesma – um fracasso. Mas, de vez em quando, alcançamos nossos sonhos e os tornamos reais. As melhores decisões de minha vida foram feitas dessa maneira – uma sensação, seguida de um gigantesco salto no escuro. Nunca me arrependi dessas escolhas, apesar de às vezes quase enlouquecer de preocupação ao longo do caminho. Acho que a maioria de nós gostaria que tivéssemos mais apetite para o risco, não menos.

Gwendal e eu nem sequer trocamos um olhar. Conheço meu marido. Nós dois estávamos pensando exatamente o mesmo.

Caminhamos pela trilha de cascalhos que abraça os limites de Céreste. As casas estavam aninhadas de um lado, o rio e os campos, abertos do outro. Mireille resfolegou um pouco conforme subíamos a pequena colina em direção à casa. De repente, ela parou como se tivesse esquecido algo muito importante. "O Bed & Breakfast não serve refeições", lembrou, enrugando as sobrancelhas com preocupação. "Onde vocês têm comido?"

– Compramos mantimentos no mercado em Apt no sábado – expliquei. – Temos feito piqueniques.

– *C'est bien* – exclamou, balançando a cabeça com aprovação.

– Piqueniques são bons. É o que costumávamos fazer.

―⬥―

É IMPOSSÍVEL DIZER exatamente o que nos comoveu. Alguma inebriante combinação de história, o bebê – sem mencionar aqueles primeiros morangos. Levou apenas um instante para o absurdo se tornar óbvio. Era ali que iríamos viver o próximo capítulo de nossas vidas. Era ali que iríamos nos tornar uma família. Gwendal e eu passamos uma noite insones diante de uma planilha de Excel e, na manhã seguinte, voltamos para perguntar se podíamos comprar a casa.

―⬥―

Receitas para um piquenique na Provence

ASPARGOS COM MOLHO DE TAHINI E IOGURTE
Asperges, Sauce Yaourt au Tahini

Angela de fato me emprestou uma panela para eu dar uma fervura nos aspargos, e este foi o resultado. O molho, muito mais leve que o tradicional *hollandaise*, tornou-se o meu preferido para legumes ao vapor, salmão escaldado, até mesmo para uma improvisada salada de frango.

500g de aspargos finos
2 colheres de sopa de tahini escuro (sem casca)
3 colheres de sopa mais 2 colheres de chá de suco de limão
1 ¼ xícara de iogurte grego natural (com leite integral é melhor)
1 pitada de sal
Pimenta-do-reino moída na hora

Lave os aspargos e corte as extremidades duras dos talos, em seguida cozinhe no vapor, sobre uma panela grande de água fervente por três a cinco minutos, dependendo da espessura. É um pecado cozinhar demais os aspargos (eles ficam moles e com cheiro desagradável); assim, verifique cuidadosamente o ponto de cozimento e retire-os enquanto ainda estiverem firmes e bem verdes.

Para fazer o molho: em uma tigela média de vidro (ou outra vasilha não reagente), misture o tahini e o suco de limão até que fiquem bem incorporados. Acrescente o iogurte e uma pitada de sal, mexa bem. Acrescente a pimenta-do-reino.

Sirva os aspargos mornos ou em temperatura ambiente; sirva o molho à parte.

Rendimento: quatro porções, como entrada ou acompanhamento.

SALADA DE GRÃO-DE-BICO COM PIMENTÕES E ERVAS
Salade de Pois Chiche aux Herbes Fraîches

O grão-de-bico cresce profusamente na Provence e é usado em tudo, de *poischichade*, o *homus* local, a *socca*, o tradicional crepe de farinha de grão-de-bico feito em Aix. Reconfortante e colorida, esta salada resiste bem ao transporte. É um maravilhoso acompanhamento para frango ou costeletas de cordeiro assadas.

1 pimentão vermelho, em fatias finas
1 pimentão amarelo, em fatias finas
1 cebola amarela, em fatias finas
1 cebola roxa, em fatias finas
1 pitada de canela
1 colher de chá de pimenta ñora espanhola seca e moída
   ou de páprica defumada de boa qualidade
½ colher de chá de cominho em grãos
½ colher de chá de harissa (pasta de pimenta picante do norte da
   África) ou umas 2 pitadas de pimenta picante em flocos, a gosto
½ xícara de azeite de oliva
3 xícaras de grão-de-bico (duas latas de 400g), escorrido
Pimenta-do-reino
1 boa pitada de sal grosso
1 xícara (bem cheia) de salsinha, com os talos, bem picada
1 colher de sopa (bem cheia) de hortelã fresca, bem picada
Fatias de limão para decorar

Preaqueça o forno a 180°C.
    Em uma travessa grande, misture pimentões, cebolas e condimentos (exceto a salsinha e a hortelã – adicione-as ao final). Se quiser que a salada fique um pouco picante, pode dobrar a quantidade de harissa ou de pimenta picante em flocos – a quantidade que sugeri acrescenta sabor e não ardor. Adicione o azeite de oliva,

misture. Asse no forno por uma hora, mexendo duas vezes nesse período.
Enquanto isso, lave o grão-de-bico em água quente. Dedique um pouco mais de tempo para retirar a pele do grão-de-bico.
Tire os pimentões e cebolas do forno – haverá uma fina camada de azeite de oliva deliciosamente temperado no fundo da travessa – e misture o grão-de-bico. Adicione uma boa pitada de pimenta-do-reino moída na hora e sal a gosto. Deixe descansar por cinco a dez minutos; em seguida, acrescente a salsinha e a hortelã. Sirva morna ou em temperatura ambiente com uma fatia de limão para espremer em cima. Esta salada pode facilmente ser feita com antecedência no dia anterior – o que dá tempo para os sabores se misturarem.

Rendimento: seis porções

CEBOLA CARAMELIZADA E ANCHOVAS NO PÃO ÁRABE
Pissaladière

Este é um clássico nos bufês e *apéritifs* provençais. Pode ser o alimento perfeito: adocicado, salgado, sacia a fome e é fácil de transportar – o que mais se poderia pedir?
    Os franceses usam fermento biológico fresco vendido em cubos na *boulangerie* para fazer a crosta. Para uma massa simples, usando fermento biológico seco, recorri ao *Artisan Bread in Five Minutes a Day*, de Jeff Hertzberg e Zoë François (Thomas Dunne Books, 2007). É um tipo de massa muito fácil, que não precisa ser sovada, feita com azeite de oliva – e, embora você tenha de deixar crescer por duas horas, o tempo de preparação ativa é quase inexistente.

Para a massa
6 ½ xícaras de farinha de trigo não branqueada

1 ½ colher de sopa de fermento biológico granulado (eu uso Red Star)
1 ½ colher de sopa de sal kosher ou sal grosso
1 colher de sopa de açúcar
¼ de xícara de azeite de oliva extravirgem
2 ¾ xícaras de água morna

Para a cobertura
¼ de xícara de azeite de oliva, mais 1 colher de sopa para o tabuleiro
1,2kg de cebolas amarelas doces, cortadas ao meio e fatiadas
1 colher de chá de ervas da Provence
1 ½ colher de chá de açúcar
1 dente de alho, amassado
1 pitada de sal grosso
20-30 anchovas
20-25 azeitonas pretas em conserva

Para fazer a massa: em uma tigela média, meça a farinha. Na maior tigela que você tiver (5 litros), bata ligeiramente o fermento, sal, açúcar, óleo e água, depois despeje a farinha de uma só vez sobre a mistura e homogeneíze tudo com uma colher de pau. Você também pode finalizar com as mãos. Nesse caso, unte-as generosamente com azeite de oliva para a massa não grudar. Não há necessidade de sovar nesta receita, certifique-se apenas de que os ingredientes estejam bem misturados. Cubra a tigela ligeiramente com um pano limpo e deixe crescer por duas horas. Você pode usar a massa imediatamente depois disso, mas ela ficará mais fácil de ser trabalhada se deixá-la um pouco na geladeira (pode ser conservada, se coberta, por vários dias).

Enquanto isso, prepare as cebolas. Aqueça previamente o forno a 180°C. Em uma assadeira ou panela refratária com tampa, aqueça bem ¼ de xícara de azeite de oliva, em seguida acrescente e mexa as cebolas, ervas da Provence, açúcar, alho e uma pitada de sal. Refogue em temperatura média por 10 minutos no fogão, mexendo de vez em quando, até que as cebolas comecem a ficar translúcidas. Leve as cebolas ao forno, cobertas, por uma hora. O objetivo é evaporar a água sem tostar as cebolas – isso ocorrerá quando colocá-las na pizza. Tanto a massa quanto a mistura de cebolas podem ser feitas com um ou dois dias de antecedência.

Preaqueça o forno a 260°C (assar, não grelhar). Você precisará apenas de metade da massa para fazer a *pissaladière*, portanto corte metade da massa, forme uma bola e guarde na geladeira para uma pizza durante a semana. (Sem querer me desviar do assunto, minha família gosta de presunto cru, figos e gorgonzola...)

Forre o maior tabuleiro que você tiver com papel-manteiga (uso a bandeja do meu forno, que tem 35cm × 45cm). Espalhe 1 colher de sopa de azeite por todo o papel-manteiga, inclusive nas laterais. Lembre-se, esta é uma massa que não precisa ser sovada, de modo que é preciso apenas fazer uma bola com a massa esticando e girando sua superfície para a parte inferior em todos os lados. No tabuleiro untado, estenda a massa em um grande círculo (mais ou menos do tamanho de um *frisbee*) e, em seguida, vire-a para que ambos os lados fiquem untados. Usando os dedos, pressione a massa formando um retângulo que ocupe todo o tabuleiro. Usando as costas de um garfo (ou as pontas dos dedos), faça muitos entalhes profundos (não propriamente buracos) em toda a massa.

Usando uma escumadeira para escorrer ainda mais o líquido, espalhe a mistura de cebolas uniformemente sobre a massa, até as bordas (você deve poder ver um pouco da massa descoberta espreitando por baixo das cebolas). Desenhe losangos por cima com as anchovas, em seguida coloque uma azeitona no canto de cada losango. Cubra com papel-filme transparente e deixe descansar por 20 minutos. Retire o papel-filme e asse por 12 a 15 minutos, até a crosta ficar dourada nas bordas; verifique a massa por baixo também. O tempo exato dependerá do tamanho de seu tabuleiro e da espessura de sua massa.

Corte em pequenos quadrados. Sirva morna ou em temperatura ambiente.

Rendimento: oito porções, como *hors d'oeuvre*

Dica: Se não estiver disposta a fazer sua própria massa (eu mesma costumava ter medo do fermento de padaria), você pode substituir por uma crosta de pizza ou uma massa de focaccia pronta de alta qualidade e assá-la segundo as instruções do fabricante.

CAPÍTULO 2

ÚLTIMO PRIMEIRO ENCONTRO

Paris em agosto é como o *set* de um filme de ficção científica – um planeta desprovido de vida, exceto por mulheres em avançado estado de gravidez e gatos sem dono. O mundo civilizado está de férias, andando de calças jeans com a barra enrolada para cima e casaquinhos de verão em uma praia na Bretanha ou exibindo calças de linho branco e caros óculos de sol na, bem, Provence.

Só voltamos uma única vez a Céreste desde nosso salto no escuro em abril, apenas o tempo necessário para assinarmos os documentos iniciais e provarmos os primeiros pêssegos brancos da estação – razão suficiente para empacotarmos nossas caixas e irmos. Nossa semana anual na Grécia fora cancelada assim que eu soube a data do parto: 21 de agosto. Nota para mim mesma: da próxima vez, engravide *durante* as férias, não *em vez* das férias.

Nos últimos três meses, aos poucos apresentamos a ideia de nos mudarmos para nossos amigos e família. É útil explicar seus planos para outras pessoas, pois os torna reais. Por *outras pessoas*, é claro, quero dizer minha mãe.

Cuidamos de minha mãe assim que voltamos de nossa primeira visita à casa, quando ainda estávamos sem fôlego com nossa empolgação. Eu a abordei pelo que parecia mais promissor: decoração de casa. "Então", comecei, respirando fundo ao telefone, "o que acha de vir à Provence para a compra de 170m² de piso novo?" Silêncio. Saí de casa aos 15 anos, e esta dificilmente seria a primeira ideia louca que ela ouvira do outro lado de uma chamada de longa distância. Ela me deixou explicar toda a história. Mais silêncio.

"Uma *cidade-zinha*", ela respondeu, dando à palavra um belo e lento exotismo, como *Brigadoon* ou *adoração do diabo*. "O que você vai fazer numa *cidadezinha*?"

Essa é uma boa pergunta. O que uma garota da cidade, que adora comer sushi, ver vitrines, perambular por museus, que não sabe dirigir nem andar de bicicleta vai fazer no meio de todas essas árvores? A maioria das pessoas não arranca suas vidas pela raiz por causa de uma história maluca sobre um poeta e um jardim da sorte. Mas acredito em histórias, do mesmo modo que outras pessoas acreditam em religião ou capitalismo de livre mercado. Fiz o melhor possível para explicar o que, em essência, era um palpite: sentimos algo de nosso futuro naquelas paredes. Céreste era a resposta a uma pergunta que nem sabíamos que vínhamos fazendo.

Quando a notícia se espalhou, as reações pareciam igualmente divididas entre linhas culturais: nossos amigos franceses balançaram a cabeça, perplexos. Como podíamos pensar em deixar nossos empregos? Estávamos tão *estabelecidos*. Outros balançaram a cabeça com admiração. Eles também pensavam em se mudar para o campo – quando se aposentassem.

Meus amigos americanos foram mais diretos: deram seis meses à ideia.

FALTANDO APENAS UM MÊS para o parto, esse tempo parece precioso, à parte do dia a dia corrido. Sem pensar, Gwendal e eu estamos refazendo nossos passos – visitando antigos redutos que costumávamos frequentar, ansiando por sabores familiares. Temos toda Paris para nós novamente, como a bolha em que vivíamos naqueles primeiros meses juntos, antes de eu poder falar francês, quando não conseguíamos nos levantar antes do meio-dia e toda *tarte au citron* e pitada de *fleur de sel* pareciam uma revelação. Esta noite, estamos em busca de sorvete.

Gwendal e eu éramos, ambos, estudantes quando nos esbarramos (está bem, eu esbarrei nele, um pouco de propósito) nas escadas de um congresso acadêmico em Londres. Eu já o havia notado, sentado na fileira do meio do auditório, o tipo de jovem dedicado que jamais se esconderia no fundo do recinto. Ele era alto, bonito de uma forma séria, sensata. Poderia ser alemão pela altura e pelo horrível casaco esportivo azul-claro que usava. Mas o maxilar quadrado, os cabelos escuros e os óculos minúsculos eram puro *café crème*.

Alguns meses e um delicioso bife malpassado depois, Gwendal me atraiu ao seu minúsculo apartamento em Paris com a promessa de um fumegante bule de chá de menta. Naquela época, o caminho para seu apartamento ao longo do Canal Saint-Martin era sujo e coberto de grafite, um *papy* solitário passeando com seu cachorro pelo cais pavimentado de pedra. Dez anos depois, os aposentados tinham dado lugar a *hipsters* com carrinhos de bebê, roteiristas à beira de um sucesso e, em noites de verão como esta, hordas de estudantes fazendo piquenique com garrafas de vinho, baguetes e fatias de presunto rosado compradas no Franprix. Ainda há muito grafite, mas tendem a ser feitos por aspirantes a artista ou como marketing alternativo para novas e chiques galerias e butiques.

Lembro-me de tudo a respeito daquele primeiro fim de semana em Paris. Era começo de dezembro, úmido e gelado, o outro lado da suave névoa seca de agosto desta noite. O segredinho de Paris é que o tempo é exatamente o mesmo de Londres. Mas os lugares onde se esconder, ah, os lugares onde se esconder. Sentávamos em cafés com janelas embaciadas e mesas tão pequenas que não havia outro jeito senão ficar de mãos dadas. Namoramos em cantos isolados do Louvre. Gwendal também me levou a uma exposição especial sobre morte, na qual nem faltavam cabeças encolhidas. Achei que era necessária certa autoconfiança para sugerir isso e certa presciência da parte de um amante recente suspeitar do quanto eu iria gostar.

Na maior parte do tempo, porém, comíamos. Ele saía silenciosamente pela manhã e voltava com sacolas de papel-vegetal amassadas, repletas de *chouquettes* – (bolinhas de massa leve e aerada – *pâte à choux* –, como carolinas, profiteroles e minibombas) salpicadas de açúcar. Íamos a restaurantes que mais pareciam buracos na parede e nos demorávamos sobre um *maffé*, ensopado da África ocidental engrossado com pasta de amendoim, a toalha branca de papel parafinado enrugando-se sob nossos cotovelos.

Quando conheci Gwendal, eu tinha uma ideia muito clara de como queria que fosse a minha vida: estava começando um mestrado em história da arte, a caminho de um doutorado e alguma versão de meu emprego dos sonhos como curadora-chefe da Biblioteca Pierpont Morgan. Não havia muita margem para interrupções. Gwendal era uma confusão de contradições para uma esforçada tipo A como eu. Ele estava terminando um doutorado em ciência da computação enquanto trabalhava em tempo integral para os arquivos do rádio e TV nacionais, mas dormia em um colchão no chão e não possuía nem uma gravata. Ele era inteligente e culto, mas eu pressentia certa patetice interior (quando o conheci, ele acabara de iniciar aulas de sapateado). Ele parecia disposto a esperar que algumas de minhas mais excêntricas neuroses americanas passassem: uma obsessão por segurança financeira, status e interminável mobilidade ascendente. Algumas de minhas melhores qualidades americanas ele lambia como açúcar dos meus lábios – minha confiança, meu otimismo, minha sensação de possibilidades infinitas. Ele sabia que, se eu permanecesse na França tempo suficiente, *ser feliz* poderia muito bem aparecer no topo daquela interminável lista de afazeres que eu levava na bolsa. Paris e Gwendal tinham esse efeito sobre mim.

Se pareço muito sentimental a respeito dele, é porque sou. É também porque sei o quanto cheguei perto de jogar tudo no

Sena. Levei dois anos para concordar em ir morar com ele, seis meses para aceitar seu pedido de casamento. Paris era encantadora, mas eu não tinha família ali, nenhum amigo, quase não sabia falar francês e definitivamente nenhum emprego. Era difícil imaginar essa fantasia alimentada a croissant como minha vida real. Por fim, sentei-me sobre minhas dúvidas como você se sentaria em cima de uma mala cheia demais, só para poder fechá-la. Foi a decisão certa. Todos os dias sinto como se estivesse vivendo uma vida que quase perdi, e sinto-me agradecida.

A luz do alto verão estava definhando, e as nuvens estavam revestidas de um rosa empoeirado quando Gwendal e eu passamos pela gigantesca estátua de Marianne na place de la République e começamos a descer as ruas estreitas do Marais. Nunca ando muito depressa em Paris; ainda espreito pelas grandes portas de entrada, admirando pátios internos e jardins secretos. Os extravagantes arabescos dos balcões de ferro batido e o rangente peso das portas de madeira são o oposto exato da prática simetria da minha Nova York natal.

Atravessamos a Pont Marie para a Île Saint-Louis, a minúscula ilha de mansões aristocráticas com tetos de vigas no meio do Sena. Nosso destino é nosso observatório favorito de La Maison Berthillon, o mais famoso fabricante de sorvete de Paris. Essa instituição familiar está aberta desde os anos 1950, e, na verdadeira medida do sucesso francês (particularmente no negócio de sorvetes), eles vendem para outros cafés e restaurantes e tiram o verão inteiro de férias.

Escolher o ponto de venda de seu Berthillon é da mais alta importância. Há vários na ilha, cada qual com uma diferente variedade de sabores, e todos com um grande número de turistas e clientes assíduos fazendo fila à porta. Sempre vamos a um na borda leste da ilha, o mais longe que se pode chegar da Notre-Dame sem cair dentro do rio. Nesta noite, há apenas quatro ou cinco pessoas à nossa frente. Tempo suficiente para considerar minhas opções.

O sorvete Berthillon é denso e cremoso – servido, dentro das regras de moderação francesas, em bolas do tamanho de bolas de golfe. Você tem de ser um verdadeiro purista para pedir um *simple* (pronunciado "sample"). Sempre peço um *double* (duble). *Menthe* (menta fresca), *créole* (passas ao rum) e *nougat-miel* (nougat e mel) estão no topo de minha lista. Mas, por mais deliciosos que sejam os sorvetes, são os *sorbets* as verdadeiras estrelas do Berthillon. Quase sempre peço *cacao amer, sorbet* de chocolate amargo tão escuro que parece preto. Minha segunda bola de *sorbet* depende da estação: pera, melão, ruibarbo ou *framboise à la rose* (framboesa com um toque de rosa). Mas o hábito geralmente vence, e volto para meu velho favorito: *fraise des bois* (morango silvestre). Essas minúsculas frutas que mais parecem pedras preciosas liberam um sabor ácido, concentrado, que reduz qualquer outro morango que já provei ao nível do chiclete Bubblicious.

Pegamos nossos cones, envolvidos em um único guardanapo de papel, e caminhamos ao longo do rio. Está escuro apenas o suficiente para meu passatempo parisiense favorito, olhar fixamente para dentro das janelas de 4,5 metros de altura dos grandiosos *hôtels particuliers*. Gosto de me imaginar dentro das bibliotecas de paredes em painéis de madeira ou especular qual príncipe saudita instalou aquele espalhafatoso candelabro. Passamos por um adolescente de cabelos compridos, calça de moletom e um roupão de seda – acho que teria de ser chamado de paletó de smoking – levando a passeio um *bichon frisé*. Os cabelos desalinhados do rapaz, seu nariz aquilino e a postura descontraída, mas desleixada (sem mencionar o paletó de smoking), certamente o assinalam como membro da classe aristocrática. "Bielorrusso", enfatiza Gwendal. Essa é uma de nossas brincadeiras favoritas. Assim que cheguei a Paris, caminhávamos pelas ruas durante horas inventando identidades para as pessoas que víamos pelo caminho. "Sacha-Eugène", Gwendal sussurra agora, imitando a voz estridente da mãe do rapaz. "É a noite de folga do mordomo. Faça-me uma gentileza e leve o cachorro para passear, *chéri*."

Ainda mordiscando a ponta de nossos cones, descemos de mãos dadas os degraus de pedra para o cais, uma descida íngreme, considerando que estou grávida de nove meses e mal consigo ver os dedos dos pés. A pouco mais de 1 metro acima do Sena, ouvimos o marulhar da água. Passamos por cima de meninos com bongôs, acenamos para os Bateaux Mouches que passam. Descemos até a ponta da ilha, balançamos nossos pés por cima da borda. Daqui, podemos ver as torres cônicas de contos de fadas de La Conciergerie, e, quando o relógio bate as 22 horas, o gigantesco facho de luz do farol no topo da Torre Eiffel varrendo o céu. Já estivemos aqui dezenas de vezes desde que nos conhecemos, mas, neste mês precioso antes do nascimento do bebê, parece ser nosso último primeiro encontro. Um novo tipo de romance está começando. Nunca mais ficaremos inteiramente sozinhos no mundo. Já fui mais jovem, Deus sabe que já fui bem mais leve, mas nunca fui mais feliz.

―⚬―

A DUAS SEMANAS da data do parto, de repente sinto que estou desenvolvendo uma personalidade dupla: Dr. Jekyll e Sra. Eu Não Deixaria Esta Cama Nem Que Houvesse Uma Bomba Atômica Na Minha Cozinha.

Ontem, eu estava tão exausta que não consegui nem reunir coragem para ir ao supermercado. Disseram-me que eu precisava de mais ferro em minha dieta. Assim, eu me vi olhando fixamente para dentro da geladeira aberta, examinando a miscelânea de sobras desta semana.

Assim que me mudei para Paris, Gwendal frequentemente me surpreendia meditando diante da geladeira aberta, contemplando a paz mundial ou escolhendo sobrenomes para nossos futuros filhos. Esse estudo do estoque culinário parece ser um hábito exclusivamente americano. Os franceses nunca abrem a geladeira ao passar por ela só para verificar se tudo ainda está lá. Pessoalmente, isso me reconforta – como um rei inspecionando seu reino.

Para ser sincera, eu tinha muito a contemplar. Fazer uma pessoa crescer é um negócio inebriante. Gwendal era paciente comigo. Os franceses tendem a formar suas famílias cedo. Ele estava pronto para ter filhos desde o dia em que nos conhecemos, talvez no dia anterior. Eu continuava esperando que esse sentimento chegasse, aquele em que você vê um bebê na rua, seus olhos se enchem de lágrimas, e seus ovários começam a fazer uma dancinha. Mas isso nunca aconteceu. Sou muito apegada à minha própria mãe e eu sabia que queria ser mãe também, mas o momento nunca parecia o certo. Mudar para outro país atrasou o relógio da minha independência. Levei anos para fincar minhas pernas de viajante em Paris. Quando acordei, de repente estava com 35 anos. A expressão é exatamente a mesma em francês: *tique-taque*.

A discussão começara a sério havia dois anos. Era uma época atarefada. Eu acabara de empenhar cada milímetro da minha (um pouco perdida) alma em ajudar Gwendal a começar sua empresa de consultoria no campo de cinema digital. Ele foi muito bem-sucedido e estava satisfeito – até mesmo um pouco arrogante. Exatamente, imagino, como eu esperava. No dia do Ano-Novo, enquanto tomávamos um expresso em nosso café local, ele alegremente anunciou: "É um ano novo. Estou pronto para seguir para a próxima etapa de minha vida: vamos ter um filho." Desatei a chorar. Não sabia o que mais fazer. "Como posso ser a mãe de alguém", eu disse, engolindo em seco entre soluços, "quando às vezes sinto como se eu nem sequer *existisse* aqui."

Gwendal não é um homem insensível. Mas ele atravessa facilmente todas as portas da decisão, enquanto eu, muitas vezes, tenho de ser empurrada, os nós dos dedos exangues, agarrados aos batentes para me apoiar. A partir daquele instante, compreendi que se eu quisesse que minha vida na França (sem mencionar meu casamento) seguisse em frente, não tinha escolha senão construir algo para mim mesma, e depressa. Eu havia conseguido alguns trabalhos em Paris – escrevendo artigos para revistas de arte e jornais, conduzindo visitas guiadas em museus – mas nada que preenchesse minha definição de carreira. Sou mestre em procrastinar. Eu sabia que se tivesse um bebê antes de me firmar na profissão, provavelmente jamais teria uma carreira. Eu podia me ver usando uma criança como excelente desculpa para nunca conseguir realizar nada – nunca mais. Alguns meses depois dessa conversa de Ano-Novo, comecei a trabalhar em meu primeiro livro – e joguei fora minhas pílulas anticoncepcionais. Eu tinha de criar algo para mim mesma antes de poder criar outra pessoa.

Quando finalmente fiquei grávida, minha primeira decisão foi não ler nenhum livro sobre gravidez. Eu me conheço, e minha paranoia natural não precisa de nenhum encorajamento. Não quero saber o que esperar quando estou esperando. Quero dormir à noite.

No começo, achei que faria isso da maneira americana. Eu queria um médico, de preferência alguém com um sofisticado diploma e um telefone celular para o qual eu pudesse ligar no meio da noite. Alguém que me acompanhasse à sala de parto e cujo consultório enviasse um cartão no aniversário da criança. Fiz o melhor que pude: no primeiro dia de cada mês, eu zelosamente ligava para o hospital e toda vez me diziam que meu médico estava esquiando ou em um congresso ou simplesmente com a agenda cheia. Por que eu não procurava uma *sage-femme*, uma parteira, em vez disso? Os médicos na França são técnicos. Eles não falam muito. Olham os resultados de exames e balançam a cabeça. Como na mecânica de carros, só intervêm quando algo tem de ser consertado. Nas poucas vezes em que realmente consegui consulta com médicos, eles estreitavam os olhos fixamente para mim, sem dúvida buscando a razão de eu estar ali. Na França, você só vai à consulta médica quando há um problema. Eu não tinha um problema. Só estava grávida.

Não que eu não tivesse sido avisada. Assim que fiz xixi no bastãozinho do teste, telefonei para um amigo da família, um homem mais velho que era clínico geral na ilha bretã Belle-Île.

– Estou sendo muito cuidadosa – eu disse. – Não estou subindo em nenhuma cadeira.

– *Attention* – ele me recriminou alegremente –, *tu es pas malade*. Você não está doente.

Após cinco meses de silenciosos acenos de cabeça da parte de médicos taciturnos, decidi que se eu quisesse algum conselho sobre hemorroidas ou alguém que realmente me perguntasse como eu estava me sentindo, eu teria de abordar a gravidez *à la française*. Para isso, resolvi me colocar nas mãos do Sistema. Os franceses são excelentes em sistemas. Os trens circulam no horário. Você simplesmente para sobre uma plataforma e espera para ser resgatada, como uma carta em um daqueles tubos pneumáticos. Marquei uma consulta com uma das *sages-femmes* da equipe que se reveza ininterruptamente no hospital onde eu planejava dar à luz. A tradução literal de *sage-femme* é "mulher sábia", e agora entendo por quê. De repente, todo o processo pareceu mais humano. As *sages-femmes* me perguntavam como eu estava dormindo, o que estava comendo e repreendiam-me gentilmente quando eu ganhava mais que o peso permitido. Eu não sabia qual delas iria estar comigo na sala de parto; todas elas se fundiam em um único reconfortante uniforme cor-de-rosa com uma pasta de arquivo.

Agora, a duas semanas da data do parto, fecho a geladeira com uma batida surda. Oficialmente, não havia nada ali dentro. Assim, fui caçar um saco de lentilhas cor de laranja que eu tinha certeza de que havia estocado no fundo de um armário alguns meses antes. Para obter ferro e energia, queria fazer uma salada fria de lentilha com um molho vinagrete ácido de laranja e gengibre, grandes punhados de ervas picadas e fatias de pêssego branco. (As lentilhas *Puy* roxo-esverdeadas, mais comuns que as de cor laranja na França, simplesmente parecem escuras demais para uma salada de verão.) Após vasculhar metade dos armários da cozinha, em pé em cima de uma cadeira (contra todos os meus princípios), terminei não com lentilhas cor de laranja, mas com um saco de ervilhas secas amarelas. Teriam de servir.

As ervilhas secas já estavam escondidas lá havia algum tempo – estou certa de que as comprei depois de uma viagem a Puglia, onde comemos purê de ervilhas secas, morno, com um fio de um maravilhoso azeite de oliva verde-garrafa e pimenta-do-reino moída na hora. Ainda desejando ardentemente uma salada fria, tentei cozinhar as ervilhas secas *al dente*, como faria com as lentilhas, porém, meia hora depois, quando as lentilhas estariam perfeitas, as ervilhas estavam uma massa esbranquiçada e grudenta. Resolvi não me dar por vencida e continuar a cozinhar, transformando minha salada no purê sedoso que eu comera com tanto gosto na Itália.

Quando as ervilhas estavam doces e macias, e o líquido, quase inteiramente absorvido, tirei do armário minhas ferramentas. Gosto muito do meu batedor manual – o equivalente sofisticado da obsessão de um assassino em série por serras elétricas. O molho vinagrete já estava pronto, e o despejei sobre as lentilhas. A dose necessária de azeite da receita teria uma energética companhia.

O resultado foi um purê morno, dourado, com um toque cítrico suficiente apenas para desviá-lo do clássico. Fiz algumas torradas de *pain Poilâne*, passei uma generosa camada do meu purê no pão e piquei um pouco de endro. Minhas *tartines* ainda precisavam de um pouco de luz solar, então coloquei uma fatia de pêssego branco em cima.

O almoço estava delicioso, mas exigira mais esforço do que eu antevira. Hora de tirar uma soneca.

―◦―

ESTOU TENTANDO SER MULTITAREFA, cozinhando coelho com *pastis* enquanto arrumo a bolsa para o hospital. *Pastis* é o aperitivo universal da Provence, o símbolo de sabor de anis do sul, um lembrete sutil de nossa vida futura. Francamente, acho que os hormônios da gravidez estão bloqueando a plena consciência de nossa decisão. Isso e a incrível quantidade de tarefas ainda por fazer antes de o bebê chegar.

Sei que só a ideia de comer coelho deixa a maioria dos americanos querendo voltar correndo para casa e abraçar o Coelhinho da Páscoa. Assim que cheguei à França, levei algum tempo para me acostumar com as cabecinhas esfoladas na vitrine do açougue, mas, com o passar dos anos, isso se tornou uma refeição de uma só panela – mais interessante que frango, bastante sofisticado para um jantar formal, mas fácil o suficiente para um jantar de meio de semana com sobras para o almoço no dia seguinte.

Enquanto o coelho assava, eu cortava as etiquetas de algumas roupinhas de bebê. Começava a notar uma perturbadora tendência. Quando eu colocava os artigos franceses em cima dos americanos que minha mãe enviara, via que as roupas americanas eram cerca de 5 centímetros mais largas – não mais compridas, porém *mais largas* – que suas contrapartes francesas. Há um livro aqui em algum lugar: *Bebês franceses não ficam gordos*. A discrepância nas roupas de bebê era uma das muitas que eu havia notado durante minha gravidez, particularmente com relação a peso. Os médicos e parteiras, assim como o guia oficial do governo (claro que há um guia oficial do governo), recomendam um ganho de peso de 1 quilo (pouco mais de duas libras) por mês – é um total de nove a 11 quilos. Quando li isso pela primeira vez, achei que fosse um erro de impressão. *Onze quilos – isso é uma espinha, não uma gravidez.*

É verdade que as mulheres francesas têm filhos da maneira como amarram os cachecóis: com uma facilidade que nega qualquer esforço ou anos de condicionamento cultural. Na realidade, a menos que você veja a barriga do tamanho de uma bola de basquetebol espreitando por baixo da blusa de uma francesa, você nem saberia que ela está grávida. Não dá para perceber nada pelas costas. Elas continuam a usar sandálias de salto alto e pequenos suéteres curtos e apertados ou blusas brancas passadas a ferro com jeans de cintura baixa e sapatilhas reluzentes por baixo de seus tornozelos decididamente nem um pouco inchados.

Bem, para começar, eu dificilmente posso ser considerada uma fada francesa. Venho de uma descendência de camponeses russos robustos. Tenho o que minha avó educadamente chamaria de "peitos" e quadris projetados para dar à luz no campo, colhendo batatas. Sou uma americana tamanho 44, o que, para ser gentil, me coloca na extremidade final dos tamanhos vendidos nas butiques francesas. No entanto, até agora (dedos cruzados, tornozelos cruzados, tudo cruzado), pareço estar grávida ao modo francês. Francamente, não posso imaginar ganhar mais peso. Do jeito que está, já estou passando as mãos pela minha barriga todos os dias, procurando o botão de ejetar. Estou carregando o equivalente a um peru Butterball aqui dentro.

Sacudi o coelho, adicionei uma boa dose de *pastis*. Para finalizar, acrescentei uma xícara de ervilhas frescas, mas também um quarto de xícara de *crème fraîche*. Certamente não há nada de intrinsicamente virtuoso na culinária francesa. E, embora eu tenha certeza de que não existe peso ideal para uma mulher grávida, estou cada vez mais convencida de que meus hábitos alimentares parisienses ajudam a me manter calma e deliciosamente na linha. Sei que não posso ter nenhum crédito por isso. Se eu estivesse em casa, nos Estados Unidos, neste momento, tenho certeza de que estaria comendo cobertura de baunilha Pillsbury diretamente da lata com uma colher de plástico. Isso é alimentação, e não natureza, em ação. A razão para as mulheres francesas estarem de volta em seus jeans algumas semanas depois de ter dado à luz é a mesma razão pela qual elas podem se enfiar em seus biquínis todo verão sem muita preocupação – elas se certificam de que nunca terão mais que alguns gramas a perder.

Creio que haja outra razão para eu estar me agarrando com tanta força à prescrição francesa para ganho de peso: não quero que exista um antes e um depois. Levei muito tempo para esculpir uma vida para mim na França. Apenas comecei a estender minhas asas pessoais e profissionais em Paris e não posso deixar de perguntar como a maternidade mudará minha identidade. Não quero pertencer à tribo "mulher" um dia e à tribo "mamãe" no outro.

E há outro detalhe: sou filha única, e perguntar se sou muito ligada à minha mãe é igual a perguntar, como diria Angela, "O papa tem uma sacada?" Minha mãe e eu temos o tipo desses relacionamentos que um psicanalista francês chamaria de *fusionnelle* – como em fusão nuclear. Nada menos que perfeita sinergia ou catástrofe nuclear.

Quando minha mãe quer me dizer que tem orgulho de mim (e, tenho sorte em dizer, isso acontece com bastante frequência), ela diz: "Você é a melhor coisa que já fiz." Desde que fiquei grávida, essa frase começou a me incomodar: ela me acorda no meio da noite e me deixa fitando o teto.

Para ser justa, não conheço nenhuma filha que não esteja vivendo ao menos um pouco da vida perdida de sua mãe. Fui para Cornell porque era uma boa universidade e um bom negócio para alunos residentes no estado, mas também porque minha mãe um dia teve a oportunidade de ir e não foi. Ela tem apoiado todas as minhas malucas (e minimamente remuneradas) escolhas profissionais, em parte porque seus próprios pais se recusaram a pagar a escola de direito em tempo integral para uma garota. Minha mãe tinha uma carreira segura no Conselho Municipal de Educação de Nova York, que ela às vezes amava. Ela possuía seguro de saúde para sua diabetes tipo 1 e um excelente plano de previdência para compensar um ex-marido que nem sempre era capaz de manter um emprego ou pagar a pensão alimentícia da filha. Não sei o quanto de sua vida acabou exatamente como havia imaginado, à exceção de mim. E isso me apavora. Soa tão definitivo, como se todos os meus sonhos futuros estivessem prestes a ser transferidos para essa minúscula pessoa. Quero que minha vida seja transbordante de questões nas quais ainda nem pensei. Tenho uma suspeita de que um dia possa sentir de forma diferente. Mas, neste exato segundo, não tenho certeza se quero que meu filho seja o melhor que já fiz.

—◦—

TEM SIDO UMA SEMANA PESADA. Literalmente. Ali estava eu, tão satisfeita comigo mesma por estar grávida como uma francesa, até descobrir na consulta do dia anterior com a *sage-femme* que eu havia adquirido 5 quilos nos últimos dez dias – a maior parte, ao que parece, nos dedos dos meus pés. Apenas a dez dias do parto, estou enchendo de água como um aquário.

Eu costumava ter dedos dos pés longos e finos, mas agora parecem pequenas salsichas. Enroladinhos de salsicha sem a massa. É deprimente e desconfortável. Estremeço ao pensar na opinião de um rapaz que namorei na universidade e que tinha fetiche por pés. Ele fugiria correndo, horrorizado.

Também tem sido uma semana bastante francesa – ou seja, uma semana na qual descobri algo tolo e ridículo sobre este país que tenho de aprender a aceitar. É a respeito do meu nome de família. Ou, mais especificamente, o sobrenome do meu filho.

Como filha única, sou a última a carregar o nome Bard e quero passá-lo adiante. Mas, na França, parece ser ilegal usar o nome de solteira da mãe como nome do meio. Bem, não exatamente ilegal, mas problemático. O Estado francês tem um juiz responsável por aprovar o nome de cada criança nascida na França, para impedir que pais prejudiquem seus filhos com nomes idiotas (*Caca Rhubarbe*) ou ofensivos (*Hitler*). Nos Estados Unidos, é claro, a Primeira Emenda garante nosso direito de sermos tão estúpidos ou ofensivos quanto desejarmos.

Ao que parece, esse juiz às vezes rejeita o uso do nome de solteira da mãe como nome do meio, achando que, em vez disso, ele deve ser parte do último nome. Mais bizarro ainda, há uma nova lei que diz que, se você desejar hifenizar seu último nome e o último nome de seu marido para formar o sobrenome de seu filho, tem de usar um *hífen duplo* (--). Acho que é para distinguir plebeus, como meu marido e eu, de pessoas que já nascem com nomes aristocráticos, apropriadamente escritos com hífen. Tal absurdo só pode levar a erros de ortografia e problemas administrativos para o resto da vida da criança. Imagino meu filho de 16 anos preso no purgatório do segundo controle de passaportes no JFK tentando explicar a um segurança de aparência indiferente que não, não se trata de um erro de impressão, não, ele não é um terrorista, ele é apenas... francês.

Tento ser filosófica. Às vezes, consigo, às vezes não. Quem diria que, ao me mudar para cá, eu iria de bom grado trocar minhas liberdades civis por uma boa fatia de *pâté*.

Apesar do calor, eu tinha de buscar roupas na lavanderia, de modo que procurei um par de sandálias de dedo que não iriam machucar meus pés inchados. Assim que abri a porta, ouvi o chocalhar de chaves do outro lado do corredor e imediatamente fechei a porta outra vez. *Non, merci.* Eu simplesmente não podia encará-la. Bem do outro lado do patamar estava a minha nêmese ou, melhor, meu ideal platônico de feminilidade, minha vizinha Juliette.

Sejamos honestas, toda mulher tem alguém assim em sua vida. Talvez seja a amiga de colégio, de corpo tonificado por Pilates, com quem você se depara no supermercado *somente* quando não lavou os cabelos. Talvez seja a poderosa de solas de sapato vermelhas, que todo dia fica à sua frente na fila do Starbucks. A única mulher que a faz sentir como se devesse se recolher de volta à caverna e reavaliar seriamente a sombra que está usando nos olhos. Essas mulheres têm duas qualidades distintas: estão sempre em sua melhor aparência e sempre surgem quando você está um lixo. A minha tem a vantagem adicional de estar jogando em casa: ela é francesa.

Juliette é puro-sangue – uma *parisienne* pura, criada no 16º *arrondissement*. É editora em uma revista famosa, casada com um igualmente maravilhoso e desmazelado Luca, que, depois da faculdade de administração, foi trabalhar para a Unicef. Ela usa suéteres elegantemente descolados, com reforços de camurça nos cotovelos, em tecidos macios que *não permitem* nenhum pneuzinho de gordura estufando-se abaixo do sutiã. E o pior é que ela é insuportavelmente, infalivelmente simpática. Em um bom dia, eu a admiro. Em um dia ruim, rezo por um buraco onde eu possa sumir.

Juliette e Luca têm dois filhos: Horace, cinco, e Zoé, dois. Naturalmente, Juliette voltou da maternidade em seu jeans apertadíssimo. Ela está sempre de delineador, rímel e botas resistentes de salto alto quando leva os filhos à escola.

1Ela parece sinceramente empolgada com a minha gravidez. Aos 38 e 35, Gwendal e eu estamos na categoria de pais franceses mais velhos, muitos dos amigos de infância de Gwendal já têm filhos quase adolescentes. É sempre difícil nos reunirmos – os casais parisienses são muito ocupados –, mas, certa tarde, nós quatro saímos juntos para tomar umas cervejas no café local.

As mulheres francesas podem ser notoriamente difíceis de conhecer, mas a maternidade parece introduzi-las em uma irmandade na qual assuntos pessoais intocáveis em outro lugar qualquer podem ser despreocupadamente discutidos. Juliette prendeu os cabelos escuros atrás da orelha e tomou um gole de sua *blanche*. "Não", ela disse, "não amamentei. *J'avais pas envie.* Simplesmente não era para mim", afirmou descontraidamente. Sem culpa, sem julgamento.

– *Tu fais la rééducation?* – ela perguntou seriamente, referindo-se às dez sessões de Kegels subsidiadas pelo governo que supostamente devem me impedir de ter uma incontinência urinária pelo resto de minha vida e, mais importante ainda, me fazer voltar a fazer sexo com meu marido em pouquíssimo tempo.

Eu ouvira a esse respeito de outras americanas que tiveram filhos na França. Como devo dizer? *La rééducation périnéale* é basicamente uma terapia física para a sua vagina. Você pega um bastão (não muito diferente de um vibrador) na farmácia, descobre uma maneira de enfiá-lo discretamente dentro da bolsa, em seguida dirige-se ao consultório da *kiné* – a minha trabalha em um bonito apartamento adaptado, repleto de frisos decorativos e lareira. Em seguida, com um misto de estimulação elétrica e exercícios, a terapeuta lhe mostra como enrijecer todos os músculos internos outra vez. As sessões são inteiramente grátis, e absolutamente todas as pessoas fazem o curso.

Juliette verificou uma mensagem no telefone. "Não espere muito tempo para *faire l'amour*", sussurrou. "Seis semanas é ideal."

Devo ter parecido chocada ou, ao menos, não apropriadamente empolgada. "*Tu vas voir*. Você vai ver", ela disse, apertando meu braço de leve. "O dia em que meus filhos nasceram foi o dia mais lindo da minha vida." Ela fazia tudo parecer tão simples: ela era linda, aquilo foi lindo. Foi então que compreendi. Para os franceses, claramente não há nenhum antes e depois. Eu deveria ser exatamente a mesma mulher, mas com uma vagina reeducada – e um filho.

Receitas para substituir as férias de verão

PURÊ DE ERVILHAS SECAS AMARELAS COM VINAGRETE DE LARANJA E GENGIBRE
Purée de Pois Cassée Jaune aux Agrumes

A primeira vez que provei este purê foi em Puglia. É uma ótima alternativa para o *homus* tradicional em uma festa. Tente servir com espumante, apenas para manter viva a fantasia das férias italianas.

2 xícaras de ervilhas secas amarelas
6 xícaras de água fria
3 colheres de sopa de azeite de oliva extravirgem de excelente qualidade
3 colheres de sopa de suco de laranja espremido na hora
3 colheres de chá de vinagre de xerez
1 ½ colher de chá de gengibre ralado na hora
1 boa pitada de sal grosso
Pão de fermentação natural cortado em fatias finas, tostadas
Endro fresco picado, a gosto
½ pêssego branco, em fatias finas

Em uma panela média, misture as ervilhas e a água. Deixe ferver, abaixe o fogo e cozinhe por 50 minutos a uma hora, até que a maior parte da água seja absorvida.

Em uma jarra de vidro ou recipiente hermético, acrescente óleo, suco de laranja, vinagre, gengibre e sal. Agite bem para misturar.

Misture o vinagrete às ervilhas; faça um purê com seu batedor manual (ou em um processador de alimentos).

Sirva morno sobre o pão de fermentação natural, tostado, com um fio extra de azeite de oliva. Coloque em cima o endro picado e uma fatia de pêssego branco.

Rendimento: quatro porções, como um almoço leve (acrescente uma salada mista de folhas verdes), ou de oito a dez porções, como *hors d'oeuvre*.

Dica: Este prato engrossa ao esfriar. Para reaquecer, acrescente um pouco de vinho branco.

COELHO COM *PASTIS*, FUNCHO E ERVILHAS FRESCAS
Lapin aux Pastis

Faltava apenas uma semana para o parto quando Gwendal foi assinar os documentos para a compra da casa em Céreste. Estávamos com tanto medo de que eu pudesse ter a criança no trem que fiquei em Paris. Nesta receita, recriei a Provence de longe. É um belo prato de verão, e o *pastis* lhe dá um toque único de alcaçuz. Se, mesmo após minhas elegias, você ainda se sentir nauseado em relação ao coelho, tente fazer esta receita com um frango de boa qualidade.

2 colheres de sopa de manteiga
2 colheres de sopa de azeite de oliva
1 coelho, com fígado, cortado em 8 pedaços
Sal grosso
2 cenouras, grosseiramente cortadas
Metade de um bulbo de funcho, grosseiramente cortado
4-6 chalotas pequenas, inteiras
2 colheres de sopa de pastis ou anisete
1 xícara de vinho branco seco
4 cenouras pequenas, cortadas ao meio ou em quatro, ao comprido
1 bulbo adicional de funcho, cortado em grandes pedaços
¼ de xícara de créme fraîche ou creme de leite
1 xícara de ervilhas frescas
1 punhado de cerefólio, picado

Na sua maior frigideira ou panela de ferro, aqueça uma colher de sopa de manteiga e uma colher de sopa de azeite de oliva. Doure bem o coelho, juntamente com o fígado, de todos os lados. Salpique generosamente com sal grosso. Remova o coelho para um prato. Acrescente a colher de sopa adicional de manteiga e de azeite e refogue a cenoura, o funcho e as chalotas até ficarem macios e ligeiramente dourados, de cinco a seis minutos.

Coloque o coelho de volta na panela, acrescente o *pastis*, deixe fritar por um minuto. Acrescente o vinho branco. Arrume os pedaços grandes de cenoura e funcho entre os pedaços de coelho. Deixe ferver, abaixe o fogo, tampe e cozinhe por 40 a 45 minutos, virando a carne uma única vez após 20 minutos.

Remova o coelho para um prato, cubra com papel-alumínio. Leve o molho a ferver e reduza-o por cinco minutos. Acrescente o creme de leite e mexa bem. Acrescente o coelho, as ervilhas e o cerefólio à panela. Aqueça.

Sirva com arroz selvagem.

Rendimento: quatro porções

Dica: Se fizer este prato com um frango inteiro, talvez não precise acrescentar a segunda colher de azeite de oliva e manteiga à panela ao refogar os legumes, já que a pele do frango provavelmente soltará gordura.

CAPÍTULO 3

O SUSHI NO FIM DO TÚNEL

— Não – grunhi, os dedos com as juntas brancas agarrando a moldura do pé da cama de hospital.
– Eu. Não. Vou. Lá Para Baixo. A enfermeira nos *prometeu* um quarto particular. Não me importo se tiver este bebê aqui mesmo no chão de linóleo. Não vou enquanto isso não estiver resolvido. – Mesmo em meu estado ligeiramente alterado, eu já estava havia tempo suficiente na França para saber que, se descêssemos para a sala de parto antes de resolver aquilo, alguém iria esquecer ou cometer um erro ou dar o quarto para outra pessoa. Dar à luz me parece um processo bastante particular, e eu não gostava da ideia de passar a primeira semana de maternidade no mesmo quarto com outro ser humano cheio de hormônios e seu recém-nascido aos berros.

Até o momento em que senti as primeiras contrações, não tinha tomado uma decisão sobre a peridural. Pensei em enfrentar tudo sem anestesia, não por ser tão adepta da autenticidade cósmica do parto natural, mas porque eu tinha medo de que o médico me tornasse paralítica. Era sexta-feira, 14 de agosto, véspera do maior feriado de fim de semana do ano. Sem dúvida, todos os médicos realmente competentes estavam na praia em Saint-Tropez, e não ali de prontidão por minha causa.

Além disso, eu não estava com a menor pressa de ir para o térreo porque eu sabia que não estaria nem um pouco mais fresco lá embaixo. Os franceses usam ar-condicionado nas salas de cirurgia, mas para impedir que os aparelhos superaqueçam, não as pessoas.

Pergunte a qualquer *homme* na rua, e ele lhe dirá que o ar-condicionado é ruim para a sua saúde – que causa resfriado, gota, acne e não sei mais o quê. Essa ideia parece ter se originado no surto de uma doença dos legionários nos anos 1990, espalhada pelo sistema de ventilação do Hôpital Pompidou, em Paris. Os sistemas de refrigeração nunca se recuperaram das reportagens negativas na imprensa, e nós, mulheres grávidas, vimos sofrendo as consequências desde então.

Por ser agosto, e todas as pessoas normais estarem viajando, o hospital aproveitara a oportunidade para refazer meia ala. Uma pequena janela na sala de parto estava sem vidro, e o espaço, coberto com um plástico preso com fita vedante. Eu podia ouvir as britadeiras funcionando do outro lado. Se o ar-condicionado não era esterilizado, que tal isso?

Eu lhes contaria o que aconteceu em seguida, mas cochilei quase o tempo inteiro. Teoricamente, há muitas razões pelas quais eu gostaria de ter nascido em outro século: gosto de música ambiente e acho que ficaria bem de anquinhas. Mas aqui estamos nós, no século XXI – então, me dê os remédios. As francesas parecem ser descontraidamente pragmáticas sobre isso, assim como sobre outros rituais de gravidez. Acho que faz parte da liberação da mulher, segundo dizem na França. Para a maioria, o parto natural é um pouco como odontologia do século XIX. Já passamos disso.

Entre um cochilo e outro, eu parecia receber a aprovação de todo mundo. Um médico entrou, deu uma olhada embaixo do lençol, e disse, de maneira clássica: "Tudo parece ótimo, você não precisa de mim", e saiu prontamente da sala.

A presença do lençol nos leva à pequena, mas não inconsequente pergunta de quem olha onde. (Acrescente isso à lista de itens, como creme para os mamilos e os perigos de resíduos de gatinhos, nos quais eu nunca havia pensado antes de ficar grávida.) Minha ginecologista que, como eu, também era relativamente recém-chegada à França, disse que, quando teve seu primeiro filho, em Paris, seu obstetra francês aconselhou-lhe que, se – *se* – seu marido fosse estar presente ao parto, ela deveria se assegurar de que ele não visse exatamente o que estava acontecendo lá embaixo ou ele jamais iria querer fazer sexo com ela outra vez.

Nos Estados Unidos, as pessoas colocam seus vídeos de parto no YouTube, e uma amiga, de um grande escritório de advocacia, certa vez colocou uma imagem de ultrassonografia de uma colega na intranet da empresa. Tenho absoluta certeza de que, nos Estados Unidos, o navio da privacidade já zarpou. Os franceses tomam um curso mais discreto.

Sem saber como proceder, nas semanas anteriores ao parto, decidi fazer uma pesquisa informal. Comecei com minha amiga Keria, uma americana loura-platinada, também casada com um francês. Keria é professora durante o dia, cantora de jazz à noite – e mãe de Theo, de cinco meses. Ela tem o tipo de personalidade dupla que adoro: consumadamente inteligente, com nervos de aço, mas com um dom para grandes dramas e uma boca suja para acompanhar. Certa tarde, sentamo-nos em torno de coquetéis em um cruzamento movimentado, perto de Jaurès, o álcool cuidadosamente dosado para caber entre as mamadas. "Ah, claro", respondeu Keria quando lhe perguntei onde seu marido estava posicionado durante o parto. "Compreendo. Eu disse a Marco: 'Olhos para a frente, rapaz.' Ninguém precisa ver esta merda."

Francamente, sou da mesma opinião.

Pode parecer antiquado, mas gosto da ideia de manter uma aura de mistério, sem mencionar dignidade, durante o parto. Penso da seguinte forma: quando meus pais se casaram, meu pai cometeu o erro de oferecer a minha mãe um controle remoto para abrir a porta automática da garagem no Dia dos Namorados. Depois disso, presentes práticos foram banidos em nossa casa. Ninguém quer fazer sexo com um abridor de porta de garagem.

DEPOIS DA FORTE PERIDURAL, as poucas horas seguintes foram, em grande parte, de alarmes falsos. Eu me sentia como se estivesse esperando um trem, o tipo de locomotiva grande que emite um sonoro silvo quando entra na estação e desliga a máquina. Eu me imaginava em um vestido longo, chapéu com um véu, um grande buquê de rosas no braço. Eu esperava um convidado de honra – que, pode-se dizer, estava 18 anos atrasado. Para tornar tudo mais interessante ainda, não sabíamos exatamente quem iria descer na plataforma.

Como havíamos decidido que não queríamos saber o sexo do bebê com antecedência, as especulações nas últimas semanas tinham sido intensas. "*Alors, comment va le fiston?*", perguntou o tunisiano que me vende melões no mercado de sábado enquanto me dava uma fatia doce e suculenta. Ele tem certeza de que é um menino. Concordo. Como filha única de uma mãe com uma única irmã, sempre me imaginei como mãe de uma menininha obcecada por tiaras. Mas a minha vida já é tão diferente do que imaginei – país diferente, homem diferente, legumes e verduras diferentes –, que aprendi a gostar (está bem, *tolerar*) a imprevisibilidade de tudo isso. Se consigo aguentar o suspense, a vida nunca me dá exatamente o que quero – mas algo melhor.

Após apenas seis horas na sala de parto, a *sage-femme* colocou o bebê no meu peito, curvado como um gato, quente e sonolento. Rocei os lábios em um tufo de cabelos. "É menino ou menina?"

– Ah – Gwendal disse, ligeiramente atordoado. – Esqueci de olhar.

Gwendal pegou o bebê, longas pernas fininhas balançando-se no ar. O vendedor de melões tinha razão: era nosso menino.

APÓS UM PARTO perfeitamente normal, Alexandre e eu passamos seis dias no hospital, de graça. Repito: de graça. Não sei como isso soa para o resto do mundo civilizado, mas, para um americano, é como uma semana em Aruba. O quarto particular, para onde eu fora bufando e arquejando, custava a colossal quantia de 367 euros extras em nosso plano de saúde privado. Duvido que essa quantia cobrisse o custo do borrachudo pudim de chocolate na minha bandeja de almoço nos Estados Unidos. Sim, você tem de levar suas próprias fraldas. Parece um preço pequeno a pagar por assistência médica universal.

Gosto de pensar nessa preciosa semana como o que os franceses chamam de *palier de décompression* – o tempo que você leva para descomprimir quando sobe de um mergulho em águas profundas. Se você for muito rápido, sua cabeça vai explodir. As enfermeiras ensinam você a dar banho no bebê, a amamentar. Se precisar de ajuda quando sair do hospital, pode arranjar visitas domésticas de uma *sage-femme*. Durante alguns dias, eles a deixam flutuar no limiar da consciência – os sentidos estão exacerbados. Em algum lugar entre a garota que você foi um dia e a mãe que está no processo de se tornar.

EU QUERIA CHEGAR ao mercado cedo, de modo a não atropelar muitos pés com o carrinho do bebê. Gwendal retornara ao trabalho após sua licença-paternidade de 11 dias (outro benefício federal compulsório tipicamente francês), e Alexandre e eu tínhamos um tempo só para nos conhecermos. Tenho a tendência de arcar com todo o meu fardo de preocupações com antecedência, assim, tão logo ele chegou, a maior parte da minha angústia existencial sobre maternidade se evaporou, substituída por uma sonolenta rotina de amamentar, trocar fraldas, cochilar e dar banho.

Mostrei Paris a Alexandre como faria com um amigo turista, apesar de ser alguém que vem com um grande excesso de bagagem. Ricochetear o carrinho por dois lances de escada abaixo era um desafio. Deixar o bebê no topo ou no pé das escadas enquanto eu realizava essa operação parecia uma decisão de vida ou morte.

(Optei por deixar Alexandre em seu bebê-conforto bem na minha porta. Assim, qualquer um que tentasse roubá-lo teria de passar por mim primeiro.) Após dez meses de queijo pasteurizado e uma semana de comida de hospital, um dos prazeres consideráveis de voltar para casa era o acesso à minha própria geladeira e ao direito de enchê-la com todos os favoritos proibidos que eu não provava havia quase um ano. Os amigos logo vieram conhecer o bebê trazendo guloseimas inadequadas para a estação do ano: potes de vidro de *foie gras* e vinho Sauternes doce e dourado, *saucisson* marmorizado com pedaços de gordura. Ver o açougueiro pesar meu meio quilo de fígado de galinha foi como pegar Papai Noel em flagrante. O ótimo restaurante de sushi, objeto de tantos sonhos no meio da noite nesses últimos meses, só iria abrir dali a dez dias.

Minha primeira parada no mercado foi na barraca do peixeiro. Os empregados saudaram Alexandre como se ele fosse um sobrinho perdido havia muito tempo. Um deles sacudiu uma sardinha em cima do carrinho em sinal de boas-vindas. Escolhi dois badejos inteiros, escorregadios e brilhantes à luz do começo de setembro, e algumas postas de atum grandes e escuras – eu ia fazer *tartare* para nos suprir enquanto o *chirashi* não voltava das férias.

Pessoalmente, adoro comida que me desafia. Eviscerar meu primeiro peixe em Paris foi uma iniciação igual a perder a virgindade – quem diria que havia um indivíduo tão perigoso, tão sedento de sangue, escondido atrás desta fachada neovitoriana?

Também tenho praticado minhas refeições de 15 minutos, porque, por mais que eu goste de ficar vagando pela cozinha, o tempo que vou poder passar lá provavelmente vai se reduzir nos próximos meses (e eu detestaria adormecer à beira do fogão). Peixe inteiro não soa como fast-food, mas é. É mais tarde, à mesa, que se perde tempo catando as espinhas (melhor para a conversa e a digestão). Sei que muitos americanos não gostam de ter trabalho com sua comida, mas desconstruir um peixe inteiro é uma das minhas atividades culinárias preferidas. Parece tão decadente no prato – você sente como se estivesse brincando com um jogo de operações cirúrgicas (Operation me vem à mente). A pele protetora faz de métodos rápidos, como grelhar, uma boa opção; não há risco de carne queimada, seca. O olho funciona basicamente como um daqueles marcadores de tempo da Purdue, que disparam automaticamente – quando ele salta, provavelmente já está no ponto.

Meu amigo tunisiano me deu um melão extra para o bebê, satisfeito em saber que sua previsão estava correta. Ziguezagueei entre os fregueses matinais, passei pelos frangos assados e batatas fumegantes, pelas últimas amoras e pelos figos maduros, até minha barraca de queijos favorita, de Madame Richard.

Madame Richard deve estar beirando os setenta anos. Ela usa os cabelos oxigenados em um corte de duende e tem uma preferência por parcas rosa-shocking. Ela adotou um interesse maternal pela minha gravidez. Na verdade, verifiquei que o relacionamento entre uma mulher e seu vendedor de queijos é um dos mais íntimos na vida francesa. Eles sabem, quando você compra muito queijo, que está recebendo visitas importantes ou que seus sogros estão na cidade. Sabem que, se você compra só um pouco, que está de dieta ou seu marido tem problema de colesterol. Eles conhecem seu estado de espírito, seus desejos. Sabem se você está se sentindo bastante corajosa para um roquefort forte ou precisa hibernar com o conforto luxuriante de um Mont d'Or tão macio e úmido que se poderia servi-lo com uma colher.

Madame Richard estava entre as primeiras pessoas em Paris a descobrir que eu estava grávida. Em algum momento em fevereiro, puxei meu carrinho de compras de vovó, de bolinhas vermelhas, até sua barraca, e disse que eu tinha uma amiga que estava vindo para o jantar, que estava grávida e não podia comer queijo de leite cru. No sábado seguinte, minha pose e criatividade de certa forma tendo me abandonado, tentei a mesma desculpa esfarrapada. Ela sem dúvida já vira aquele olhar no rosto de milhares de mulheres, as maçãs do rosto coradas de empolgação, nervos e o genuíno pesar de saber que passarão os próximos nove meses sem sequer um pedaço do pungente Camembert. Madame Richard sorriu intencionalmente e ligeiramente me conduziu a todos os produtos pasteurizados.

Quando me viu com o carrinho de bebê, Madame Richard rapidamente entregou o troco ao cliente anterior e saiu de trás do balcão. "*Félicitations*", desejou, beijando-me nas duas faces. "*Coucou, toi*", continuou, inclinando-se para ver melhor o bebê.

Enquanto ela fitava Alexandre com veneração, eu fitava os queijos com veneração. Escolhi o mais molhado, o mais mofado, o de cheiro mais forte que pude encontrar – um Époisses embebido em uma espécie de grapa feita com o bagaço de uvas Bourdeaux. Enfiei o embrulho de papel impermeável quadriculado de branco e vermelho na cestinha do carrinho de bebê e fui empurrando-o ladeira abaixo para casa.

———

ESTE É O DESAFIO DA SUPERMÃE: dois dos mais importantes acontecimentos da minha vida – o nascimento do meu filho e a publicação do meu primeiro livro – estão acontecendo mais ou menos ao mesmo tempo. Meu editor em Nova York me ligou apenas uma vez, exatamente quando eu estava entrando em trabalho de parto. Quando cheguei em casa, fiz a revisão das provas de *Almoço em Paris* com Alexandre, de apenas duas semanas, dormindo em meu colo.

Eu estava sentada em minha escrivaninha usando uma bomba de leite que deixava os braços livres: uma engenhoca à la Madonna dos anos 1980 projetada, por sugestão de uma amiga americana muito organizada, cortando-se dois buracos em um velho sutiã esportivo para segurar os copos de sucção no lugar. Há três semanas em casa, eu estava começando a ficar inquieta, impaciente e entediada. Parece haver uma escassez de vocabulário para descrever esses sentimentos. O culto moderno à maternidade deixa as mulheres com bem poucas opções. As únicas emoções aceitáveis são a mais pura alegria e/ou um esgotamento sarcástico. Eu estava girando em círculos – doida para sair de casa, mas detestando deixar o casulo, o pequeno, o seguro triângulo entre o café, o mercado e a *boulangerie* da esquina.

Como minha primeira saída real, eu resolvera aceitar um convite para o coquetel de boas-vindas aos novos membros da Associação de Mulheres Americanas de Europeus. Colocar-me no modo de rede *smiley* exigia uma produção maior do que de costume. Fiquei olhando para meu closet e, por fim, escolhi um vestido Donna Karan preto, de cintura império, que achei que me caía bem. Mas, assim que o tirei do cabide, tive dúvidas. Na tradição inglesa, cinturas império estão associadas a cenários de bailes nos romances de Jane Austen, mas, na França, há algo a respeito de uma costura embaixo do busto que simplesmente grita: *Lactante aqui!*

Mas eu já estava atrasada. O vestido teria de servir. Achei um batom vermelho e um par de sapatilhas que não me apertava, dei um beijo nos meus garotos e parti correndo. O que eu não tive tempo de fazer antes de sair foi de comer. Eram 18 horas, e, por alguma razão, eu não almoçara. No meio de minha rápida caminhada para o metrô na République, parei em nossa *boulangerie* para um *pain au chocolat*. Eu sabia que estava quebrando as regras, desprezando a etiqueta. Os franceses simplesmente não entopem a boca enquanto correm. Eles não comem na rua, no metrô, em suas escrivaninhas ou em nenhum outro lugar, na verdade, mas em um restaurante ou na mesa da família. Adultos não comem entre as refeições; isso é um privilégio reservado a crianças em idade escolar – o *goûter* das 16 horas. Livros nas livrarias, trailers nos cinemas e filósofos na rádio nacional lhe dirão: qualquer outra coisa leva ao caos, à anarquia, ao declínio da cultura francesa e ao aumento da obesidade. Engolir sem mastigar meu pão doce pré-jantar por trás do cachecol na calçada era o equivalente culinário a depilar as pernas no trem A do centro da cidade ou atender ao celular na ópera – simplesmente não se faz. Mas eu havia incorporado a nova-iorquina que existia em mim – e não podia impedi-la. Eu tinha lugares a ir, pessoas a encontrar. Estava atrasada e tinha de ser multitarefa.

Mastigava meu pão doce em grandes bocados, esperando impacientemente atravessar a avenida Parmentier, quando ouvi um comentário lançado em minha direção. "*Attention aux kilos.*" Cuidado com os quilos. Virei-me. Será que a voz estava em minha cabeça? Mas, então, eu a ouvi outra vez. "*Attention aux kilos.*" Olhei para baixo. Havia um sem-teto na calçada, sentado com as pernas cruzadas, como um profeta, entre as garrafas vazias que transbordavam de uma lata de lixo reciclável. "*Attention aux kilos, madame*", repetiu ele, sacudindo o dedo tremulamente na direção dos meus joelhos.

Eu pecara, agora fora punida. A luz do sinal mudou, e eu corri.

Ainda tinha hormônios de gravidez suficientes em meu corpo para querer chorar. Felizmente, eu tinha a viagem de metrô atravessando Paris para me recompor. O evento era no sofisticado oitavo *arrondissement*, bairro de embaixadas, cintilantes prédios de apartamentos da era Haussmann e butiques vendendo cardigãs de caxemira. Não havia sem-teto para comentar minha silhueta ou qualquer outra coisa.

Senti-me relaxada enquanto subia a imponente escadaria de mármore do *hôtel particulier* – uma de centenas de grandiosas residências particulares agora transformadas em escritórios comuns. Alexandre estava bem aconchegado em casa com o pai, tomando uma mamadeira de leite materno. Graças ao milagre do tipo Star Trek das bombas de leite, realmente é possível estar em dois lugares ao mesmo tempo. Encontrei meu crachá e segui a multidão para a sala de recepção, de pé-direito alto, decorada com sancas de gesso elaboradas e lustroso assoalho de madeira. Adoro conhecer novas pessoas. Eu me permito desfrutar o *frisson* de expectativa que acompanha uma sala cheia de estranhos.

Uma mulher mais velha em um elegante blazer de lã e um broche de ouro – o comitê de boas-vindas – identificou uma recém-chegada e veio em minha direção. Olhou para meu crachá e imediatamente iniciou uma conversa. "Para quando é o bebê?" Sorriu, inclinando a cabeça para sinalizar o quanto ela era uma boa ouvinte.

– Dei à luz há três semanas – respondi em tom funesto, mas fazendo o possível para devolver o sorriso. Tomei um gole de vinho e prometi atirar todas as cinturas império no lixo assim que chegasse em casa.

EMBORA ELE AINDA não esteja exatamente pronto para um garfo, Alexandre começou a sorrir na semana passada. Por que eu não sabia que os seres humanos têm de aprender a sorrir? O efeito foi elétrico, como ver as luzes se acenderem no topo do Empire State Building. Isso muda tudo. Ele não precisa de mim simplesmente; acho que ele gosta de mim. Claro, ele também sorri para Mimi, a galinha musical, que possui pernas com pintinhas cor de laranja e um chocalho dentro do pé esquerdo. Acho que eu poderia travar uma briga com Mimi, mas por enquanto estou fazendo corpo mole. Nas palavras imortais de John Wayne: Nunca se coloque entre um homem e sua galinha musical.

Tem sido um bom dia – um dia comum que, de certo modo, parece especial. Gwendal está viajando a trabalho, e Alexandre e eu passamos a tarde pesquisando minha loja de temperos favorita no Marais e sentados sob uma árvore no pátio do Hôpital Saint-Louis, um prédio do século XVII que um dia abrigou as primeiras enfermarias de Paris para pacientes com doenças infecciosas. Naquela época, os arredores ainda eram um pasto aberto – fora dos muros da cidade, de forma segura.

Tirei as folhas secas caídas sobre o cobertor de Alexandre. Já estavam amarelas e quebradiças, apesar da última semana de calor de verão indiano. Em dias assim, eu me pergunto por que às vezes me sinto tão insegura em meu novo papel. Não são as pequenas questões práticas que me preocupam; simplesmente não consigo decidir qual a distância adequada a manter. Em certos dias, Alexandre me faz sentir sufocada, claustrofóbica; em outros, me faz sentir sozinha com antecedência. Talvez porque seja um menino, mas tenho essa sensação de que, embora tenha acabado de chegar, ele já está com um pé fora de casa. *Um filho é um filho até ter uma esposa; uma filha é uma filha pelo resto da vida.* Veja quem está falando – moro há 5 mil quilômetros de minha mãe. Mas não importa o quanto eu esteja longe, ainda sou dela. Sou corajosa da forma como me tornou corajosa e amedrontada do jeito que me tornou amedrontada. Nunca pertencerei a ninguém do jeito que pertenço a ela. Talvez seja uma profecia autorrealizável, mas Alexandre já parece muito independente de mim.

Naquela noite, o coloquei, o mais cuidadosamente possível, no berço. Isso nem sempre funciona. Na maioria das vezes, ele se espreguiça e arrulha, em seguida sacode-se repentinamente acordado, os braços abertos, os olhos arregalados, como se tivesse sido atingido por um raio.

Mas não esta noite – esta noite, quando o coloquei no berço, um dos braços caiu instantaneamente atrás da cabeça, os dedos flexionados e relaxados. O outro braço caiu mais devagar, por cima do peito, depois fez um gracioso aceno para fora, como se estivesse conduzindo uma sinfonia.

Compreendi que, até o momento de seu nascimento, todos os meus pensamentos sobre maternidade haviam sido a respeito de mim mesma: meus temores, meu trabalho, meu tempo, meu corpo, meu casamento. Era misterioso, fascinante, descobrir o alcance dos sentimentos *dele*. Que ele podia sorrir, gritar, rir e conduzir uma sinfonia em seu sono.

Receitas dos favoritos proibidos e de refeições de 15 minutos

BADEJO ASSADO COM LIMÃO E ERVAS
Loup de Mer au Citron et aux Herbes

Sei que fazer um peixe inteiro não parece um simples jantar de meio da semana, mas, se eu estivesse escrevendo um desses livros de culinária de receitas de 15 minutos, esta seria a primeira receita que incluiria.

4 badejos, de 250 a 400 gramas cada um, limpos e sem escamas
1 colher de sopa de azeite de oliva
Sal
2 fatias de limão, cortadas ao meio
Salsa, tomilho, endro e outras ervas, frescas

Preaqueça o forno para assar. Coloque uma folha dupla de papel-alumínio em um tabuleiro.

Estenda os peixes no tabuleiro, regue com um fio de azeite. Esfregue o azeite em todo o peixe, inclusive rabos e cabeças. Isso impedirá que grudem no papel-alumínio quando precisar virá-los. Salpique as cavidades com um pouco de sal e recheie cada peixe com uma fatia de limão e ervas.

Coloque o tabuleiro na prateleira mais alta do forno, a cerca de 5 cm abaixo do calor. Asse os peixes por cinco ou seis minutos (pode começar a verificar aos quatro minutos) ou até que a pele forme bolhas e toste em alguns pontos (às vezes, a pele racha em vez de formar bolhas). Não se preocupe se as barbatanas se levantarem e queimarem um pouco. Vire os peixes cuidadosamente. Você vai precisar de uma espátula e de um garfo para essa operação. Cozinhe por mais dois ou três minutos. Você saberá quando o peixe está pronto inserindo a ponta de uma pequena faca perto do osso. Se a carne estiver opaca e soltando-se facilmente, está pronto. Sempre erre pela cautela – é melhor cozinhar ligeiramente de menos e colocá-lo de volta no forno que transformar um belo peixe em uma polpa cozida demais.

Rendimento: quatro porções

Dica: Obviamente, peixes individuais variam de tamanho. Um peixe ligeiramente maior (300 a 350 gramas) pode precisar de sete minutos de um lado e quatro a cinco minutos do outro. Logo você vai pegar o jeito em seu forno.

SALADA DO *CHEF* COM FÍGADO DE GALINHA
Salade Composée au Foie de Volaille

Os franceses há muito tempo dominaram a arte de servir salada de uma maneira que não pareça um castigo. Esta segue a tradição de uma *salade composée* – um dos almoços favoritos dos bistrôs. Em Paris, você deve achar uma com moela de pato, presunto cru, até um ovo pochê, tudo de que senti falta desesperadamente durante a gravidez – mas o que prefiro é a textura aveludada de fígados de galinha quentes. Você pode misturar e combinar ingredientes, adicionar sobras de batatas assadas refogadas com o bacon ou colocar em cima bons pedaços de queijo Comté. A impressão final deve ser de fartura, não de restrição.

1 pé pequeno de alface roxa ou comum
1 bom punhado de vagens
1 tomate grande
100g de toucinho, cortado em cubinhos
8 fígados de galinha
Pimenta-do-reino

Para o molho
½ xícara de azeite de oliva
1 colher de sopa mais 2 colheres de chá de vinho tinto
 ou vinagre de xerez
1 colher de chá não muito cheia de mostarda Dijon
1 boa pitada de sal grosso

Lave e seque a alface; reserve. Cozinhe a vagem até ficar verde-escura e macia, cerca de oito minutos.

Enquanto isso, em um pote de vidro ou outro recipiente hermético (uso um vidro antigo de geleia), coloque todos os ingredientes do molho e agite vigorosamente para combiná-los. Este é o meu tipo favorito de vinagrete francês clássico, turvo da mostarda e espessado com um bom azeite de oliva. Esta receita rende o suficiente para várias saladas – pode ser guardado na geladeira por várias semanas.

Quando as vagens estiverem prontas, enxágue-as em água fria para interromper o processo de cozimento, seque-as e corte-as em pedaços de 4cm. Corte o tomate ao meio, tire as sementes e pique em cubos. Coloque o tomate e as vagens no fundo de uma saladeira grande.

Em uma frigideira média, cozinhe os cubos de toucinho, em seguida remova com uma escumadeira – não jogue a gordura fora, você vai precisar para dourar os fígados de galinha. Acrescente o toucinho aos tomates e vagens. Misture.

Quase na hora de servir, refogue os fígados de galinha na gordura do toucinho, com uma pitada de pimenta-do-reino moída na hora, dois a três minutos de cada lado. Devem permanecer rosados no meio – fígados de galinha muito cozidos ficam borrachudos.

Acrescente a alface à saladeira. Agite bem o molho e acrescente duas a três colheres à salada. Mexa tudo. (Se não houver ninguém vendo, costumo fazer isso com as mãos.)

Divida a salada em dois pratos, certificando-se de espalhar uma porção regular de vagens, tomates e toucinho em cada uma. Em cima de cada prato, coloque três a quatro fígados de galinha. Sirva imediatamente. Uma taça de vinho tinto suave seria excelente.

Rendimento: duas porções

TARTARE DE ATUM
Tartare de Thon

Sonhei com sushi durante toda a gravidez. Esta é a receita pós-parto que me supriu até que os proprietários do bom restaurante japonês voltassem das férias.

2 colheres de chá de azeite de oliva
1 colher de chá de óleo de gergelim
2 colheres de chá de vinagre de arroz
½ colher de chá de gengibre fresco, ralado
1 boa pitada de sal grosso
300 g de atum para sushi
¼ de xícara de pepino, sem sementes e cortado em cubos
1 colher de chá de gengibre em conserva, cortado em cubos
  (opcional, mas muito bom)
1 ½ colher de chá de cebolinha, picada
1 abacate pequeno, cortado ao meio

Em um pote de vidro ou outro recipiente não reativo, una óleos, vinagre, gengibre fresco e sal, em seguida agite ou misture bem. Corte o atum em pedaços de 6mm; guarde na geladeira até a hora de usar. Cinco minutos antes de servir, misture o peixe, pepino, gengibre em conserva, se estiver usando, cebolinha e molho. Deixe descansar por cinco minutos (se deixar mais tempo, o vinagre começa a cozinhar o peixe, e você acaba tendo ceviche, não tartare). Divida em duas porções e pressione-as em um molde (uma tigela pequena ou um cortador de biscoito) ou forma pequena. Vire cada uma em um prato e tire o molde. Sirva com metade de um abacate e uma salada de folhas verdes para acompanhar.

Rendimento: duas porções, como prato principal, quatro, como uma entrada leve

Dica: Se quiser servir como um hors d'oeuvre, *coloque uma colher de sopa sobre uma folha de endívia.*

CAPÍTULO 4

CORDEIRO DE SACRIFÍCIO

Hoje sacrificamos um cordeiro em honra ao meu filho primogênito. Sempre esperei ter um motivo para escrever uma frase tão inteiramente bíblica.

Le méchoui, um assado de cordeiro do norte da África, é uma tradição de longa data na família de meu marido. Houve um quando Gwendal nasceu e um para o nascimento de cada criança desde então. Em algum lugar nos arquivos, há uma foto da década de 1970 de meu sogro, com uma barba até a cintura, mastigando – ao estilo Neandertal – uma sobra de perna de cordeiro. Este prato é um rito de passagem, tanto olá, quanto adeus. É uma celebração da transição para a nossa nova vida como pais, de habitantes da cidade para *villageois*.

O ano passado tinha visto tantas mudanças quanto uma pessoa tem o direito de viver em 365 dias. Alexandre estava com cinco meses quando fizemos nossa primeira viagem a Nova York para lançamento do livro. Tive de segurá-lo em pé para sua foto do passaporte. Quando o livro chegou às livrarias, pouco antes do Dia dos Namorados, esperei por uma corrente de eletricidade que me enviaria um choque sempre que alguém lesse a primeira linha. Eu não sabia como seria esse dia. Eu acordaria em um vestido de baile de conto de fadas – ou viraria abóbora?

Tive a sorte de receber alguns conselhos sobre este mesmo tópico de Diane Johnson, autora de *O divórcio* e outras aventuras de expatriados. (Desconfio que ela tenha um lado obscuro. Ela também é coautora de um roteiro para *O iluminado*.) Ela concordou em me encontrar em uma tarde para *macaroons* na Ladurée em Saint-Germain. O interior da casa de chá lembra a sala de um excêntrico aristocrata inglês – alguém que nunca retornou realmente do serviço que prestou na colonial Xangai. As paredes são pintadas com exóticas folhas de palmeira, e biombos de laca vermelha escondem as placas indicando os toaletes. Depois que nós duas servimos nosso chá, ergui os olhos do meu Darjeeling e *macaroons* de limão. "Bem", comecei, tentando não soar muito ansiosa, "como foi quando você publicou seu primeiro livro?" Diane se inclinou sobre a pequena mesa – seu queixo não ficava muito acima da borda – e olhou-me nos olhos: "Não espere que sua vida vá mudar", disse ela. "Nem um pouco. Quando meu primeiro livro foi publicado, fiquei tão decepcionada que fui direto para o cabeleireiro e disse: 'Me transforme numa loura!'"

Desconfio que fiquei de boca aberta. Meu primeiro pensamento foi *Meu Deus, eu sou assim tão transparente?* Meu segundo pensamento foi *E se ela estiver certa? Na próxima vez em que ela me vir, posso ser uma ruiva flamejante.*

O fato é que eu realmente esperava que este livro mudasse minha vida. Era minha maneira de conquistar um lugarzinho no mundo, independente de meu marido, meu filho, meus pais. Fincando uma bandeira: eu, aqui. Ainda que eu não vendesse um único exemplar, só o fato de colocá-lo nas livrarias fez com que me sentisse mais relaxada comigo mesma. Minhas grandes expectativas e minha vida real aos poucos se aproximando uma da outra – página por página.

CHEGAMOS À CASA DOS PADRINHOS de Gwendal ao anoitecer. Os campos de trigo do verão tinham sido recentemente ceifados. O feno havia sido enrolado e amarrado em grandes feixes, perfeitos como gigantescos carretéis de linha. O *apéritif* – aonde quer que minha sogra vá, o champanhe a segue – foi servido em um carrinho de madeira rachada à sombra de um canto do jardim. Affif e Annick são os melhores amigos de meus sogros há quarenta anos, desde os tempos de estudantes, em 1968. Mesmo agora, é fácil imaginá-los em um café, cigarros enrolados à mão e cerveja na mão, discutindo os méritos dos Beatles *versus* Brassens.

Affif e Annick vivem em uma casa de fazenda de pedra que pertencia à família dela havia várias gerações. Eles transformaram os antigos celeiros em uma galeria, e o palheiro, em um enorme quarto para suas duas filhas e um bando de netos. Eles criam galinhas nos fundos do quintal. Há duas tartarugas, da cor de folhas secas, que vagueiam pelo terreno, à cata de migalhas e sobras da mesa. Elas comem muito bem. Há um gatinho com um olho azul e o outro castanho, que se esfrega contra a vidraça da janela da cozinha todas as manhãs. Affif mantém um par de binóculos à mão, para mostrar aos netos as raposas que às vezes correm pelos campos vizinhos.

Na manhã seguinte, acordei cedo – mas, como sempre, não o suficiente. Affif estava na cozinha desde o raiar do dia, assando pimentões, descascando cebolas e mergulhando tomates em água fervente para remover a pele fina. Affif nasceu e cresceu na Argélia, e, embora esteja na França há trinta anos, suas refeições são sempre um casamento de duas culturas – uma tagine de cordeiro cozido com vinho branco em vez de água; repolho recheado temperado com cominho, mas encimado por um punhado de queijo Gruyère ralado. Quando ele ouviu o rangido de meus passos na escada de madeira, ergueu os olhos da faca. Seus cabelos encaracolados eram grisalhos e curtos agora, mas deviam ter resultado em um belo afro em sua época.

– *Bonjour, ma belle. S'il te plaît*, poderia pegar um pouco de tomilho na horta para mim e algumas folhas de louro da árvore no canto do quintal? – Eu o vi me observando pela janela da cozinha enquanto eu corria para a extremidade oposta do gramado. Mesmo depois de todo esse tempo, ele nunca sabe se sua garota da cidade favorita voltará com a coisa certa.

Ao longo da última década, Affif tornou-se um mentor da cozinha para mim. Ele é um artista e cozinha como pinta, com a confiança de uma técnica praticada há muito tempo e um floreio de inspiração. Suas "receitas", tal como se apresentam, não são muito mais que uma lista de ingredientes. Fico grudada nele na cozinha enquanto ele corta fora as pontas de um punhado de salsa, mistura azeite de oliva com uma boa medida de harissa picante. É a única maneira. Preciosas sugestões caem como seixos que recolho e coleciono ao longo do tempo.

O acompanhamento para o cordeiro assado seria um tradicional cozido de feijões-brancos com tomates e ervas. O feijão já ficara de molho durante a noite em um canto fresco da cozinha. Em uma tigela sobre a bancada, viam-se molhes de coentro fresco e cebolas espetadas de cravos.

Depois do café da manhã, minha sogra sentou-se para descascar uma pilha de cenouras. Alexandre foi colocado ao lado dela, na cadeira alta, experimentando seus dentes novos roendo a ponta de uma cenoura. Com sua postura de dançarina e seus cabelos grisalhos e louros caindo em cascata até o meio das costas, Nicole continua a ser meu ideal de feminilidade francesa. Ela ajeitou a manga da blusa simples, preta, quando escorregou do ombro. Pensei, e não pela primeira vez, que ela era fascinante demais para ser avó de alguém. Ela, como a maioria das mulheres francesas *d'un certain âge*, não via contradição nos termos.

Sentei-me a seu lado e peguei uma faca. Eu ainda estava pisando em ovos perto de minha sogra. Meu livro tivera algumas consequências não intencionais, mas, ainda assim, graves.

Começara havia alguns meses à mesa de jantar de nosso apartamento em Paris. Eu dera a Nicole as provas do livro e estava ansiosa para ouvir sua opinião.

Ela começou suavemente. Nicole é psicanalista. Ela fala em um tom calmo e uniforme, que imagino que seja muito calmante para seus pacientes. "*J'ai été choquée.*" Fiquei chocada por você ter usado nossos nomes verdadeiros. Larguei o garfo, deixando uma grande folha de alface meio espetada no prato. Os franceses não cortam a salada, eles a dobram, e este intricado origami ainda requer certa concentração de minha parte.

O alcance de meu erro subiu como um bolo em minha garganta. Eu lera cada capítulo em voz alta para Gwendal. Mostrei a cada um dos meus amigos as passagens que diziam respeito a eles e perguntei se gostariam de ter seus nomes trocados. Meus próprios pais estavam tão entusiasmados por mim que simplesmente nunca me ocorreu perguntar a eles. Por que não perguntei a Nicole? De repente, me senti como uma daquelas turistas desavisadas que tiram uma foto de um membro de uma remota tribo africana e roubam sua alma. Foi a gafe do século – um elefante branco tão grande que não o vi até ele se sentar em cima de mim. Embora seu inglês fosse suficientemente bom para entender o conteúdo, eu tinha certeza de que ela não havia apreendido o tom, afetuoso e carinhoso. Simplesmente nunca considerei que ela pudesse ver o livro como invasão de sua privacidade, uma forma de voyeurismo profundamente ofensivo. Simplesmente presumi que, assim como meus próprios pais, ela teria orgulho de mim. Meu pai tinha um ditado: *Assume* (presumir) faz um idiota (*ass*) de você (*u - you*) e de mim (*me*).

Meu erro foi cultural, bem como pessoal. A divisão entre vida pública e privada na França é rigorosa e não negociável. Há leis contra os paparazzi tirando fotos de filhos de pessoas famosas, e você não vai encontrar um parisiense contando a história de sua vida para um estranho no avião. Embora políticos franceses agora tuítem e a primeira-dama seja uma ex-modelo e pop star, a cultura não recompensa o tipo de catarse confessional, à la Oprah, com que nós, norte-americanos, estamos acostumados. O ministro da Justiça de Nicolas Sarkozy teve um filho fora do casamento, e ninguém sabia (ou melhor, ninguém tinha permissão de dizer) quem era o pai. Imagine Hillary Clinton ou Nancy Pelosi tentando levar a cabo algo semelhante.

– *Et la maladie de...*

Nicole nem teve de terminar a frase. Faz quatro anos desde que meu sogro morreu, aos 58 anos, de câncer de cólon. Senti-me tomada de vergonha e autorrecriminação. Eu devia ter sido mais sensível. *Ela ainda está lutando para refazer sua vida e aí está você, descrevendo o funeral para um bando de estranhos como parte de uma afetada obra de entretenimento. Você merece ser colocada no tronco e ser coberta de excrementos de pombos pelo resto da vida.*

– *Je suis désolée...* Não tive intenção...

Comecei vinte frases, cada qual mais inadequada que a anterior. Meu vocabulário francês me desertou, como geralmente acontece em momentos de estresse. Havia mais que eu queria dizer, mas não consegui: *Também passei por isso.* O livro não era um insensato ato de voyeurismo. Não perdi um marido ou um pai, mas realmente perdi alguém que vim a amar, uma parte integrante de minha nova família. Também perdi um profundo sentido de inocência cultural. Gwendal e eu estávamos casados havia apenas seis meses quando meu sogro foi diagnosticado. Eu mal acabara de mergulhar a ponta do pé na vida francesa. Em pé nos corredores do hospital, furiosa com os médicos que falavam de um pedestal ou se recusavam a responder às nossas perguntas, *esse* foi o momento em que a França se tornou real para mim, mais que uma coleção de doces recheados de creme e ruelas pavimentadas de pedras. Foi então que compreendi que eu havia me entregado a um país, uma língua, um etos profissional, até mesmo um sistema de saúde que eu não compreendia inteiramente. Senti-me impotente e aterrorizada.

– *Je ne comprend pas* – Nicole continuou. – *Ce n'est qu'une description de notre vie.* – É apenas uma descrição de nossa vida.

Há uma citação de Victor Hugo que os estudantes franceses aprendem desde cedo: *Chateaubriand ou nada*. Hugo decidiu, quando muito jovem, que seria um famoso escritor canônico como Chateaubriand – ou nada. Em outras palavras, se você não vai escrever uma obra-prima, não escreva nada. No mítico reino da literatura francesa, há pouco reconhecimento da escrita como artesanato – algo que você pode praticar e no qual pode melhorar. Há um alto prêmio para genialidade, provocação e inspiração.

Para ser justa, minha sogra não era a única que estava confusa. Por mais que eu tenha tentado explicar aos nossos amigos franceses o que eu estava fazendo, eles simplesmente não conseguiam entender o fato de que eu estava contando uma história verdadeira sobre algo tão insignificante quanto minha própria vida. O gênero de memórias simplesmente não existe do mesmo modo na França como nos Estados Unidos. *Mémoires*, na acepção francesa, são escritas por ex-primeiros-ministros, cientistas que curam a poliomielite e desbravadores que escalam o Everest sem oxigênio, não americanos de vinte e poucos anos em Paris aprendendo a bater maioneses ou estripar seu primeiro peixe. O livro dificilmente era um Tolstoi, mas eu esperava que tivesse algo real a dizer sobre o que significava construir uma vida em outra cultura.

Passei o resto da noite gaguejando um pedido de desculpas. Não há um termo direto para designar a pessoa que não tem consideração pelos outros. Às 22 horas, eu me sentia como um pano molhado torcido de uma ponta à outra.

– O que aconteceu? – perguntei a Gwendal quando finalmente fechei a porta atrás de Nicole com um baque. Sentia como se alguém tivesse me dado um soco no estômago. Eu estava tão ocupada pedindo desculpas pela minha insensibilidade que mal tive tempo de processar sua crítica. Foi o *n'est qu'une* que me matou. Mas é *apenas* uma descrição de nossa vida. Com apenas algumas palavras, ela havia reduzido a soma das minhas experiências na França (sem mencionar dois anos de escrita e edição meticulosas) ao nível de simples trabalho de secretária, não exigindo mais talento ou esforço de mim do que se eu tivesse transcrito as conversas de uma fita de gravação. A noite foi um tapa na cara para nós dois e deixou um vergão vermelho que levaria algum tempo para desaparecer.

PARA O MEU PRIMEIRO *méchoui,* há vários anos, Affif comprou o cordeiro de um produtor local e ele próprio o abateu e preparou. Mas as restrições estavam cada vez mais rígidas para esse tipo de coisa. Assim, este ano, ele resolveu encomendar. Às 9:15 naquela manhã, Gwendal saiu apressado de um supermercado carregando algo do tamanho de uma criancinha. (O que aconteceria, eu me pergunto, se alguém tentasse encomendar um cordeiro inteiro no ShopRite local de minha mãe, em Hackensack?) Se tivéssemos alguma esperança de comer antes de anoitecer, ele teria de estar no fogo até as dez horas.

Eu nunca tinha visto uma carcaça inteira de perto. Devo ter dormido durante essa parte na última vez. A mesa da sala de jantar fora arrumada com um imaculado pano branco, uma enorme agulha de costura, dois alicates e um rolo de fio de cozinha. Parecia o equipamento de um cirurgião do Velho Oeste, do tipo que operava com impunidade tanto seres humanos quanto cavalos.

Affif recheou a cavidade do estômago com uma mistura de cebolas cortadas em quatro, tomates, pimentões e punhados de ervas. Quando o espeto entrou de um lado do cordeiro e saiu do outro, respirei fundo (em nome do cordeiro). As patas do animal foram presas em cada ponta.

– *Désolée, mon petit* – Annick pediu desculpas (ao cordeiro) quando se aproximou com a agulha e o fio para costurar sua barriga. A imagem final era estranhamente digna: o cordeiro em repouso sobre um pano branco, cercado de coloridas tigelas de cerâmica cheias de cenouras, tomates e ramos de folhas de louro fresco, assim como de várias tábuas de cortar com tarefas semiacabadas. Parecia uma natureza morta holandesa – ou um filme *snuff* de Martha Stewart. Retalhei as pontas de um pedaço de pano limpo e usei um pouco do fio para amarrá-lo a uma vareta comprida – um pincel de cozinha caseiro para regar a carne. Uma panela com vinho, manteiga, azeite de oliva, sal e um maço de tomilho seguiram com o cordeiro para o fogo. A *rotisserie* de Affif é um negócio doméstico, equipado com enferrujadas engrenagens de bicicleta. Mas, ora, funciona muito bem.

Amigos iam chegando durante toda a manhã e logo eram colocados para trabalhar. Havia mais cenouras a serem raladas para a salada, mesas e cadeiras para arrumar no gramado entre a casa e os celeiros. Eu estava na cozinha cortando fígado. Para que as pessoas permaneçam até o evento principal, o *méchoui* começa sempre com brochetes de fígado de cordeiro grelhado, rapidamente marinado com um fio de azeite de oliva, pimenta harissa vermelha picante, sal e uma boa dose de cominho. Quando o próprio Affif abatia o cordeiro, ele salvava *la voilette*, a rendada e delicada membrana de gordura que envolve os órgãos internos, para embrulhar os pedaços de fígado e fazê-los fritar um pouco na grelha. Infelizmente, o açougueiro do supermercado resolvera jogar essa parte fora.

Os colegas de trabalho de Gwendal chegaram de Paris. Após cinco anos trabalhando na absoluta vanguarda da indústria do cinema digital, eles eram como uma unidade do exército, cheios de brincadeiras e piadas particulares. Alex levou reforços: duas caixas de Bordeaux. Meu filho de 11 meses *adorava* fígado, provando, mais que qualquer passaporte, o sangue francês que corria em suas veias.

Durante aquelas horas ociosas, enquanto o cordeiro assava devagar e fazia muito calor para sentar-se do lado de fora, eu me vi debruçada sobre algumas desbotadas almofadas de sofá no celeiro com nossa amiga Marie. Ela é professora em uma cidadezinha nos

Pireneus. Fala grego clássico e se recusara a preencher formulários administrativos que perguntavam a profissão dos pais dos alunos: "Que diferença isso pode fazer!", ela disse, indignada. É o tipo de pessoa afetuosa, inteligente, atenciosa, que faz um novo amigo logo se sentir um amigo de longa data. Também fala inglês fluentemente.

– Li seu livro – contou. Eu me preparei, esperando outra martelada literária. – Realmente gostei muito. É muito cuidadoso e bem escrito.

Tenho certeza de que não a conhecia tão bem para lançar meus braços ao redor de seu pescoço e verter lágrimas de gratidão. Como o livro não tinha sido publicado em francês e como falar de trabalho na França é, de modo geral, considerado inadequado, afora o drama familiar, houvera pouca reação deste lado do Atlântico. Eu estava vivendo vidas paralelas, uma em que o livro era um acontecimento a ser celebrado e uma em que ele mal era reconhecido. Consegui reprimir minha reação a um nível europeu aceitável. "*Merci*, Marie. *Ça me touche beaucoup*. Significa muito para mim."

NÃO HÁ NADA fundamentalmente gracioso sobre uma mulher com uma luva de forno engordurada carregando 18kg de cordeiro por um campo. Tem mais a ver com tradição, rituais tribais. Fui homenageada com o primeiro pedaço de cordeiro crepitante, fumegante, liso e brilhante como o couro de uma bela primeira edição de um livro. Tive de resistir à vontade de pegar minha porção inteira diretamente do espeto com as próprias mãos. Enfiei os dentes na gordura crocante. *Peguem seus diamantes, rapazes, apenas me deem a pele.*

Quando o calor da tarde deu lugar a uma brisa do anoitecer, Gwendal e eu levamos Alexandre para a cerejeira amarela no jardim. Tenho certeza de que meu sogro um dia comeu cerejas desta árvore. Ele era alto o bastante para alcançar o meio dos galhos sem uma escada. (Mantemos em cima da lareira a foto que tiramos neste dia: Alexandre erguido acima da cabeça de Gwendal, os dedos gorduchos agarrando as folhas.)

Após o banquete do dia, parecia impossível que alguém fosse querer jantar, no entanto, de algum modo, o aromático *merguez* na grelha atraiu todos de volta às mesas. Marie trouxera uma caixa de melões do outro lado dos Pirineus. Alexandre não pareceu se incomodar quando o suco escorreu pelos seus cotovelos.

Não posso dizer que este *méchoui* durou até tão tarde quanto o outro de que me lembro, com o vinho e as melodias das *chansons réalistes* estendendo-se até tarde da noite. As crianças, a rara onda de calor da Bretanha e o ótimo Bordeaux nos deixaram exaustos. Íamos nos mudar dentro de poucos dias. Fui para a cama pensando nas pessoas e lugares de que sentiríamos falta, todas as caixas que ainda faltavam empacotar. Dormimos como cordeirinhos e acordamos – acredite se puder – com fome.

Receita para marcar uma ocasião

CORDEIRO DE SETE HORAS COM TEMPEROS NORTE-AFRICANOS
Gigot de Sept Heurs aux Épices Orientales

Admito, não é todos os dias que alguém assa um cordeiro inteiro em um espeto no quintal. Esta receita é uma versão do *gigot de sept heures*, usando os aromas e temperos – a inspiração – da cozinha de Affif. Tire do armário sua maior travessa e sirva o cordeiro com *couscous* para um grande jantar de família – ou qualquer ocasião que exija uma recepção calorosa e uma apresentação floreada.

3 colheres de sopa de azeite de oliva
Um pernil de cordeiro com o osso, de 2 ½kg, o osso da canela aparado para caber em sua panela, a carne amarrada com barbante de cozinha
Pimenta-do-reino moída na hora
1,3kg de cebolas, cortadas ao meio e fatiadas
2 colheres de chá de cominho em grãos, triturados
1 colher de sopa de cúrcuma
1 pau de canela
2 boas pitadas de açafrão em fios ou ¼ de colher de chá de açafrão em pó
2 ½ xícaras de vinho branco ou rosé
1 ½ xícaras de água
2 ramos de aipo, com as folhas
1 lata de 400g de grão-de-bico, escorridos
5 cenouras pequenas, lavadas e cortadas ao meio
2 abobrinhas, cortadas em pedaços de 5cm
½ xícara de azeitonas verdes com caroço (cerca de 12), lavadas

12 tiras de casca de limão em conserva, com cerca de 6mm de largura
e 2,5cm de comprimento
Coentro fresco para enfeitar

Preaqueça o forno a 150°C. Certifique-se de que seu açougueiro amarre a carne com barbante de cozinha, ou ela desmoronará durante o cozimento lento.

Em sua maior assadeira (eu me regalei com uma enorme Le Creuset para esta receita), aqueça uma colher de sopa de azeite de oliva. Toste o pernil de cordeiro de todos os lados, da melhor maneira possível. Se ficar restrita pelo tamanho de sua assadeira, peça a seu açougueiro um pernil de cordeiro desossado, com os ossos à parte, toste os ossos com a carne e adicione à panela para dar sabor. (Cordeiro desossado cozinhará mais rápido.)

Remova a carne da assadeira, tempere com pimenta-do-reino e reserve. Acrescente as duas colheres de sopa restantes de azeite de oliva à assadeira. Acrescente as cebolas e temperos e refogue até ficarem macios, cerca de dez minutos. Acrescente ¼ de xícara de vinho, raspe o fundo da assadeira, deixe ferver um minuto. Adicione mais ¼ de xícara de vinho, deixe ferver um minuto também. Acrescente as duas xícaras de vinho restantes e a água, coloque os talos de aipo. Deixe ferver.

Cubra e coloque no forno por duas horas. Vire a carne, acrescente o grão-de-bico e as cenouras, deixe ferver outra vez. Cubra e asse por mais duas horas. Cuidadosamente, vire a carne de novo. Acrescente a abobrinha, cubra e asse por mais uma hora. Retire do forno e deixe descansar. Vinte minutos antes de servir, acrescente as azeitonas e o limão em conserva e reaqueça. Cuidadosamente, remova a carne para uma travessa grande e rasa (você vai precisar de duas grandes espátulas ou escumadeiras para mantê-la intacta ao levantá-la). Arrume os legumes ao redor da carne, despeje o molho por cima e decore com coentro. Sirva com o *couscous* que foi mexido com um pouco de manteiga, um punhado de passas brancas e uma pitada de canela.

Rendimento: seis porções

Dica: Limões em conserva podem ser encontrados em mercearias e lojas especializadas em ingredientes do Oriente Médio. Uso apenas a casca (em geral, de cerca de 6mm de espessura) e jogo fora a polpa interna. Não adiciono nenhum sal a esta receita porque os limões em conserva cuidarão disso. Se não conseguir encontrar limões em conserva, salpique um pouco de sal grosso no pernil de cordeiro enquanto está sendo tostado e enfeite o assado com um pouco de casca de limão ralada juntamente com o coentro.

FEIJÃO-BRANCO COM TOMATES E ERVAS
Haricots Blancs aux Herbes

Feijões-brancos frescos, ainda na vagem, são um prazer de verão – gosto de uma salada simples, com ervas, azeite e os tomates mais doces que consigo arranjar. Excelente com costeletas de cordeiro grelhadas.

Para o feijão
2kg de feijão-branco fresco, na vagem (1kg sem as vagens)
Punhado de salsinha, sem os talos
6 a 7 raminhos de tomilho fresco
1 folha de louro
1 pitada de canela
Pimenta-do-reino moída na hora
1 cebola espetada com 5 cravos
9 xícaras de água fria
2 tomates médios
2 colheres de chá de sal grosso

Para o molho
2 colheres de sopa de azeite de oliva
2 tomates, sem sementes e grosseiramente cortados
¼ de xícara de coentro, picado
Sal grosso e pimenta-do-reino a gosto
Fatias de limão, cortadas ao meio, para decorar

Coloque o feijão, as ervas, a canela, a pimenta-do-reino e a cebola em uma panela média. Cubra com nove xícaras de água fria. Deixe ferver, acrescente os tomates inteiros e afervente por três minutos. Retire os tomates e enxágue com água fria até esfriarem o suficiente para serem manuseados. Remova a pele e as sementes, pique-os e, em seguida, adicione-os à panela.

Cozinhe em fogo baixo com a tampa entreaberta, por 30 minutos. Adicione o sal e continue a cozinhar até que os grãos estejam macios, cerca de mais 30 a 45 minutos. Usando uma escumadeira, remova os feijões e coloque-os em uma travessa para servir.

Enquanto ainda quente, misture o azeite de oliva e os tomates picados. Pouco antes de servir, acrescente coentro e pimenta-do-reino. Finalize com as metades de fatias de limão. Sirva morno ou à temperatura ambiente.

Rendimento: seis porções

CAPÍTULO 5

PAS MAL

Os franceses têm o hábito de ser educadamente contidos. Algo bom obtém um leve aceno de cabeça. Algo maravilhoso pode extrair um firme *bien*. Mas qualquer coisa verdadeiramente espetacular, algo realmente esplêndido, de arrasar, obtém um enfático *pas mal* – nada mau. Estamos aqui há apenas algumas semanas, mas já posso lhe dizer: o verão na Provence não é *pas mal*. O calor é realmente escaldante. Faz tudo ondular, como a paisagem em um delírio febril. Se você puder suportar abrir as janelas do carro (eu poderia escrever um soneto intitulado "Ode ao ar-condicionado"), o perfume dos campos de lavanda recentemente cortadas se precipita, transformando em uma distante lembrança tudo o mais que você já inalou um dia.

A viagem de Paris levou um pouco mais de 12 horas. Como partimos na hora do rush, precisamos de quase três horas só para deixar para trás *le périphérique* – o gigantesco anel viário que rodeia a cidade como uma algema. Os que se mudaram se esqueceram de empacotar o que havia no armário de casacos na entrada, de modo que, além de minhas joias e da prata da família, o banco traseiro estava entulhado até em cima com todos os cachecóis, chapéus, luvas, guarda-chuvas, botões sobressalentes e graxas de sapato que havíamos acumulado nos últimos dez anos. Para os carros que passavam, devíamos parecer um bando de ciganos partindo para se juntar a um circo. Entramos em Céreste, o ruído das rodas nas pedras do calçamento atravessando o pesado silêncio, às quatro horas. Colocamos Alexandre no berço e adormecemos em um colchão sem cobertas.

O primeiro sinal de nossos vizinhos foi uma pequena cesta de vime na varanda. Desapareci no andar de cima com uma caixa de papelão cheia de livros e, quando desci, lá estava ela, como um presente de um admirador secreto. A cesta estava cuidadosamente arrumada, transbordando com pequenos bastões de abobrinhas, ainda com suas delicadas flores amarelas. Havia ainda pimentões verdes, mais compridos e mais magros dos que os que eu conhecia. Equilibradas em cima, havia duas berinjelas rechonchudas e achatadas e *le piéce de résistance*, um belo tomate amarelo, tão grande que mal cabia na minha mão.

Não foi preciso muito tempo para Jean, nosso vizinho do lado e doador dos legumes, aparecer. Quando ele ouviu uma fileira de imprecações francesas (Gwendal quase deixara cair uma caixa de pratos), ele veio caminhando devagar; o portão de metal na entrada de sua casa fechou-se com um tinido atrás dele. Como o sino de uma vaca ou o tom de chamada do telefone de um adolescente, o ruído era algo que aprenderíamos a associar às suas idas e vindas.

Com 78 anos, Jean tem cabelos brancos bem curtos, óculos redondos e uma barriga que o precede. "*Alors, les jeunes.*" Ele ainda estava vestido com suas roupas de jardinagem, uma camiseta branca e calça larga de moletom cinza. Pensando bem, aquele pode ter sido o único par de calças de moletom que eu vira desde que chegara à França.

Ele apoiou-se contra o muro de pedras do pátio e enxugou a testa com um lenço. Às nove horas, já tinha completado um dia inteiro de trabalho, saindo de casa às seis e voltando antes que o calor do final da manhã se instalasse.

Eu o beijei nas duas faces.

– *Merci beaucoup* – respondi, girando a cesta para admirar os legumes de todos os ângulos.

Ele apontou para a abobrinha.

– Faça uma sopa para o bebê.

Nos últimos meses, eu notara que os franceses, particularmente aqueles de certa geração, são positivamente ditatoriais a respeito de bebês e legumes. Isso tem menos a ver com tortura ou nutrição do que com a apresentação às crianças dos diversos sabores da mesa francesa o mais cedo possível. Tão logo elas são iniciadas em alimentos sólidos, espera-se que as crianças francesas comam uma versão em miniatura das refeições de seus pais. Abobrinha e alho-poró são um ótimo ponto de partida.

– Adicione um pouco de azeite de oliva, um pouco de creme de leite. – Ele olhou para Alexandre, ainda tomando sua mamadeira da manhã. – *Miam, miam* – ele disse, dando uns tapinhas na barriga. (É a expressão francesa para algo muito gostoso.)

– *Regarde ça* – ele disse, pegando o tomate amarelo e balançando-o um pouco na mão para enfatizar seu peso. – Da minha horta.

– *J'adore cuisiner.* Adoro cozinhar.

– Ah – exclamou. – Venha quando quiser.

– Você é americana? – perguntou, estreitando os olhos. Apesar de já ter se encontrado comigo várias vezes e certamente ter recebido essa informação desde que compramos a casa, no ano anterior, o tom era desconfiado, um vago rumor que requeria confirmação ou negação. Poderia uma mulher nascida na terra do McDonald's realmente apreciar a culinária francesa?

– *Oui* – concordei, sorrindo esperançosamente.

– Antes da guerra, minha avó era *chef de cuisine* no consulado americano, em Nice.

– Ah, *oui*? – indaguei, balançando a cabeça e piscando rapidamente. Espero ter parecido adequadamente impressionada. Às vezes, basta a mais tênue das conexões. Com a vovó e o tomate do tamanho de um pequeno abacaxi, talvez eu tenha encontrado meu primeiro mentor culinário.

O barulho metálico do portão de Jean trouxera Denis e Marguerite para os degraus da frente de sua casa. Ouvimos o chocalhar da pesada cortina de contas que cobria a porta da frente. O movimento sutil das contas tem o objetivo de manter as moscas do lado de fora. Já que era necessária, tínhamos nosso próprio hediondo exemplo na porta da cozinha.

– Oi, Playboy. – Denis chama nosso filho de 11 meses de Playboy, pronunciado com um amplo sotaque de Marseille: "Play-boyah." Ele é um homem grandalhão: grande voz, grande barriga, grande coração. Ele se identifica como "L'Arménien", apesar de sua família ter vindo da Armênia há mais de um século. É bem possível que, se meus bisnetos vierem a morar na vila, ainda sejam conhecidos como "Les New Yorkais".

Embora eu tivesse falado francês todos os dias durante a maior parte de dez anos, eu me esforçava para compreender a velocidade, a cadência e as expressões do francês do extremo sul. O sotaque provençal possui um *g* extra no final das palavras: *vin* se torna *ving*, *pain* se torna *paing*. Mas os naturais de Marseille, com seu amor pela demonstração de superioridade, acrescentam toda uma sílaba extra, um *eh*, *oh* ou *ah*, que soa como um golpe rápido de um pugilista amador. Quando Denis se inclinou para a frente para beijar meu rosto, sua grande cruz e amuleto na forma de um olho balançaram-se no espaço, pendurados em seu cordão de ouro. Marguerite apareceu na pequena varanda com um regador, os cabelos ruivos cortados ao estilo de Anna Wintour sobre as bochechas volumosas. Embora sejam de uma geração mais velha que a nossa, são recém-casados, casaram-se havia pouco tempo na prefeitura, em uma cerimônia completa, com vestido branco e Cadillac cor-de-rosa.

Ouvi o rangido de uma pesada porta de madeira quando Claire e Arnaud vieram se juntar a nós no meio da rua estreita. A casa deles era literalmente grudada à nossa. O quarto de sua filha um dia já fizera parte de nossa casa, e passávamos embaixo de sua janela para entrar em nosso pequeno pátio interno. A menina, Clémentine, correu de trás dos joelhos de Claire. Com dois anos e meio, e intensamente falante, ela me mostrou uma pena de pombo que encontrara, alisando cuidadosamente as bordas entre seus pequenos dedos. Senti o roçar áspero da barba de Arnaud quando trocamos três rápidos beijos. Dependendo da região, pode-se passar um bom tempo em leves beijos matinais na França. Dois em Paris e parece ser o mesmo aqui em Céreste, mas, logo depois do rio, em Apt, são três, e se você encontrar alguém do noroeste da França, podem ser quatro. Além disso, nunca encontrei uma resposta consistente à pergunta de qual face oferecer primeiro. Apenas fecho os olhos, inclino-me para frente e torço para dar certo. Se você conseguir, parece uma dança. Se der errado, você pode acabar com uma cabeçada como em uma briga de caprinos. Tenho certeza de que há ocasiões em que beijar pessoas que você mal conhece tem muitas vantagens, especialmente para adolescentes – você está a sete oitavos do caminho para o espaço pessoal de alguém desde o nascimento.

Não trabalho em um bom escritório há algum tempo, mas imagino que isso seja como a proverbial reunião em torno do bebedouro. Mas em vez de discutir *reality shows* ou basquetebol, os homens conversam sobre lenha. Arnaud corta a própria lenha. Com sua barba, camisa xadrez, rabo de cavalo curto e olhar calmo e firme, é fácil imaginá-lo auferindo um prazer meditativo empunhando o machado ao amanhecer de alguma enevoada manhã de primavera. Ergui os olhos, estreitando-os para protegê-los da luz lancinante que atravessava os galhos da árvore de abricó. *Lenha?* Como alguém pode falar em lenha quando faz 32° à sombra? Senti as caixas da mudança à espreita atrás de mim, esperando para serem desempacotadas. Não era muito claro quando ou como poderíamos pedir licença e retomar o trabalho. Era terça-feira, e somente dois do nosso grupo eram aposentados, mas ninguém parecia ter um compromisso urgente.

Paris parecia impossivelmente distante – longe demais para uma comparação. Ainda assim, acho que não vamos nos sentir sozinhos aqui. Eram dez horas, eu mal deixara a soleira da minha porta e já beijara oito – não, na verdade nove – pessoas.

CONSTATOU-SE QUE NOSSOS vizinhos não eram os únicos vizinhos. Eu estava a caminho da adega para pegar uma vassoura quando ouvi um ruído farfalhante. Abri a porta apenas um pouquinho, ouvi um barulho como um bater de asas e imediatamente a fechei outra vez.

– Gwendal, acho que há um pássaro preso lá dentro.

– Não é um pássaro – respondeu Gwendal, pisando na última caixa de papelão –, é um morcego.

– Um o quê?

– Um morcego. Provavelmente se mudou para cá porque não havia ninguém morando na casa.

– Bem, pode dizer a ele para se mudar daqui – eu disse, afastando-me da porta: *Há uma nova xerife na cidade e ela não gosta de filmes de vampiros.*

– Não se preocupe – acalmou-me. – Eles comem os mosquitos.

Comprar um apartamento em Paris nos ensinara tudo sobre invasores, e o morcego não era nosso único encontro com a vida selvagem local. Também havia escorpiões – provavelmente não o tipo que pode matá-lo, mas ainda assim. Eles se escondem em cantos úmidos e atrás de cestos de roupa suja, passeiam em ralos de chuveiros. Não maiores que uma caixa de fósforos, parecem completamente alheios à sua própria pequenez. Quando confrontados com um sapato, erguem suas pinças e ficam batendo-as como Godzilla. Temos de admirar sua valentia. Aranhas são consideradas decididamente amistosas. Quando o marceneiro veio para medir as estantes de livros, ele bateu nas paredes de gesso e balançou a cabeça para cima, para uma teia de aranha no teto da cozinha. "*Ça veut dire que la maison est saine.*" Significa que a casa é saudável. As moscas são consideradas um aceitável incômodo. Em vez de portas de tela, a maioria das casas exibe cortinas de contas contra moscas. Quando compramos a casa, eu me perguntei sobre aquele toque de decoração. A última vez que eu tinha visto uma daquelas foi no toalete feminino de nosso restaurante chinês local. Em 1978.

Ao menos, eu reconhecia os pombos. Costumava contá-los, alinhados no telhado do A&P na esquina da Eighth Avenue, bem perto do apartamento de meu pai. Esses pombos haviam decidido, como os morcegos, que uma casa onde ninguém havia morado por 12 anos era mais deles do que nossa. Os habitantes do lugar nos disseram para comprarmos um sonar antipombos – que não resolveu absolutamente nada. Então, certo dia, a caminho do café, vi um sujeito andando pela place des Marronniers com uma longa luva de couro e um falcão luzidio, de olhos vítreos, empoleirado perto de seu cotovelo. A princípio, pensei que o pássaro devia ser empalhado, o que já era bastante estranho, mas depois vi seus olhos moverem-se rapidamente de um lado para o outro, suas penas se inflarem com impaciência. Olhei ao redor em busca das câmeras, certa de que estavam filmando um drama de época de algum tipo – Robin Hood estaria prestes a saltar de trás do portão de ferro do castelo, vestido com aquela calça justa de malha que parece meia-calça. Não querendo perder a visão de uma estrela de cinema da vila, perguntei ao homem o que estava acontecendo.

– *Ça fait peur aux pigeons* – afirmou. O falcão deve assustar os pombos.

Assustá-los? Os pombos, se bem me lembro, têm o cérebro muito pequeno. Isso traz à tona questões existenciais: Os pombos podem sofrer traumas? Podem eles sequer se lembrar de ter tido medo, de um dia para o outro?

Às vezes, traduzir de uma língua para outra deixa um lapso mental que permite que consequências concretas caiam pelas fendas. Logo depois de nossa chegada, comecei a encontrar enormes criaturas do tipo vespas na sala de jantar, duas ou três toda noite. Eram amarelas e pretas e produziam um som como o de um helicóptero de controle remoto. Levei uma delas, morta, em um saco plástico para Arnaud. *Frelon*, disse-me ele, muito perigoso, algumas ferroadas podem matar uma criança pequena. Mas, de alguma forma, a palavra *frelon* não soava muito séria. Se eu soubesse então o que sei agora, que havia um ninho de marimbondos na base de minha chaminé, eu teria ido atrás deles com algo mais vigoroso que um exemplar de bolso do livro *Eu falar bonito um dia*.

E, depois, há o som arranhado. Não é de admirar que as pessoas costumassem pensar que suas casas eram mal-assombradas. Começou durante uma das viagens de Gwendal a Paris para trabalhar. Pensando que talvez o morcego tivesse migrado da adega para o hall do andar de cima, reuni minha coragem, enrolei a *New Yorker* da semana anterior em um bastão improvisado e fui enfrentar o inimigo. Não havia nada lá. Ao menos, nada que eu pudesse ver. Fiquei acordada a maior parte da noite, ouvindo as garras do invisível intruso correndo de um lado para o outro, acima da minha cabeça.

"Provavelmente é um *loir*", suspeitou Angela. Ao longo do ano em que estávamos nos preparando para mudar para Céreste, Rod e Angela, nossos anfitriões ingleses do B&B, tornaram-se amigos queridos, sem mencionar a valiosa fonte de informações locais. Minhas mãos ainda estavam trêmulas da noite insone quando ela me deu um expresso providencial na manhã seguinte.

– O que é um *loir*? – indaguei, imaginando um enorme e esquivo roedor com oito patas e quatro olhos.

– Acho que é um rato de campo.

– Não parecia um rato de campo. Soava como um ieti.

E depois há Guy. Furtivo como uma raposa, silencioso como um mosquito morto e caçado por seus clientes com o zelo do javali. Guy é nosso encanador. Ele anda pela cidade em um macacão azul-marinho, o que deveria torná-lo mais fácil de ser avistado do que um general nas guerras napoleônicas, mas exatamente quando você o vê e pensa que pode alcançá-lo sem o vexame de sair em disparada, ele consegue dobrar uma esquina, atravessar um portão e desaparecer. Os extraordinários níveis de calcários na água local exigem a rápida substituição de nosso aquecedor de água. Já se passaram algumas semanas, *rápido* sendo um termo relativo aqui na Provence. Guy tem uma excelente reputação, mas como as lebres que saltitam pelas ruas à noite, você nunca sabe quando vai vê-lo. Já não ando nua pela casa porque, um dia, em uma data não agendada – semanas, talvez meses depois de minha chamada urgente – eu o encontrarei olhando pacientemente pela janela da porta da cozinha, às oito da manhã, esperando a chave para a adega.

―⁂―

PARTI PARA SEGUIR as instruções de sopa de Jean. O primeiro detalhe que notei quando entrei no minimercado na rua principal foi que o azeite de oliva tinha quase o mesmo preço da garrafa de água. Havia variedades de supermercado e outros azeites locais, verdes-garrafa ou transparentes e dourados, como mel. Eu cozinhava quase exclusivamente com azeite de oliva desde que me mudara para a França – em grande parte, porque não suporto o cheiro de manteiga derretida (perdoe-me, Julia Child). Havia até mesmo um *bidon* de três litros com uma tampa de rosca de plástico, como um recipiente de combustível.

Angela me avisara para reservar um tempo extra para o açougue. Assim que compramos a casa, ela nos escreveu uma carta.

Encontrei Mireille no açougue hoje de manhã, e ela disse mais uma vez o quanto estava feliz por vocês terem comprado a casa porque foi a casa de René Char. Havia várias pessoas na loja, portanto, sem dúvida, a vila inteira logo estará au courant *das notícias.*

Aparentemente, se você tivesse um boato a espalhar, um mexerico a discutir ou simplesmente precisasse ouvir o barulho de outros seres humanos, o açougue era o lugar certo. Atravessei a porta para o murmúrio de um coro grego. Conforme cada freguês entrava na fila, devia cumprimentar e ser cumprimentado por todo o elenco.

Seguindo o exemplo do homem à minha frente, cantei *"Bonjour, messieurs, dames"* para ninguém em particular.

Meu açougue em Paris era um negócio de absoluta precisão, branco reluzente, clinicamente eficiente – este era mais *laissez-faire*. As mulheres batiam papo com as vizinhas; duas crianças pressionavam o nariz contra o vidro da vitrine e, quando olharam para cima, cada uma ganhou um minis*saucisson*, do tamanho de um *Tootsie Roll*, cortado de fieiras penduradas do teto como bandeirolas de festa. Um longo banco de madeira fora instalado contra uma das paredes para clientes mais velhos que preferissem se sentar enquanto esperavam. Ninguém se sentava no açougue em Paris.

Depois dos cumprimentos gerais pela minha chegada, passei a ficar praticamente despercebida. Vendo meu chapéu de palha (eu tinha uma fantasia de que viver na Provence, tendo uma pele sensível, me daria licença para vestir algo assim) e ouvindo meu leve sotaque, devem ter me tomado por uma turista, mais uma dos muitos ingleses, holandeses e alemães que tinham casas de verão na região.

Comecei a pensar sobre minhas compras. De um lado, havia cortes de carne e pequenas e limpas *cailles* – minúsculas codornas com as pernas primorosamente presas por baixo delas. A seleção de verão estava claramente voltada para churrascos: linguiças finas condimentadas e vermelhas com *piment d'espelette* defumada e algo chamado *rouleau de Céreste*, que parecia barriga de porco enrolada com páprica e *persillade*. Sem dar a impressão de estar furando a fila, o que certamente causaria um incidente diplomático, se não uma detenção pela polícia local, aproximei-me mais do canto da vitrine de vidro do balcão. Ao contrário de meu açougueiro em Paris, que vendia somente carne, em Céreste, o açougueiro também é um *traiteur*, o que significa que ele vende uma variedade de alimentos preparados – patês feitos em casa, queijo de cabra enrolados em fatias finas como papel de *jambon cru* de molho em azeite de oliva e ervas, uma salada clássica de cenouras raladas em vinagrete.

Senti uma estranha sensação – não exatamente *déjà vu*, mas *déjà vécu*, já vivida. De repente, eu tinha oito ou nove anos e estava fitando a longa vitrine de vidro do Zabar's.

Meus pais se divorciaram quando eu tinha sete anos, e meu pai mudou-se de nossa casa no norte de Nova Jersey de volta para a cidade de Nova York. Às vezes, em um dia de verão como este, havia ópera ao ar livre no Central Park, ou esperávamos na fila por entradas para *Shakespeare in the Park*. Um piquenique da Zabar's, a famosa *delicatessen* no Upper West Side, era um regalo especial. Um recipiente de 100g de salada de orzo com pimentões vermelhos assados e camarão custava duas vezes mais que a ajuda de custo semanal que meus avós me mandavam da Flórida.

Mesmo quando criança, eu compreendia que era melhor não pedir nada a meu pai. Ninguém me explicara seu diagnóstico – em 1982, o transtorno bipolar ainda era chamado de depressão. Era algo misterioso, não discutido à mesa de jantar. Se eu não entendia bem sua doença, absorvi a ideia central, sua corrente subjacente de imprevisibilidade. Houve anos em que ele estava tão deprimido que mal falava, outros em que estava tão cheio de planos grandiosos que havia uma nova mulher e um novo negócio todo mês. Zabar's significava que as coisas estavam em ascensão. Lembro-me com muita clareza da empolgação de escolher minhas lulas com macarrão de gergelim, frio, a sensação de que, ao menos nesta semana, tudo estava indo bem. Meu pai já morreu há quase 15 anos, mas, à medida que fico mais velha, à medida que me mudo de cidade a cidade, de país a país, às vezes me vejo de volta àquele balcão, uma estranha sensação de estar em dois lugares concomitantemente. O tempo sofre um colapso, uma nova experiência mesclada de lembranças de outras casas, refeições, conversas.

Eu estava tão absorta em meus devaneios sobre Zabar's e knishes de brócolis que não notei quando o homem de avental estava finalmente diante de mim. "*Alors, madame.*" Ele uniu as mãos como um pastor e olhou para mim com expectativa por cima do aro dos óculos. Sua voz era suave, hesitante em perturbar meus pensamentos. Ergui os olhos, ligeiramente surpresa. Após 20 minutos cercada pelo murmúrio de conversas matinais e cortes de cordeiro, eu quase havia me esquecido de que fora ali para fazer uma encomenda.

—⚬—

À HORA DO JANTAR, meus braços doíam – minhas duas paixões, por livros pesados e viagens internacionais, estavam finalmente se fazendo sentir. Decidimos sair para uma caminhada. Os dias eram longos, o crepúsculo se estendia quase até a hora de dormir.

Paramos para nos sentarmos na borda da fonte da place de Verdun. Os residentes a chamam de place des Marronniers, por causa das quatro altaneiras castanheiras que crescem no centro da praça. Há um ano, quando atravessamos este local pela primeira vez, Mireille nos contou uma história.

– Esta praça tinha o nome de René Char – contara. – Depois da guerra, o primeiro prefeito de Céreste, um companheiro da Resistência, denominou este lugar de Capitaine Alexandre. – Capitaine Alexandre era o nome de guerra de Char.

– Por que não é mais chamada assim? – perguntei.

– *Ah, c'est compliqué...* – O que se traduz por "Se você tiver meia hora sobrando, é realmente uma boa história."

Durante a guerra, ela contou, Char tinha de alimentar seus homens, de modo que, de vez em quando, procurava os fazendeiros locais. Ele foi ver um dos proeminentes proprietários de terras, um homem que criava ovelhas. "Você se importaria se, de vez em quando, uma de suas *bêtes* desaparecesse... comida por um lobo?" Ele deixou a pergunta pairar no ar.

O fazendeiro recusou-se. "*Je fais pas de politique.*" Não me envolvo em política, respondeu.

Após a libertação, este mesmo homem procurou Char e pediu um *attestation* oficial, certificando que ele fizera parte da Resistência durante a guerra.

Char ergueu os olhos de sua escrivaninha: "Meus homens comem bem agora, obrigado", revidou, e mandou o homem embora. Durante os anos 1960, esse mesmo fazendeiro tornou-se o prefeito de Céreste. "*Et voilà*", Mireille nos disse, "a primeira ação do novo prefeito foi eliminar qualquer vestígio de Char e renomear a praça de place de Verdun. Apenas recentemente a vila, enfim, teve uma rue René Char, logo abaixo de sua rua, onde você encontra La Maison Taupin, a casa que Char alugou com sua mulher assim que veio para Céreste."

As pessoas, e os lugares, têm memória longa.

Descemos a rua principal, as fachadas dos prédios pintadas de amarelo, pêssego e um vermelho flamejante – pigmentos remanescentes do ocre local. Passamos pelo prédio da prefeitura, um edifício alto e estreito, os degraus cuidadosamente varridos e sem folhas, a sacada enfeitada com bandeiras e caixas de flores. Voltamos à vila antiga. O aglomerado de vielas estreitas já estava mergulhado na escuridão. O carrinho de bebê sacolejava e chocalhava pelo calçamento irregular. Havia luz de uma pequena janela, o som amortecido de uma televisão, o retinir de talheres e copos. A rue de la Liberté era tão estreita que eu quase conseguia tocar as paredes com meus braços estendidos. Havia venezianas azul-claras e verde-escuras, algumas recém-pintadas, outras precisando de um retoque. Eu descera vielas iguais a essa como turista, fora de casa na hora errada do dia, como os turistas geralmente fazem. Nunca me ocorreu que eu iria morar ali.

Dois garotos jogavam bola em uma *placette*. Atravessamos um arco de pedra baixo. Nas paredes ao meu redor, vi ecos de outros arcos, uma janela tampada, uma porta que não levava a lugar nenhum. Essas casas haviam sido transformadas tantas vezes ao longo dos séculos que suas entradas e saídas, sem falar de seus donos, eram constantemente sujeitas a revisão. Em vez de fazer um confuso emaranhado, essas correções conferiam um ar de permanência, de sobrevivência. Mais dois recém-chegados não mudariam nada.

Viramos abruptamente para a esquerda e nos vimos ao ar livre. A torre retangular da igreja, com seu campanário de ferro forjado, captava os últimos reflexos do sol contra as colinas. Isso é o que os fotógrafos chamariam de hora dourada, o momento resplandecente logo depois que o sol se põe atrás do horizonte e antes que a escuridão se instale. É a hora dos céus de aquarela – discretas camadas de rosa-bebê, rosa-escuro e murta, quando os campos ficam com seu verde mais escuro, e o trigo apresenta uma auréola que se ergue da superfície. Estávamos de pé nas muralhas medievais, os muros que um dia protegeram esta pequena comunidade das hostilidades do mundo exterior. Logo abaixo de nós, estendia-se um campo de lavanda, as fileiras perfeitamente alinhadas e simétricas. Logo atrás, uma sebe de arbustos de alecrim. Ao longe, eu podia divisar o cume de Reillanne, cidade dourada no topo de uma colina. Apreciamos a vista na companhia de um conjunto de lençóis estampados, algumas camisetas e dois sutiãs cinzentos, pendurados. Esta parte das muralhas, na direção sul, é agora o local do varal de secar roupas da comunidade.

―⚬―

CINCO GERAÇÕES dos meus antepassados camponeses russos estão se revirando nas sepulturas. Por tanto tempo eles trabalharam, suaram, lutaram para escapar do *shtetl*. Esperançosos, atravessaram a ilha Ellis para viver o sonho americano de um frango em cada panela e um secador em cada entrada de suas casas. E agora uma de sua prole está reduzida (*voluntariamente*, ainda por cima) a pendurar sua roupa lavada no varal no jardim. Ui.

Gwendal, é claro, acha perfeitamente normal pendurar nossas roupas de baixo sob as estrelas. Ficam cheirosas. Poupa eletricidade. Faz 40 graus à sombra.

Sim. Mas.

Sou americana. E, juro por Deus, adoro uma secadora.

Não só o sol não afofa suas toalhas, mas ainda tem o folclore. Certa noite, Gwendal hesitou quando saía para o quintal com uma braçada de lençóis e fronhas. "Acho que existe algo sobre não pendurar lençóis brancos do lado de fora na lua cheia", ele disse.

Hein?

Foi assim que me senti na primeira vez em que queimei o dedo em nosso apartamento em Paris. Gwendal cortou uma batata crua e colocou-a na minha mão. O amido, ensinou, aliviaria a pele. Onde é que aprendem essas coisas? Onde está a Bacitracin? Às vezes, é como estar casada com um monge trapista.

Dito isso, o truque da batata realmente funciona. Quanto aos lençóis ao luar, desde então já ouvi várias teorias, tudo tendo a ver com a combinação de raios UV e alvejante. Mais alguém aí? Mais alguém aí?

Naquela noite, olhei para minha roupa de baixo de seda, vivamente colorida, oscilando ao vento como os estandartes de um torneio de cavaleiros com lanças. Minhas outrora macias toalhas verde-sálvia, do casamento, estavam irremediavelmente manchadas e ásperas. No entanto, ponderei, pensando nos sutiãs à solta sobre o campo de lavanda, ao menos posso pendurar minhas roupas íntimas com privacidade.

As camisetas estavam mornas – enfiei o nariz em uma delas, à procura daquele cheiro especial. Deve ser algo adquirido. As meias de Alexandre penduravam-se em minúsculos pares, cada uma presa com um único pregador de plástico. Estavam mais que secas. Mas minha mãe chegaria do JFK de manhã.

Resolvi, com uma pitada de ironia, deixar tudo exatamente como estava.

Receitas de nosso primeiro verão na Provence

SOPA CREMOSA DE ABOBRINHA
Velouté de Courgettes

Jean estava certo: abobrinha ainda está entre os alimentos preferidos de meu filho. *Cremosa* aqui diz respeito à textura, não aos ingredientes, já que não há nem uma gota de leite ou derivados. Um bom azeite de oliva dá à sopa uma qualidade densa sem diluir o maravilhoso sabor dos legumes.

⅓ de xícara de azeite de oliva frutado
1 cebola grande, picada grosseiramente
1 kg de abobrinhas, de preferência orgânicas, com a casca
1 cubo de caldo de galinha ou de legumes
3 xícaras de água
¾ de xícara de vinho branco seco

Em uma panela, aqueça o azeite, acrescente a cebola e refogue em fogo médio por dez minutos, até que fique translúcida e comece a corar.

Enquanto isso, lave as abobrinhas (deixe a casca) e corte ao meio, ao comprido. Corte as metades em fatias de 6mm. Acrescente a abobrinha à cebola. Mexa rapidamente. Tampe a panela, mas deixe a tampa ligeiramente aberta – mais ou menos uns 2,5cm. Reduza um pouco o fogo e refogue por vinte minutos, mexendo ocasionalmente.

Dissolva o cubo de caldo em ½ xícara de água fervente. Quando a abobrinha estiver macia, acrescente o vinho, mexa, em seguida acrescente a ½ xícara de caldo e as 2 ½ xícaras de água restantes à panela. Deixe cozinhar por dois a três minutos.

Usando um batedor manual, bata a mistura em purê. Deixe os sabores se incorporarem por alguns minutos antes de servir.

Rendimento: quatro porções

Dica: De vez em quando, pego um lote de abobrinhas muito amargas e acabo tendo de jogar fora toda a sopa – realmente, muito decepcionante. É raro em legumes produzidos comercialmente, mas, se estiver usando abobrinhas da barraca de uma horta ou fazenda, sempre prove uma fatia com a casca antes de começar. Se a pele estiver muito amarga, descasque todas as abobrinhas antes de prosseguir com a receita.

ABOBRINHA GRATINADA
Gratin de Courgettes

Durante todo aquele primeiro verão, as abobrinhas nunca pararam de chegar. Frequentemente, a fartura de legumes era tanta que fazíamos uma refeição completa com eles.

1 ½ *de abobrinhas, cortadas em fatias de 3mm*
1 *cebola roxa, cortada em cubos*
¼ *de xícara de azeite de oliva*
¼ *de colher de chá de sal marinho grosso*
1 *boa pitada de canela*
¼ *de xícara de endro (comprimido), picado, com alguns talos*
1 *xícara de queijo de leite de ovelha, bem-curado, ou de parmesão, ralado na hora.*

Preaqueça o forno a 180°C.
    Em uma tigela grande, misture todos os ingredientes, exceto o queijo. Transfira para uma forma de 22cm x 33cm. Leve ao forno por uma hora. O segredo é não mexer a abobrinha, de modo que

ela adquira uma bonita aparência de lasanha, em camadas. Retire do forno. Deixe descansar por 10 a 15 minutos. Acenda o dourador. Coloque o queijo ralado por cima da abobrinha – use um queijo curado de leite de ovelha com uma textura próxima à do queijo parmesão. Coloque a grelha do forno um pouco mais alta e gratine até o queijo derreter e começar a corar, três a quatro minutos. Pode servir com carne ou peixe, mas geralmente comemos este prato como um jantar vegetariano com arroz selvagem.

Rendimento: quatro porções como acompanhamento, duas a três como um prato principal leve.

SALADA DE PÊSSEGOS BRANCOS E MIRTILOS COM XAROPE DE ROSAS
Salade de Pêches Blanches à la Rose

É quase impossível tornar ainda melhores os pêssegos brancos da Provence, mas realmente achei na *boulangerie* uma garrafa de xarope de rosas, feito na região, que atiçou meu interesse. Com ele, podemos fazer uma sobremesa rápida, mas surpreendentemente elegante para convidados.

4 pêssegos brancos perfeitamente maduros, cortados em fatias de pouco mais de 1 cm
1 xícara de mirtilos
1 a 2 colheres de chá de xarope de rosas

Combine todos os ingredientes.

Rendimento: quatro porções

Dica: O xarope de rosas está disponível online e em alguns supermercados especiais. Uma garrafa pequena dura para sempre na geladeira. Pode usá-lo para fazer coquetéis de champanhe ou smoothies de amora, ou para aromatizar um bolo de iogurte. Você pode encontrar água de rosas, que não contém açúcar (e é muito concentrada), em uma loja de produtos do Oriente Médio. Use-a com parcimônia (algumas gotas mais umas duas colheres de chá de açúcar para esta receita), caso contrário, sua salada de frutas ficará com gosto de sabonete.

CAPÍTULO 6

SOBRAS

Estou reconquistando minha cozinha. Limpando as bancadas e jogando fora as bolachas de arroz. Arremessando no lixo as sobras e *snacks* como os Wildberry fruit roll-ups. Depois da visita de cinco semanas de minha mãe à nossa nova casa, estou precisando de uma campanha de terra arrasada: não deixe nada que o inimigo possa usar para trás. Nem sua sopa de macarrão vietnamita instantânea, nem sua pasta de amendoim Skippy, com pedaços de amendoim. Seguindo em seu rastro napoleônico, eu não tinha escolha senão jogar tudo isso fora, exorcizá-los com o prazer ritualístico que algumas garotas obtêm queimando fotos de antigos namorados.

Deixe-me ser clara. Amo minha mãe e *detesto, detesto, detesto* jogar comida fora. Entretanto, toda vez que minha mãe deixa a França, fico sobrecarregada com um enorme saco de horrores parcialmente hidrogenados, enlatados, sobras, que nem eu, nem minha família queremos comer. A comida é um dos prazeres centrais da minha vida aqui, e particularmente em um momento em que estou fazendo o melhor possível para perder o restante do peso da gravidez, simplesmente não posso tolerar colocar (desculpem a linguagem) porcaria na minha boca.

Quando morávamos em Paris, na noite em que ela ia embora, eu discretamente depositava o saco de lixo do lado de fora de nosso prédio, onde seria reciclado pela população local em menos de 15 minutos. Aqui no vilarejo, não há nenhum lugar para fazer nada com discrição. Não consigo imaginar o que meus vizinhos diriam se me vissem jogando fora uma sacola de compras cheia de chá gelado instantâneo Raspberry Cool e pizza de chouriço processada. Será que alguém aqui sequer saberia o que fazer com chá gelado Raspberry Cool? Por enquanto, o saco está na adega de pedra com seu teto abobadado, aguardando novos estudos.

—⊙—

PENSEI QUE O CALOR DE AGOSTO e a perna extra até Céreste forçassem minha mãe a viajar com pouca bagagem, mas não. Enquanto arrastávamos as cinco malas, as quatro bagagens de mão e a bolsa do computador ladeira abaixo, minha mãe parecia exausta. "Nunca mais vamos fazer isso." Ela suspirou. Foi exatamente o que ela disse da última vez.

"O que tem aqui dentro?"

"Paul tem de trazer a máscara." Paul é meu padrasto, título que absolutamente não descreve como me sinto a seu respeito. Desde que ele entrou em nossas vidas, no ano em que fiz 21, ele vem sendo meu segundo pai. Apresentados por um amigo comum, mamãe e Paul tiveram seu primeiro encontro em uma sexta-feira à noite. Mamãe telefonou para o meu quarto do dormitório na universidade no sábado de manhã – muito cedo – e anunciou: "Se este homem ainda estiver por aqui na segunda-feira, vou me casar com ele." Ele foi morar com ela na quarta-feira e está conosco desde então. Às vezes, eu o chamo de meu fada-padrinho, porque ele apareceu do nada e transformou tantos aspectos para melhor. Paul adora suas quinquilharias: computadores, adaptadores, telefones – qualquer uma. Ele também tem uma máscara tipo Darth Vader superinteressante, que usa para sua apneia do sono. Como se aquela engenhoca do tamanho de um aspirador de pó sem fio pudesse explicar a caravana de camelos que acabara de chegar ao meu pátio.

Depois de ir arrastando e batendo as malas escadas acima, minha mãe começou o ritual de desfazer as malas. Juntamente com um par de tesouras de cortar cachos de uva, de prata, saiu dali de dentro um pacote de marshmallow Peeps (realmente adoro um bom marshmallow Peeps) e um pacote de Jell-O de abricó.

– Olhe – ela exclamou, como se tirasse um coelho da cartola.

– Pudim de pistache instantâneo! – Eu sabia que essa exibição de engenhosidade americana em pó era, em parte, para mim e, agora, em parte, para Alexandre.

O desfile de objetos americanos começou quase assim que me mudei para a França. No começo, foi bom. Minha mãe trouxe a faca serrilhada de cortar pão com o cabo de madeira que usávamos quando eu era criança. Trouxe também o vaso de plantas lascado, na forma de uma casa Tudor que se parecia com a nossa. Um dia, ele abrigara uma muda de hera em nossa saleta. Uma parte era prática: trouxe lençóis e toalhas (eram tão mais baratos na Marshalls) e roupas para o bebê (você podia comprar todo um guarda-roupa para crianças pequenas na OshKosh pelo preço de um único suéter Catimini incrivelmente lindo *made in France*). Ela trouxe as pinças de prata para aspargos, uma estimada herança de família. Creio que lhe dava conforto ver objetos familiares de nossa antiga casa em minha nova e, muitas vezes, desconcertante vida estrangeira. Chamo isso de minha teoria "objetos são amor": se você transferir bastantes objetos de sua antiga casa para a nova, vai parecer que você nem se mudou.

Excesso de bagagem à parte, minha mãe sempre apoiou minha iniciativa de viver fora do país. Certa vez, quando eu conduzia excursões pelo Louvre, acompanhei um casal americano, cuja filha fizera o último ano do colégio na França e agora se candidatava a um emprego em Paris. "Não posso evitar", confidenciou a mulher, enfiando a mão na bolsa para pegar uma bala de hortelã, "realmente desejo que ela não consiga." Minha mãe nunca foi assim. Ela apoiou cada uma das minhas decisões mais ousadas – escola em regime de internato em Massachusetts, terceiro ano do colégio em outro país, na Escócia, faculdade em Londres, vida nova em Paris

– ainda que elas me levassem cada vez mais para longe do mundo que ela conhecia.

Mas agora não era apenas o fato de eu morar a milhares de quilômetros de distância. Eu havia sequestrado seu neto também. E se ele não crescesse gostando de bolo de carne feito com a mistura para sopa de cebola da Lipton, uma parte dele permaneceria distante, desconhecida. "E se ele não falar inglês?", indagou ela, fitando o berço de Alexandre. "E se eu não conseguir conversar com ele?" Como se encher sua boca com pudim de pistache instantâneo fosse, de algum modo, torná-lo bilíngue.

Sempre tento manter mamãe e Paul acordados por mais tempo possível nesse primeiro dia, para ajudá-los a superar o *jet lag*. "Bem", disse minha mãe, aprontando-se para a excursão pelos pontos mais importantes, "aonde vamos?" Essa é a parte da vida em um vilarejo que requer alguma explicação. Não há, estritamente falando, nenhum lugar aonde ir.

Tentamos levá-los para dar uma volta pela vila. Entre a mudança de horário e o estilo de vida de aposentados dos meus pais, isso exige mais organização do que se pode imaginar. Tentei explicar que, com o calor do verão (e o histórico de Paul de câncer de pele), o que tivesse de ser feito deveria ser antes das 11 horas. Mas, de qualquer modo, eles nunca se levantavam antes das 10:30 e ainda estavam sentados à mesa, tomando o café da manhã, quando eu começava a preparar o almoço. O começo da tarde era a hora do cochilo para todos, e, de qualquer forma, as lojas ficavam fechadas entre 12:30 e 16 horas. Eram 17 horas quando conseguíamos colocar todo mundo para fora de casa.

Antes de nossa mudança para Céreste, minha mãe e eu compartilhávamos uma atitude Gertrude Stein em relação à natureza: uma árvore é uma árvore é uma árvore. Ajuda a compreender o fato de que ela nasceu no Brooklyn e passou sua vida inteira dentro de um raio de 30 quilômetros do Empire State Building. (Paul, como mamãe nunca se cansa de lembrar a ele, nasceu no Bronx.)

Sua família fez uma pequena incursão em Connecticut quando minha mãe era adolescente, mas, depois que minha avó descobriu uma vaca bloqueando a porta da cozinha, eles desistiram e mudaram-se para Levittown. Grandes espaços abertos não representaram um papel importante em minha infância. Depois do divórcio de meus pais, minha mãe e eu saímos em uma viagem "de meninas", fazendo canoagem pelo rio Delaware. Viemos a saber que as seis outras pessoas na viagem formavam um grupo de psicólogos em um retiro profissional. Tudo de que eu me lembro é de nadarmos nus.

Seguimos a curva de descida da vila (descida era melhor; ninguém na minha família podia ser descrito como um tipo atlético) até o estacionamento depois da pequena capela de pedra. Não tenho certeza de ter sido aberta desde que Char e seu bando esconderam armas nas vigas. O sol ainda estava alto. O campo de lavanda havia sido ceifado e agora se resumia a toquinhos cinza-esverdeados, e milhares de caracóis brancos, do tamanho de minha unha do polegar, agarravam-se ao capim alto à beira da estrada. Alexandre sentou-se nos ombros de Gwendal, as mãozinhas gorduchas agarrando-se a tufos dos cabelos do pai. Ele parecia perfeitamente à vontade em seu novo ambiente.

Na Pont Roman, Paul parou para estudar o texto do painel explicativo de acrílico. "Não é realmente uma ponte romana, nem mesmo românica", ponderei, com a sensação de que até mesmo nossos monumentos históricos eram ligeiramente inadequados. "É uma réplica do século XIX. Havia uma ponte realmente romana, com dois arcos, um pouco mais abaixo, perto da beira da cidade. Descobriram os alicerces havia poucos anos."

O rio que corria sob a ponte estava quase seco; pequenas poças de água tremulando de insetos. Esta era a parte mais tranquila do dia, depois que as abelhas se recolhiam para a noite. Passamos por densas sebes de árvores de marmelo, bolotas duras e verdes da fruta apenas começando a se formar entre as folhas. Perguntei-me o que meus pais estariam pensando, se eles viam o que nós víamos. Se eles achavam que era belo ou simplesmente... vazio.

— POR QUE NÃO? — minha mãe perguntou.

— Simplesmente não precisamos — respondi, tentando manter a irritação fora de minha voz.

— Não há sequer um parque.

— Mamãe, moramos no *meio* de um parque nacional. — É verdade. Não podemos sequer pendurar uma antena de TV sem perguntar como isso vai afetar a flora e a fauna locais.

O objeto em questão era um escorregador de plástico verde na forma de um dinossauro que minha mãe queria comprar para Alexandre. Alguns dias depois de sua chegada, meus pais encontraram um marco familiar, o *hyper-marché* local — um supermercado agradavelmente grande na periferia industrial de Apt. Não fecha para almoço. Na última corrida até lá, minha mãe avistou o escorregador e desde então está tentando me persuadir. Eu imaginava uma monstruosidade de 2 metros que iria bloquear a vista e o qual Gwendal iria gastar meio mês para montar. Em vez de simplesmente ceder e depois jogá-lo fora quando ela fosse embora, decidi bater o pé.

— Está bem — disse minha mãe, animadamente, significando *Esta discussão ainda não terminou*.

Não é que eu não entenda a atração de um bom supermercado. Quando vou a um país estrangeiro, adoro andar pelos corredores, conferir as latas de polvo em conserva e pasta doce de gergelim, ver as diferentes top-models nos frascos de shampoo. O que meus pais não conseguem imaginar é o papel limitado — muito limitado — que o supermercado exerce em minha vida na França. Para a maioria dos americanos, o supermercado representa as compras semanais em um único lugar. Aqui, vou ao supermercado uma vez a cada três ou quatro *meses*. Compramos macarrão, chocolate para cozinhar, papel higiênico, material de limpeza e uma marca de picles de limão indiano importada especialmente para os ingleses.

Quando minha mãe vai ao supermercado na França, ela compra salame dinamarquês mole (eu compro presunto fresco fatiado no açougue local) e um borrachudo queijo processado Babybel (prefiro o úmido gorgonzola do meu queijeiro preferido nas manhãs de domingo).

E depois, há o rolo de salmão. É uma fraude. Toda vez que minha mãe vem à França, ela se deixa enganar por essa atraente falsificação, parecendo um toquinho de lenha, embrulhado em salmão defumado, sedutoramente cor-de-rosa. Mas – sim, há um porém – espreitando por baixo há um compacto cilindro acinzentado de pasta de peixe. *Que horror, que horror.* Eu como morcela, *fromage de tête*, *andouillette*, mas simplesmente nunca fui capaz de me aproximar disso. Tornou-se uma piada recorrente, como o tio em um seriado cômico que está sempre soltando gases. Ela sempre o compra quando está com o preço remarcado numa *offre spéciale* – que se traduz mais ou menos como "a dois dias de lhe dar uma intoxicação alimentar".

Se ver o rolo de salmão uma vez é ruim, vê-lo duas vezes é uma violação das Convenções de Genebra. Minha mãe tem uma afeição por sobras e um duradouro caso de amor com recipientes de plástico. A trinta passos de distância, ela pode julgar precisamente qual tamanho de tigelinha chinesa servirá exatamente para guardar a sobra de comida que ela precisa colocar no congelador.

– Mamãe, o queijo é *vivo*. Ele precisa respirar. Se não, fica úmido e mofado. Mofo ruim. – Na França, é importante distinguir entre mofo bom e mofo ruim. O mofo bom faz roquefort; o mofo ruim é o que está crescendo no teto do nosso quarto de dormir. Apesar de meus avisos, todo tipo de coisa acaba hermeticamente fechado e empurrado para o fundo do congelador – salada murcha, fatias de cebola roxa, um pedaço de quiche. Eu poderia escavar por semanas.

O entupimento do congelador me fez sentir sufocada, até mesmo violada. Desde que vim para a França, cozinhar tornou-se um prazer diário essencial. A cozinha é meu território e, ao enchê-la de comidas que minha família jamais comeria, ela estava ignorando meus desejos, minha independência – simplesmente transformando minha casa numa versão da casa dela. Calma, você diria, ela só está tentando ajudar. Eu sei, eu *sei*. Ela pode ver que estou um pouco atolada com a mudança, o bebê, tentando voltar a escrever. No entanto, esse tipo de ajuda me dá vontade de me enroscar numa bola em um canto escuro do closet de casacos e chupar o dedo.

Certa manhã, Gwendal esgueirou-se, aturdido, para o Bed & Breakfast de Angela e Rod para tomar um expresso com um croissant. Acho que ele se sentiu tentado a se hospedar por uma semana. "Desculpe eu ter-me escapado", ele disse, quando lhe entreguei uma travessa de tomates e mozzarella fresca para levar para o jardim para o almoço. "Abri a geladeira", ele disse, "e ela estava completamente cheia, mas não havia absolutamente nada que eu quisesse comer."

ENCONTRAMOS UMA EXCELENTE babá para Alexandre. Amandine é poucos anos mais nova que eu, mas teve seu primeiro filho mais ou menos na época em que eu estava fazendo meu exame *Advanced Placement* em história europeia, de modo que ela está a 15 anos e três filhos à minha frente em experiência. Sua filha Rose é quatro meses mais velha que Alexandre. Parecem gêmeos, duas cabecinhas louras inclinadas sobre um corpinho.

À medida que o tempo esfria e os turistas e proprietários de casas de veraneio voltam para Londres e Bruxelas, os habitantes do local começam a notar nossa presença. Mulheres mais velhas com suas bolsas de compras de palha agora me param na rua com o carrinho de bebê.

– Vai passar o inverno? – perguntam. – *Si c'est pas indiscret.*
Notei que todas as vezes que as pessoas me fazem uma pergunta que não envolva a hora ou o tempo, elas primeiro perguntam se não estão sendo indiscretas. Acho encantador, mas também me dá vontade de rir. Faz-me lembrar de um amigo meu em Nova York. Ele se apresentou a mim pela primeira vez *depois* que se colocou atrás de mim em uma mesa do Starbucks, colocou as mãos nos meus ombros, fitou o formulário de inscrição na faculdade na tela do meu computador e disse em uma voz incrivelmente depreciativa: "Por que alguém iria querer ir para Yale?" Ele, é claro, frequentava Harvard. Às vezes, um pouco de discrição não mataria ninguém.

Certa tarde, quando fui buscar Alexandre, Amandine estava do lado de fora com uma vassoura. Como nós, ela está numa batalha constante com um bando de pombos arrulhando acima de sua porta. "*Tu veux un café?*" Ela possui ombros bronzeados e uma figura esbelta e jovial, que nega suas três gravidezes. Ela estava escolhendo tomates em um engradado de madeira.

– Quer alguns? – perguntou, já enchendo um saco plástico. – São da horta de uma amiga.

Vi Alexandre e Rose engatinharem para cima e para baixo de dois degraus entre a cozinha e a copa. Não havia nenhum portão para bebês, nenhuma cobertura de plástico para as meias. Nunca vi uma casa francesa que correspondesse à definição americana de *baby-proof* – segura para crianças.

Sentada à sua mesa de cozinha, fiz perguntas cuidadosamente, não querendo violar o código de discrição que tão amavelmente tinha sido estendido a mim.

– *Non, non. Je suis pas d'ici, moi.* Não, não, não sou daqui – ela disse, rindo com a minha surpresa. Seu sotaque local podia ser cortado com uma foice de tão carregado. – *Je suis parisienne, moi.* Deixamos Paris e nos mudamos para cá quando eu tinha nove anos.

– Nove? Vinte e cinco anos, um marido local e três filhos mais tarde, e ela ainda não é *d'ici*, daqui. Os franceses levam a ideia de *terroir* muito a sério. Assim como o vinho e os morangos são orgulhosamente, irrevogavelmente, de algum lugar, as pessoas também o são.

— ADORO VER VOCÊ examinar as frutas — disse minha mãe, espreitando por cima do meu ombro no mercado dos domingos, em Reillanne. — Você costumava fazer isso com os Rembrandts. — Não examiná-las, exatamente, mas é verdade que agora estudo os figos com tanta atenção e entusiasmo quanto um dia estudei as pinturas dos Grandes Mestres.

Como as magníficas rugas em um autorretrato de Rembrandt, os figos são algo sobre o qual minha mãe e eu podemos concordar. Todo mês de setembro, faço para mim mesma um pequeno festival do figo. Uma Festa do Figo. Figapalooza, por assim dizer. Um dos muitos prazeres de morar na Provence é que a estação dos figos parece nunca terminar. Fiz minha primeira torta de figos há mais de um mês, e minha fruta favorita ainda pode ser encontrada no mercado.

Um figo fresco é uma fruta modesta. Os figos frescos escondem-se um pouco. Seu exterior é sóbrio, fosco — uma cor púrpura respeitável, geralmente sombria. Mas abra um e você encontra um caleidoscópio de sementes polpudas e carnosas. Um figo maduro, como as bochechas de uma criança bem alimentada, deve ceder um pouco quando você o pressiona.

Os figos proporcionam uma excelente transição da culinária de verão para a de outono. Isso é particularmente útil nesta época na Provence, quando estamos comendo no jardim um dia e ligando o aquecedor no outro.

Figos frescos ficam melhores ao ar livre, em uma salada de rúcula com maçãs Deliciosas Douradas, *pinoli* e queijos para piquenique, ou assados com fatias de roquefort e um fio de mel para começar um jantar de outono ao lado da lareira.

No outro dia, Amandine nos contou um pequeno segredo: a vila tem uma figueira pública. Fica logo atrás do prédio dos Correios. Passo por ali toda manhã, no caminho de volta da *boulangerie*. *Veja bem*, eu tinha vontade de dizer para a minha mãe, *podemos não ter a Metropolitan Opera, mas temos uma figueira comunitária*. Como licença-maternidade paga e Camembert no almoço da escola – esse é o meu tipo de serviço público.

Nessa tarde, enquanto Alexandre estava dormindo no andar de cima, mamãe e eu resolvemos fazer uma torta de figo. Não era só para nós. Íamos aprofundar nossa vida social na vila naquela semana – convidando os vizinhos para o chá. Cá entre nós, eu tinha um motivo oculto. Estava tentando convencer (com uma conversa ou com um doce) Jean a me levar para caçar cogumelos com ele quando as chuvas chegassem.

Minha mãe e eu conversamos melhor quando estamos fazendo algo – limpando armários, comprando roupas. Ela não teve necessariamente todas as diversões da minha infância. Meu pai cuidava dos fins de semana, museus, teatros, vitrines de Natal na Bendel's. Minha mãe atendia às necessidades dos dias úteis da semana: dever de casa, roupa lavada, a velha galinha na grelha da churrasqueira. Tivemos nossas melhores conversas apenas sentadas lado a lado no carro a caminho da lavanderia. Podíamos conversar sobre qualquer assunto.

– Só estou nervosa – confessei, medindo o açúcar. – O livro está lá fora, seguindo seu caminho, e eu estou completamente sem rumo, sem um projeto concreto.

– Gostaria que você parasse de se preocupar e aproveitasse tudo isso.

Minha mãe vem me dizendo para parar de me preocupar desde – nem me lembro desde quando. De onde foi que eu, ela diz, herdei esse hábito horrível de alcançar uma meta e dez minutos

depois colocar essa realização de lado em troca de algo novo com a qual posso entrar em pânico?
— Você simplesmente não sabe a sorte que tem — ela disse, colocando a xícara de medir na pia. Minha mãe e meu pai haviam enfrentado um aborto e um natimorto e estavam à beira da adoção quando apareci. Eu também passara por um aborto espontâneo antes do Alexandre nascer. Eu não era indiferente à dádiva de um filho saudável.

Minha mãe é uma cozinheira muito limpa, sempre lavando e limpando conforme avança. Sou eu a desorganizada — uso toda panela, colher e espátula da cozinha, depois deixo a maioria em um amontoado pegajoso dentro da pia. Ela estava lavando o *fouet* quando disse:

— Você simplesmente não parece bastante investida em ser mãe do Alexandre.

— Como pode me dizer isso? — exclamei, as lágrimas repentinamente escorrendo pelo meu rosto. — Sou a mãe dele! — Eu estava mais perto do que nunca de sair do aposento no meio de uma discussão. — Retire o que disse.

— E quanto ao carrinho de bebê?

— *Oh!* — exclamei, erguendo a voz de um modo que nunca fiz com minha mãe. — Estamos de volta ao carrinho? Sou uma mãe ruim porque não fiquei empolgada em sair para comprar um *carrinho*.

Aparentemente, eu não tinha passado no meu primeiro teste de maternidade antes mesmo de Alexandre nascer. Eu não conseguia compreender isso. Por que minha mãe iria pensar que sua filha, que adora casacos *vintage* com golas de pele e livros raros de ilustrações vitorianas, iria ficar empolgada para comprar um carrinho de bebê? Não se trata de um incrível par de sapatos de salto agulha, nem mesmo uma colcha de moisés bordada à mão. É um carrinho de bebê. Contanto que gire, vire e não se feche como uma Vênus papa-moscas com a criança lá dentro, que diferença faz? Tinha de ser leve o suficiente para eu poder arrastá-lo por três lances de escada em espiral em Paris, bastante forte para aguentar as ruas de pedra e esburacadas de Céreste. Não tinha importância se não possuía um porta-copo de café. Não existe café para viagem na França.

Mas minha mãe tinha razão. Esta discussão fazia parte de uma maior – e, como eu estava aprendendo rapidamente, inaceitável – ambivalência. Não há outra maneira de dizer isso: bebês, e certamente toda a parafernália que os acompanha, simplesmente não me interessam muito. Há pessoas loucas por crianças pequenas. Minha mãe é uma delas. Prefiro crianças um pouco mais tarde, no estágio do mito grego e da primeira paixão. Minha mãe tirou uma licença de cinco anos do trabalho. Nunca foi minha intenção ser uma mãe que fica em casa. O julgamento era enorme, a culpa era pior ainda.

Esta não era a primeira vez que me faziam sentir dessa forma. Antes de Alexandre nascer, minha ginecologista recomendou algo chamado haptonomia – uma técnica afetiva inventada nos anos 1950 pelo holandês Frans Veldman. Se há um equivalente americano, nunca ouvi falar. O objetivo é reunir a nova família. Fizemos este interessante exercício em que Gwendal colocou a mão no lado de minha barriga e o bebê de fato moveu-se para aquele lado, para se aninhar na palma da mão dele. Acho que a haptonomia é útil para aproximar mais os pais de seus futuros filhos. Mas em nosso caso, não era Gwendal quem precisava ser trazido para dentro do processo – era eu.

As sessões eram no hospital com uma pediatra treinada nessa técnica. As coisas imediatamente começaram com o pé esquerdo. O que a médica me disse primeiro foi para parar com as minhas aulas de ioga duas vezes por semana, que eu amava. "Se você ficar pensando em sua própria *respiration* – respiração – durante o parto, você não estará inteiramente presente com seu filho."

Em seguida, ela me pediu para deitar na mesa e colocar as mãos sobre o ventre. A haptonomia começa quando você está com cerca de quatro meses de gravidez, logo depois que o bebê começa a se mexer. "Como você se *sente* a respeito de seu filho?", ela perguntou, fitando-me com um sorriso angelical.

Entrei em pânico. Sou uma boa aluna e não gosto de dar respostas erradas. Era evidente o que se esperava de mim: *Sinto alegria. Sinto-me maravilhada. Sinto vida.* Como eu realmente me sentia era... grávida. Com medo. Preocupada se a criança seria saudável. Sem ter certeza se eu iria gostar dos primeiros anos da maternidade. Gwendal e eu havíamos conversado sobre isso. Certo dia, andávamos pela rua, tentando imaginar quem seria esse pequeno ser. "Já o amo", Gwendal disse com o tom calmo, mas exultante que ele manteve durante toda a gravidez. Eu respondi sinceramente: "Como pode amar alguém que ainda não conhece?" Parecia um salto no escuro, maravilhoso, mas ilógico.

Na mesa no consultório da médica, procurei uma resposta para a pergunta dela. Folheei meu dicionário mental, à procura de um adjetivo que fosse verdadeiro, mas inofensivo. Só o que consegui dizer foi *responsable*: "Sinto-me responsável." Assim que disse isso, percebi que não fora uma resposta adequada. Não havia nenhuma janela a mandar consertar na ideia de maternidade. Assim que o óvulo era fertilizado, eu deveria ficar *ligada* – como uma atriz que nunca sente medo de palco. Quando eu e Gwendal deixamos o consultório, eu estava em prantos. Sentia-me completamente sozinha, danificada. Como se meus sentimentos fossem, de certa forma, deformados.

Agora, ali estávamos nós, um ano mais tarde, um belo menino desabrochando, e eu estava recebendo de minha mãe o mesmo tratamento que recebera daquela médica – uma recusa completa das minhas dúvidas, uma negação dos meus sentimentos. Eu me considero uma pessoa bastante confiante, mas ter um bebê deixou-me tão oscilante quanto uma Jell-O de abricó, hipersensível a críticas, mas duvidando de mim mesma a cada volta.

No entanto, no íntimo eu sabia que estávamos fazendo algo certo. Alexandre nasceu sorrindo e, desde então, nunca mais parou. Ele passou a dormir a noite inteira aos dois meses e meio. Com um ano, ele come sozinho com uma colher. Ele come peixe e brócolis – e fígado. Ao menos, pelos padrões franceses, estávamos no caminho certo. *Olhe só para ele*, eu tinha vontade de dizer, *ele está sempre feliz*.

Um bebê é um poço de desejos. Passamos por ele todos os dias e atiramos nossas moedas. A maioria é brilhante e ensolarada, cheia de sorrisos e possibilidades. Alguns dias são maculados com más lembranças, genes desafortunados. Outros têm ficado escondidos sob as almofadas do sofá todos esses anos, à espera de alguém que os desencave.

Um bebê é um poço de desejos. Todos jogam nele suas esperanças, seus temores, seus passados, seus dois centavos.

—⊙—

A CAMINHO DA NOVA BABÁ de Alexandre (Amandine, como a grande maioria das francesas, estava voltando ao trabalho), passamos pela *boulangerie* e pegamos as *baguettes* para o almoço. Empurrando o carrinho, descemos o estreito caminho de asfalto que ladeava os campos. Eu apreciava essas caminhadas matinais. Acho que minha mãe ficava satisfeita em dar uma volta, participando de minha rotina diária.

Valerie é um tipo de avó energética, que vem tomando conta de crianças da vila em sua casa há 15 anos. Sua casa tem um solário com um monte de brinquedos, um enorme jardim com uma bacia ornamental para os pássaros e um cachorro peludo e amistoso que veio correndo nos receber ao portão. Mas o que chamou a atenção de minha mãe foi a caixa de areia. Era feita de velhos estrados de madeira usados em construção, e os cantos tinham quatro presilhas de metal arredondadas que projetavam-se uns 5 centímetros acima da borda da caixa. Depois que minha mãe se aposentou do conselho de educação, ela assumiu um cargo de diretora executiva de uma creche. Assim, ela sabia tudo sobre os mais recentes regulamentos de um playground – piso de espuma, alturas dos balanços, plásticos apropriados. Ela olhou fixamente para Alexandre, que estava feliz pegando areia com uma pazinha e jogando dentro de um balde roxo. Valerie estava sentada ao seu lado, balançando a cabeça com entusiasmo toda vez que ele gargarejava de empolgação e erguia a pazinha. Minha mãe parecia alheia à supervisão de Valerie e ao contentamento de Alexandre. Eu podia ver as engrenagens se movimentando em sua cabeça. Talvez seja o fato de que um em cada trezentos norte-americanos seja advogado, mas onde o resto do mundo vê diversão, os americanos veem risco.

Um dos problemas do fato de minha mãe e eu sermos tão unidas como somos: posso ler sua mente. Paris era muito distante de casa, mas era lógica, bela, sofisticada. Céreste, ao que parecia, já era uma extrapolação. Um misterioso passo para o lado, senão diretamente para trás. Todos os pais querem que seus filhos vivam melhor que eles viveram, e minha mãe não conseguia ver o "melhor" naquilo. Por um lado: *Oh, essas crianças malucas, mas não tem importância, você conhece Elizabeth, ela pisa na merda e ela se transforma em ouro*. Por outro: *Todos esses diplomas. Paguei uma viagem de campo a Veneza, pelo amor de Deus. Tudo isso para você poder pendurar sua roupa lavada no varal como uma camponesa e criar meu neto em um fim de mundo onde não tem um restaurante chinês decente, nem um museu de história natural?* Como se apenas por levar nossas vidas neste lugar diferente, Gwendal e eu estivéssemos, de certo modo, prejudicando nosso filho.

Sob a incompreensão, havia medo. *Você está escapando de mim.* Esse é o maior paradoxo de um bom pai ou mãe. Tenho certeza de que minha mãe me criou para viver uma vida mais ampla, mais grandiosa e mais livre que a dela. Mas ao me dar minha liberdade, ela me enviou direto para os braços de um mundo que ela nem sempre compreende. Isso a incomoda. Eu podia ouvir seu monólogo interno. *E quanto às escolas? Você não vai se sentir solitária aqui?* Mal tendo desfeito as caixas da mudança, eu não conseguia responder às suas perguntas. A verdade era: eu não sabia.

Voltamos da casa de Valerie em silêncio, empurrando o carrinho vazio à nossa frente. "*Bonjour, mesdames*", disse o sr. André quando nos alcançou no caminho.

Encontro o sr. André toda manhã quando ele se dirige para o banco de pedra ensolarado em frente à *mairie*. Lá ele se senta, com dois outros homens por companhia, até a hora de voltar para casa para o almoço. Ele é sempre muito amável, embora os únicos dois dentes da frente e as longas unhas manchadas de tabaco sugiram o personagem de um conto de fadas que carrega um saco de apetitosas criancinhas por cima do ombro. Mesmo no calor do verão, ele usa tantas camadas de roupas que fica difícil saber se aquele caroço nas costas é a corcunda de minha imaginação hiperativa ou apenas uma protuberância de artrite. Ele apertou minha mão, apontou para as *baguettes* no carrinho vazio, disse algo e riu com vontade.

– O que ele disse? – minha mãe perguntou.

– Ele perguntou se vendi o bebê por dois pães.

– Ele está brincando?

– Talvez. – Dei de ombros, sem nenhuma vontade de amenizar seu desconforto.

Não sei dizer ao certo se foi a caixa de areia, as unhas do sr. André ou apenas uma overdose de clorofila, mas, no dia seguinte, minha mãe voltou para casa do supermercado com Paul carregando o escorregador do dinossauro de plástico verde atrás dela. Tinha apenas 1 metro de altura, mas era tão largo que quase não passou pelo portão do jardim. Fiquei furiosa. Alexandre, é claro, ficou encantado.

– Está vendo? – ela disse, inclinando-se para lhe dar um beijo.

– Vovó sabe do que você gosta.

NA NOITE ANTERIOR à partida de minha mãe, fiz lentilhas com linguiça. É normalmente um prato de inverno, quente, nutritivo e para ser comido devagar, o grande abraço que tantas vezes esqueci de dar em meus pais este mês. Quando ela começou a refazer as infindáveis malas, estávamos, ambas, exaustas. Eu me sentia devastada; ela se sentia marginalizada. Eu me sentia julgada; ela se sentia idiota. Um bebê deveria aproximar todos da família. Agora estávamos mais longe que nunca.

Na manhã seguinte, sentei-me com Alexandre na borda da fonte na place des Marronniers. Ele acenava enquanto Gwendal descia lentamente o carro por La Grand Rue, nome radicalmente impróprio para aquele caminho estreito que levava à rua principal. Meus olhos ardiam. Eu sentia a falta deles antes mesmo de terem partido. Tê-los ali era uma tortura, não tê-los era pior.

Coloquei Alexandre no berço para seu cochilo matinal e tirei os lençóis da cama no quarto de Char. Fiquei vagando pela casa, mexendo nas feias cortinas deixadas pelos proprietários anteriores. *Essas cortinas têm de sair daqui.* Aquela não era a minha casa, não era a casa dela. Por enquanto, não parecia ser a casa de ninguém.

Sei que ela chegaria à sua casa, desarrumaria as malas e então conversaríamos sobre tudo isso – até deixar tudo para trás. Talvez eu conseguisse fazê-la entender melhor como eu estava me sentindo, pedir-lhe para procurar tratar-me como um adulto em minha própria casa. Eu esperava que isso me tornasse uma hóspede melhor quando eu voltasse aos Estados Unidos, em vez da minha clássica reversão a uma criança que vem e vai quando lhe apraz e deixa sua roupa de baixo no chão do quarto. Essa é a diferença entre minha mãe e Napoleão. Napoleão nunca fazia as pazes com ninguém.

Comecei a me livrar dos recipientes de plástico no fundo da geladeira. Quando Alexandre acordou para almoçar, requentei um pouco de lentilhas na panelinha de cobre que minha mãe comprara para mim em Paris havia alguns anos. Ele não pareceu perceber meu estado de espírito. A colher fez algumas viagens entre a tigelinha e sua boca. Seu rosto e seu babador estavam todos sujos da pasta marrom de lentilhas e salpicados de pedacinhos verdes de salsinha. Ele sorriu. Eu também. Então, percebi que ele estava comendo sobras. Mas eram as *minhas* sobras, e, de certa forma, isso fazia toda a diferença do mundo.

Figapalooza

SALADA DE RÚCULA COM FRANGO, FIGOS FRESCOS E ABACATE
Salade au Poulet, Figues Fraîches, et Avocat

Esta é uma opção fácil para um almoço com as amigas; os figos frescos dão um toque especial. Você pode acrescentar um pouco de queijo roquefort esfarelado ou, se quiser fazer uma versão vegetariana, substituir o frango por torradas com queijo de cabra derretido.

4 peitos de frango ou a carne de 1 pequeno frango assado, fatiado
1 salada pequena picante ou 1 saco de rúcula
1 colher de sopa de azeite de oliva
½ colher de chá de vinagre balsâmico
1 boa pitada de sal marinho grosso
8 figos frescos, cortados em quatro
2 abacates pequenos, cortados em fatias de 1,3 cm
2 colheres de sopa de sementes de abóbora cruas

Em uma frigideira grande, cozinhe os peitos de frango em um pouco de azeite de oliva, tempere com sal e pimenta. (Geralmente uso carne de uma galinha assada que compro no mercado de domingo.)

Pouco antes de servir, misture a salada com azeite de oliva, vinagre e sal. Gosto de usar pouco tempero. Não há nada pior que uma salada encharcada. Divida a salada em quatro pratos. Coloque por cima o frango, figos e abacate. Espalhe as sementes de abóbora. *Voilà!*

Rendimento: quatro porções

FIGOS ASSADOS COM ROQUEFORT E MEL
Figues Fraîches Rôties au Roquefort

Eles são uma boa surpresa com drinques. Ou sirva-os depois do jantar com uma salada verde – um combinado de prato de queijo e sobremesa.

8 figos frescos perfeitamente maduros, cortados ao meio ao comprido
1 colher de chá de azeite
1 fio de mel
1 pequeno pedaço de roquefort (Bleu d'Auvergne, Stilton ou gorgonzola)

Preaqueça o forno a 180°C.

Coloque os figos em uma assadeira de cerâmica e respingue sobre eles um fio de azeite e mel. Asse por 15 minutos, até ficarem macios. Enquanto isso, corte fatias de 6mm do queijo. Devem ser menores que os figos. Assim que os figos saírem do forno, coloque uma fatia do queijo sobre cada um. (Gwendal prefere a pungência do roquefort; prefiro a cremosidade mais suave do gorgonzola.) Deixe o queijo amolecer por um ou dois minutos. Sirva imediatamente.

Rendimento: quatro porções como aperitivo ou prato de queijo

TORTA DE FIGOS E AMÊNDOAS
Tarte aux Figues

Procurei o *frangipane* perfeito (creme de amêndoas) durante todos esses anos em que moro na França. A solução veio de uma antiga colega de trabalho de Gwendal em Paris. É o creme de amêndoas que ela usa para rechear sua *galette des rois*. É fácil de fazer, doce, sem ser enjoativo, e o rum lhe dá um toque especial.

Para a crosta
Esta receita de massa de pastelaria incrivelmente fácil é de nossa querida amiga Anne. É essencialmente uma rápida massa choux (pâte à choux – como usada em carolinas, profiteroles e minibombas) sem os ovos.

9 colheres de sopa de manteiga
¼ xícara de água
1 colher de sopa de açúcar
1 ¾ xícaras de farinha de trigo

Em uma pequena caçarola, misture a manteiga, a água e o açúcar. Quando a manteiga estiver derretida, desligue o fogo e acrescente a farinha de uma só vez, mexendo com uma colher de pau para combinar todos os ingredientes. Estenda a massa com um rolo até ficar com 33cm de diâmetro.

Para o recheio
7 colheres de sopa de manteiga com sal. Se puder encontrar a que tem cristais de sal, melhor
½ xícara, mais 2 colheres de sopa de açúcar granulado
3 ovos
1 colher de sopa de rum escuro
½ colher de chá de extrato de amêndoas ou algumas gotas de essência de amêndoas realmente amarga
½ colher de chá de extrato de baunilha
1 ½ xícaras de farinha de amêndoas (amêndoas moídas)
6 ou 7 figos frescos e maduros, cortados em fatias de cerca de 8mm
1 punhado pequeno de pinoli
2 colheres de sopa de açúcar de confeiteiro

Aqueça o forno a 190°C.
Bata a manteiga até ficar leve e aerada. Adicione dois ovos, bata bem.
Quebre o terceiro ovo em uma xícara, bata ligeiramente. Despeje metade do terceiro ovo na massa. Reserve a xícara com a metade restante do ovo. Adicione o rum, os extratos de amêndoas e de baunilha. Bata para combinar. Adicione a farinha de amêndoas e mexa.
Coloque a crosta em uma forma de torta de 28cm (de preferência uma forma de alumínio de fundo removível – o metal ajuda a crosta a cozinhar). Deixe a sobra de crosta transbordar. Fure o fundo da crosta com um garfo. Coloque o creme de amêndoas. Fatie os figos em cima. Espalhe os *pinoli*. Dobre o excedente da crosta por cima da torta para formar uma pequena borda. Misture a metade restante do ovo com o açúcar de confeiteiro e pincele a borda dobrada da crosta com a mistura.
Asse por 30 a 35 minutos, até ficar dourada.

Rendimento: oito porções

CAPÍTULO 7

A GRANDE FRIAGEM

Batizei nosso novo aquecedor à lenha de Bertha e, se eu não fosse me queimar no processo, eu o abraçaria. O verão voou de repente. Um dia, estávamos sentados no jardim observando os passarinhos voarem baixo, acima de nossas cabeças, tomando cerveja e grelhando sardinhas. Em seguida, choveu por dois dias sem parar. Quando o sol saiu, as árvores haviam perdido metade das folhas, e a temperatura havia caído alguns graus.

Todo dia, enquanto dou o café da manhã a Alexandre, ouço Jean sair arrastando os pés, de roupão e chinelos, para verificar o termômetro no jardim: "*Moins trois ce matin*." Isso lhe dá assunto para a conversa do dia.

Em nossa avaliação poética da casa, não prestamos atenção a várias coisas – inclusive a não menos importante delas: aquecimento. Havia apenas dois antiquados aquecedores na casa toda, nada nos quartos e banheiros do andar de cima. Ao menos, *havia* banheiros. A vila não tinha água corrente até meados da década de 1950, e Mireille nos contou histórias de sua infância a respeito de o pipi congelar nos urinóis à noite. Em julho, pareceu engraçado. Em novembro, nem tanto.

As paredes grossas que proporcionavam um bem-vindo isolamento do sol de verão agora eram glaciais. Os charmosos recantos e esconderijos eram apenas mais lugares para aquecer. Aquecimento central não era uma opção: não havia gás encanado na vila e não podíamos instalar um aquecedor a óleo porque o caminhão que entregava a gasolina não conseguia fazer a curva para entrar em nossa rua estreita. Restou-nos a escolha de aquecedores elétricos (de uso extremamente caro) ou à lenha. No andar de cima, optamos pelos aquecedores (há um limite para o número de tarefas domésticas que estou disposta a fazer para aquecer o assento da privada), mas, para a sala de estar, optamos por Bertha, um aquecedor à lenha, baixo e de cor creme, com uma janela de vidro para que pudéssemos observar o fogo. No dia em que ele foi instalado, senti-me um pouco como Laura Ingalls Wilder.

Agora compreendo por que todo mundo estava falando de lenha no meio de julho. Quando você faz o pedido de lenha em julho, os amáveis homens da companhia vêm e a empilham perfeitamente no porão. Se você faz o pedido em novembro, eles vêm com uma pickup e jogam o lote inteiro sem a menor cerimônia na frente de casa. Dez metros cúbicos de árvore. A pilha chegava à altura da cabeça de Gwendal e bloqueava toda a largura da rua. Levá-la para o porão tomaria o dia inteiro.

Os vizinhos devem ter ouvido o barulho, o rangido enferrujado da pickup e o estrondoso baque da madeira atingindo o calçamento, porque assim que Gwendal pegou o primeiro toco, Denis apareceu na entrada, já usando luvas de trabalho, uma faixa de sustentação para a sua coluna e seu antigo colete, de quando ele fazia frete para a Sernam, em Marseille.

– Onde você quer colocar? – perguntou, enquanto agarrava três tocos grandes embaixo do braço.

Jean e sua mulher, Paulette, vieram em seguida, depois Arnaud. Jean é um *contremaître* aposentado. Ele e suas equipes trabalhavam por toda França, instalando janelas herméticas para submarinos nucleares. Ele particularmente tinha muito orgulho de ter instalado as janelas à prova de choque no primeiro TGV, o famoso trem francês de alta velocidade. Parado ao pé de nossa pilha de lenha, ele dirigia as operações, instruindo os homens na apropriada técnica de montagem dos brinquedos Lincoln Log, a fim de fazer uma pilha compacta e estável. Quando ela desmoronou, o chão irregular, *bien sûr*, e não o método, levou a culpa. Alexandre ainda tinha pouca firmeza na subida íngreme de nossa rua, de modo que Paulette segurou a mão dele, enquanto eu agarrava os gravetos mais finos e os empilhava ao lado da porta da minha cozinha, a serem usados para acender o fogo.

As pessoas criadas em cidades pequenas devem estar acostumadas a esse tipo de ajuda. Quando eu era pequena, em Teaneck, New Jersey, nossos vizinhos, os Madden, eram um casal mais velho, figuras distantes. A única interação significativa de que posso me lembrar foi a ocasião em que minha melhor amiga, Sarah, e eu resolvemos fazer ovos roxos mexidos e deixá-los no meio do caminho de entrada da garagem deles. Minha mãe me obrigou a pedir desculpas pessoalmente. A sra. Madden pode ter sido a única pessoa que já olhou para mim e sinceramente pensou: *Semente podre.*

Meu último vizinho em Nova York, embora não por culpa sua, vigiava todas as minhas idas e vindas pelo buraco da fechadura. Ele era apenas um pouco mais velho que eu e, até onde eu saiba, só saía do apartamento às terças-feiras, quando sua mãe vinha e o levava para jantar fora. Acredito que ele tivesse um distúrbio de acumular coisas compulsivamente. A única vez em que vislumbrei o interior de seu apartamento, vi o que parecia uma pista de esqui de trapos de cores vivas empilhados até o teto.

Nossa vizinha mais próxima e mais querida em Paris era Marie-Claude, que costumava berrar seus cumprimentos da janela aberta do prédio de apartamentos do outro lado da rua. Ela era uma mulher enorme. Toda manhã, levantava primeiro um seio, depois o outro, para cima do peitoril da janela e lá ficava o dia inteiro, observando os carros se desviarem de trás dos caminhões de lixo. Mais tarde, descobrimos que ela possuía um marido egípcio, tão magro quanto ela era rotunda. Uma imagem mental era inevitável. Ela gostava do fato de eu ser americana. Ela deve ter me ouvido falando inglês ao telefone. Certo dia, ela se aproximou de mim enquanto eu estava escrevendo em um café local. "Minha mãe", ela berrou – o fato de estar sentada bem à minha frente e não do outro lado da rua parecia não ter nenhum efeito sobre o volume de sua voz –, "tinha penicos americanos durante a guerra."

Duas horas depois, a pilha de lenha estava pronta, e a rua, varrida. Fiz uma anotação mental de triplicar a quantidade de biscoitos de pedacinhos de chocolate que eu ia fazer para o Natal.

Marguerite não parava de olhar pela janela. Aparentemente, Denis deveria ter passado a manhã consertando a máquina de lavar louça.

P.S.: Há outra razão para os habitantes do local encomendarem sua lenha em julho. A madeira pedida em julho tem tempo para secar. Madeira comprada em novembro é úmida e verde e solta mais fumaça que uma cantora de nightclub. Levamos mais de meia hora e um exemplar inteiro da *Monde Diplomatique* amassada para conseguir nossa primeira centelha. Foi o tipo mais tolo de erro de novato. Merecíamos uma caçoada.

A OUTRA SOLUÇÃO para o problema do aquecimento era trabalhar de casa.

Há algo a respeito da primeira geada que traz à tona o homem das cavernas – pode-se mesmo dizer o vampiro – que existe em mim. Tenho vontade de usar peles e sugar a carne de ossos de cordeiro. É também o momento do meu desejo anual por *boudin noir*, também conhecido como linguiça de sangue ou morcela. Você sabe que está na França há quase uma década quando a ideia de comer sangue solidificado soa não apenas normal, mas positivamente deliciosa.

Quando eu estava grávida, meu corpo ansiava por ferro em quantidades absurdas. Eu podia ter comido um arranha-céu. É uma pena que não esteja na dieta de gravidez francesa – proibido juntamente com *charcuterie*, fígado e *steak tartare*.

É verdade que *boudin noir* não é o tipo de carne que eu compraria em qualquer supermercado. Idealmente, é melhor procurar um açougueiro que prepare o seu. Comprei o meu de um homem de bigodes com uma caminhonete no mercado de Apt, o mesmo que eu havia visto durante nosso primeiro piquenique na Provence. Desde a primeira vez, retornei muitas vezes para comprar suas deliciosas, muito magras, *saucisses fraîches* e suas *andouillettes* feitas à mão, que refogo com cebolas, mostarda Dijon e um pouco de creme de leite.

Sirvo meu *boudin* com maçãs assadas – desta vez, algumas Deliciosas Douradas que compramos na barraca de uma fazenda ao lado da estrada. Misturei rapidamente as fatias de maçã com azeite de oliva, salpiquei tudo com sal e adicionei um pau de canela e uma estrela de anis para envolver o prato em reconfortantes especiarias de outono. O *boudin* já está cozido quando você compra, mas uns 20 minutos em um forno quente permitem que ele empole, até mesmo estoure. Gosto de me aventurar na comida, mas a ideia de *boudin* aferventado (ou frio) me faz pensar em me mudar de volta para New Jersey. Não, não é verdade.

Admito, assim que você o retira do forno, há alguns obstáculos visuais. Sempre há um breve instante – particularmente quando sirvo este prato a convidados – em que penso: *Mas isso parece um grande cocô de labrador numa travessa.* É verdade. Mas depois que você supera a estética, você tem um dos sabores mais apetitosos que eu possa imaginar. Um bom *boudin* tem uma consistência aveludada que combina perfeitamente com a ligeira acidez das maçãs assadas. Acrescente purê de batatas (com a casca e pedaços), uma garrafa de Châteauneuf-du-Pape, e acorde-me na primavera.

―◎―

ESTE PERÍODO DE HIBERNAÇÃO de inverno também nos colocou frente a frente com as realidades decorativas da casa.

Quando as pessoas pensam em uma casa na Provence, pensam em um solar, um vinhedo, uma piscina – e algumas centenas de milhares de dólares em reformas feitas por um construtor simpático, mas não inteiramente confiável. Não temos algumas centenas de milhares de dólares. Na situação atual, estamos mergulhados até o pescoço em hipotecas. Quanto aos construtores não inteiramente confiáveis – você está olhando para eles.

Assim que chegamos a Céreste, fui solicitada a escrever um artigo para a seção Casa de um jornal inglês. O editor adorou a conexão René Char, mas os leitores do jornal estavam acostumados a reformas multimilionárias de mansões jacobinas e soluções criativas de armazenamento para cabanas de Devon. Nossos candelabros de rodas de carroças e ladrilhos de dois tons de laranja obviamente não eram o que eles tinham em mente. Enviei fotos, recuando o máximo possível em um canto para fazer os aposentos parecerem maiores, os tetos mais altos.

Algumas semanas mais tarde, o artigo apareceu como matéria de página dupla. A metade superior era uma foto de uma ampla casa rural de pedra, talvez mesmo um vilarejo inteiro, empoleirado em uma colina baixa entre os campos de lavanda. Era uma foto magnífica da casa de outra pessoa. Devia ser uma foto do arquivo do jornal. Quando um colega de Gwendal na sede da empresa em Londres viu o artigo, disparou um curto e-mail: "Agora compreendo por que você se mudou aí para baixo." Pareceu inútil dissuadi-lo.

Nossa primeira prioridade foram os ladrilhos. Era simplesmente impossível fazer qualquer decoração que os incluísse. Brilhantes, laranja-escuros e assentados em zigue-zague, eles sugavam a luz do aposento como um buraco negro. A casa era recoberta com eles de cima a baixo, inclusive os degraus, corredores e até mesmo as molduras arquitetônicas. Eles formavam um contraste bastante agradável com os azulejos floridos de verde das paredes e o bidê cor-de-rosa no banheiro do andar superior. Escolher piso novo era algo que eu sabia fazer (lindas pedras de cor clara com bastantes variações naturais). Instalar o piso já era outra história. Angela e Rod sugeriram que conversássemos com Alain e Evelyne, um casal belga que vivia mais acima na rua, na place des Marronniers. Eram aposentados, mas às vezes faziam projetos de reformas por diversão. Só o fato de perguntar foi humilhante. Fomos rapidamente lembrados de nossa inutilidade urbana, nossos flácidos músculos acadêmicos. Era algo com que teríamos de nos acostumar na Provence – pessoas com o dobro de nossa idade realizando tarefas físicas que seis meses atrás teriam nos mandado correndo para o quiroprático.

Alain e Evelyne estavam exaustos de pintar venezianas em um casarão na subida da colina na direção de Montjustin, mas concordaram em emprestar suas ferramentas a Gwendal e supervisioná-lo por um dia, ensinando a ele como assentar o piso sozinho. Gwendal começou a tirar medidas e cortar ladrilhos no pátio. Com argamassa em seu casaco de lã, pó nos cabelos e cola nas juntas dos dedos das mãos, era uma visão inteiramente nova de meu marido. Uma espécie de tesão, na verdade.

Denis, Jean e Alain passavam por lá a intervalos regulares para verificar seu progresso. "Todos vimos você", Denis disse a Gwendal, "com seu computador e telefone. *Maintenant, c'est bon.* Agora você está fazendo algo realmente *créatif.* Criativo. Algo com as mãos." O quociente de masculinidade de Gwendal atravessou o telhado naquele dia, um rito de passagem comparável a pregar a porção da Torá em seu *bar-mitzvah*. PhD, shmee-hD – era o maior elogio que eu já ouvira um francês fazer a outro.

Alexandre e eu partimos em uma viagem aos Estados Unidos. Quando retornamos, todo o andar térreo da casa estava pronto. Se Gwendal era o orgulho criador dessa maravilha decorativa, eu era a agradecida beneficiária. Durante semanas após a minha volta, toda vez que Denis nos via na rua, ele batia nas costas de Gwendal e piscava o olho para mim.

"*T'as tiré le bon numéro, toi.*" Você tirou a sorte grande.

―⊙―

MINHAS CURVAS NATURAIS não combinam com muitas camadas de roupas – mais de um suéter e acabo parecendo uma versão de cabelos compridos do Homem da Michelin. Não domino inteiramente o estilo provençal de vestir – está sempre abaixo de zero pela manhã; ao meio-dia, se encontrar um lugar ao sol, pode ficar só de camiseta. Quase toda manhã, encontro a mulher de Jean, Paulette, indo pegar vinho, presunto ou lenha de seu porão. Ela sempre enfia a mão embaixo do meu único suéter. "*Il faut te couvrir.*" Você precisa se agasalhar.

Estes são os dias mais curtos do ano e também os mais silenciosos. Nenhum zumbido de insetos, somente o alarido esporádico de pássaros indo para o sul. Você pode sentir o cheiro da fumaça de lenha, ver o lampejo das chamas nas colinas: fazendeiros queimando suas pilhas de folhas.

Não nos encontramos muito com Mireille e Jacques desde que chegamos a Céreste. A mãe dela não está bem. À medida que o frio se instala, vemos cada vez menos do vilarejo em geral. Com a mudança de horário, a luz começa a esmaecer às 15 horas. Às 16 horas, todos estão dentro de casa, as persianas completamente fechadas para a noite.

É A TERCEIRA quinta-feira de novembro. Enquanto empurro o carrinho com Alexandre para a babá, a geada matinal faz os campos parecerem polvilhados de açúcar de confeiteiro. Quando faço o trajeto de volta ao longo do caminho para a *vieux village*, o sol já saiu e podem-se ver as gralhas negras saltando de galho em galho entre os plátanos sem folhas.

O Dia de Ação de Graças tomou conta de mim este ano. Duvido que alguém em nossa minúscula vila provençal sequer saiba que hoje é feriado. Deve ter havido algo no noticiário desta manhã sobre Obama perdoando um peru – os franceses não podem resistir a uma piada sobre um país que executa pessoas, mas perdoa perus. Vou continuar a rotina diária: vou comprar salmão e *dorade* do peixeiro em nosso mercado de quinta-feira, trabalhar por algumas horas em meu café local. Estou organizando minha despensa de inverno: cacau em pó e muito macarrão integral. Estão prevendo neve para este fim de semana.

    Algo que acontece quando ninguém à minha volta está freneticamente cozinhando, polindo prata ou planejando a maratona de compras das 5 horas da Black Friday é que – sozinha em minha cozinha – tenho um pouco de tempo para pensar no que a Ação de Graças realmente significa. Sou perfeccionista, o que significa que, em geral, sou mal-agradecida. Eu espero demais – de mim mesma e de tudo e de todos à minha volta. Geralmente me esqueço de agradecer pelas muitas dádivas que a vida tem me dado: um filho que sorri o tempo todo, um homem que sabe ladrilhar um piso e recitar poesia, uma família que me ama mesmo quando brigo com ela, amigos que podem terminar minhas frases, vizinhos que sempre oferecem ajuda, uma atividade profissional que mobiliza minha cabeça e meu coração, e uma nova e gloriosa paisagem a explorar.

    Assim, este ano, vou realizar uma comemoração particular. Resolvi tirar o dia de folga. De mim mesma. Hoje, não vou me sentir atrasada. Não vou me preocupar em ser uma esposa, mãe, filha, dona de casa ou escritora melhor. Não vou preparar um jantar requintado. Vou ter um dia bem comum, mas estarei pensando e agradecendo – em vez de me afligir e me preocupar. Todos nós precisamos de um dia ao ano quando satisfazemos as nossas próprias expectativas e permitimos que o mundo seja como é, em vez de exatamente como gostaríamos que fosse.

VOCÊ SABE QUE É NATAL na França quando a geladeira fica assim: a gaveta das frutas está cheia de queijos, a gaveta de queijos está cheia de *foie gras*, as quatro garrafas de água na porta foram substituídas por champanhe, e a alface (embrulhada frouxamente em um pano de prato) está enfiada entre dois grandes caranguejos vivos, com olhos como duas contas (apelidados de Gérard e Gaston). No ano passado, Gwendal se esqueceu de que os caranguejos estavam lá. Quando abriu a porta, eles começaram a fazer um ruído sussurrante. Ele pensou que fosse um *poltergeist*.

Eu estava feliz pela distração. Fora um ano atarefado, acidentado, e nossa pequena família chegou ao Natal sentindo-se ligeiramente machucada, como uma maçã deixada por um tempo longo demais no fundo da bolsa de alguém. Felizmente, os preparativos para um Natal provençal são tão complexos que todo pensamento não diretamente relacionado com azevinho e casquinhas de laranja cristalizadas é alegremente posto de lado até a Quaresma.

O ônibus para o mercado de Apt parte às 7:32. Sem uma carteira de motorista francesa (está na minha lista de itens pendentes), sou obrigada a tomar o ônibus, de modo que acordo na hora dos gatos de rua e dos cachorros que são levados para passear. Ainda está escuro. O azul da meia-noite ficando mais pálido a cada minuto que espero. Os postes de luz das ruas estão escondidos em um véu de bruma como em Dickens. Apesar do frio, o açougueiro está sentado no terraço do café do outro lado da rua em seu avental e chapéu de papel. Mais um expresso antes de levantar a cortina da vitrine de sua loja e iniciar o dia.

Como os compradores da Macy's, os cidadãos da Provence começam a planejar o Natal em setembro. Certo dia, no começo do outono, eu estava a caminho da *boulangerie* quando notei que a porta do porão de Jean estava aberta. "*Bonjour, ma puce.*" Ele passara a me chamar de sua pequena pulga, um termo carinhoso, embora não pareça. Em meio à lenha cuidadosamente empilhada e vasilhames de 5 litros de *vin ordinaire*, Jean estava pendurando um cacho de uvas moscatel maduras de um gancho no teto. Alguns centímetros para a esquerda, suspenso em uma saca de malha, havia um melão, o último da estação. Comprido e verde, mosqueado como um torpedo alemão, deveria sobreviver naquela posição suspensa até a véspera de Natal.

Essas frutas fazem parte da tradição provençal de *les treize desserts*, as 13 sobremesas servidas na ceia do Natal. A França contemporânea é um lugar predominantemente secular, mas o passado católico do país está tão entranhado na vida local que é impossível separar inteiramente os Apóstolos do pé de moleque de amêndoas. Todos devem provar um pedaço de cada sobremesa (para dar sorte) e, melhor de tudo, você *tem* de deixar os pratos e a comida na mesa a noite inteira, de modo que os viajantes famintos possam vir e jantar se quiserem. Em minha opinião, qualquer coisa que me livre de lavar a louça é uma tradição que vale a pena adotar.

Reunir *les treize desserts* é um pouco como uma caçada de abutre projetada por travessos duendes *Keebler*. Quando cheguei ao mercado, eram apenas 8:10, então tomei um café e fiquei observando os homens armarem suas barracas de toalhas de mesa e sabonetes e mexer as imensas e planas frigideiras de ferro de *paella* que estariam prontas à hora do almoço. O sol cintilava das torres de relógio quando comecei a subir a rua secundária que levava à mercearia norte-africana. Comprei tâmaras *medjool*, figos macios em forma de gota, provenientes de Portugal. Eu ia precisar de gordas passas brancas e ameixas secas macias. Jean já havia nos dado uma grande sacola plástica cheia de nozes de sua árvore. *Onde, oh, onde está meu quebra-nozes de prata? Preciso ligar para minha mãe.* Comprei um pacote de marzipã cor-de-rosa para que Nicole e eu pudéssemos fazer *fruit déguisés*, tâmaras recheadas com marzipã, cada qual com uma noz em cima e passadas no açúcar.

Havia uma agitação de pessoas na rua conforme eu me dirigia a La Bonbonnière, simplesmente, a mais bonita doceria do mundo.

O melhor de La Bombonnière é que ela é toda de mostruários e vitrines. Antes mesmo de atravessar a porta, sou recebida por uma estátua peluda de 1 metro de altura de um urso-polar tentando mergulhar as patas em um caldeirão de cobre cheio de *marrons-glacés* – castanhas inteiras glaçadas. Cada uma era meticulosamente embrulhada em papel-alumínio dourado, um presente em miniatura por si só. Quanto mais não seja, o Natal na Provence o faz lembrar-se de um tempo em que o açúcar era um luxo tão raro e requintado quanto a seda.

De volta à missão: eu precisava de dois tipos de *nougat* – *nougat* branco e macio, feito com mel, amêndoas e claras em neve (a parte do anjo) e *nougat* escuro e duro, mais parecido com pé de moleque de mel e amêndoas (para o diabo).

Onde estão os *calissons d'Aix*? Lá estão eles, escondidos atrás da máquina registradora, pequenos ovais de pasta de amêndoas cobertos com *fondant*. *Calissons* tradicionais são aromatizados com essência de amêndoas amargas, mas não pude resistir a algumas das variações mais exóticas: rosa, verbena e *génépi*, uma erva adstringente das montanhas.

Embora eu adore a consistência macia do *nougat* e a doçura maleável do marzipã, meu doce favorito do Natal provençal é o *mendiant* – um disco pequeno de chocolate amargo ou ao leite, coberto com nozes e frutas secas representando quatro ordens religiosas: passas para os dominicanos, avelãs para os agostinianos, figos secos para os franciscanos e amêndoas para as carmelitas. Quando Alexandre for um pouco mais velho, acho que faremos isso juntos. Eles parecem um projeto familiar ideal – essencialmente, poças de chocolate derretido, com cobertura de nozes e frutas secas. Veja, assim que você mencionar "poças de chocolate derretido", todos vão querer participar.

Embora *fruits confits* – frutas cristalizadas – não façam parte, estritamente falando, de *les treize desserts*, não consigo resistir. Eu as considero as joias da coroa da *confiserie* francesa, e Apt é a capital mundial de sua produção. Mergulhadas em calda de açúcar, as frutas tornam-se quase translúcidas. Peras, abricós e morangos inteiros brilham internamente como as pedras preciosas no baú do tesouro de um pirata. Fatias de kiwi, melão e angélica captam a luz como os painéis de um vitral. Todos os surpreendentes sabores de um verão provençal, congelados no tempo.

Sabendo que eu teria pacotes demais para carregar, Gwendal pegou Alexandre e foi me buscar. Eu os encontrei no café na praça principal. Continuei largando sacolas no colo de Gwendal e correndo para a missão seguinte.

Fui ao vendedor de produtos orgânicos em busca de uvas frescas (já que não havia nenhuma pendurada no meu porão), maçãs, peras, amêndoas e avelãs ainda na casca. Não restava um único melão fresco, então eu teria de me contentar com uma fatia cristalizada. O *pompe à l'huile*, um brioche à base de azeite de oliva, aromatizado com anis ou água de flor de laranjeira, eu poderia encomendar na *boulangerie* da vila.

Não pude deixar La Bonbonnière sem o minúsculo Papai Noel de açúcar dirigindo um carro de marzipã para Alexandre. Ele acaba de completar 16 meses, de modo que vai ser um participante mais ativo no Natal deste ano. Quando coloquei o carro à sua frente, ele pareceu confuso: Comer os brinquedos? Não comer os brinquedos? Ah, bem, acho que a coerência dos pais pode ser jogada pela janela uma vez ao ano.

―⁂―

NÃO SEI SE SÃO as luzes da árvore de Natal ou o uso do forno e as três bocas do fogão ao mesmo tempo, mas a eletricidade cai a toda hora. Estou fazendo o melhor possível para conseguir cozinhar, mas, neste ritmo, podemos comer o jantar de Natal na noite de Ano-Novo.

Depois que o gás se apagou pela terceira vez, embaixo das minhas lulas recheadas, resolvi me concentrar no prato principal. Uma das coisas que acontecem quando minha sogra vem nos visitar é que acabo cozinhando com resto de champanhe. Sei que "resto de champanhe" soa como o equivalente culinário a unicórnio, mas realmente existe. Envolvi um grande badejo em presunto cru e espalhei algumas azeitonas verdes com ervas da Provence pelos lados. Em seguida, em vez de pegar meu habitual vinho branco para cozinhar, despejei o resto do espumante da garrafa que eu esquecera de esvaziar na noite anterior.

Enquanto o peixe estava no forno, Nicole entrou na sala e levantou Alexandre para ele poder ver o presépio no console da lareira – foi um dos presentes de Nicole para nós este ano. As pequenas figuras pintadas ainda são feitas à mão em várias cidades da Provence. Além dos três Reis Magos, havia uma mula recalcitrante, um pintor com seu cavalete e uma fileira de pés de lavanda. Poderíamos fazer acréscimos ao presépio ano após ano até termos uma miniatura completa de um vilarejo. Uma vizinha mais acima da rua disse-me que eu deveria entrar na floresta antes da noite de Natal e encontrar uma boa placa de musgo para colocar todo o presépio. Não consegui fazer.

O peixe estava delicioso, embora eu não possa jurar se foi o champanhe ou a ideia do champanhe que o tornou tão saboroso. Depois do jantar, era a hora de recontar o Mito do Queijo de Natal, uma de minhas histórias de família preferidas. Todo ano, a tia-avó de Gwendal, Jeanne, que mora em Auvergne, envia um disco inteiro, recoberto de cinzas, de Saint-Nectaire e uma fatia de Salers do tamanho e do peso de uma Bíblia familiar. Durante a greve geral de 1995, o queijo ficou retido no depósito dos correios. O carteiro chegou três semanas depois, segurando o pacote malcheiroso à distância. "*Ça. C'est à vous.*" Essa história tem todos os elementos de um clássico conto francês: queijo malcheiroso, uma greve nacional e um comicamente infeliz servidor público.

Já era quase meia-noite quando cada um de nós colocou as 13 sobremesas simbólicas em nossos pratos: figos, amêndoas, avelãs, passas, ameixas secas, *nougat* branco, *nougat* escuro, melão cristalizado, uvas, peras, *clementines*, o brioche *pompe à l'huile* aromatizado com anis e a pasta doce de amêndoas dos *calissons d'Aix*. Fiéis à tradição, deixamos os copos de vinho quase vazios ali onde estavam e as cascas das *clementines* foram direto para o fogo. Elas lançaram uma centelha antes de inflamarem e desaparecerem.

Receitas para um Natal provençal

MORCELA COM MAÇÃS E ESPECIARIAS DE OUTONO
Boudin Noir et Pommes aux Épices

Não rejeite antes de experimentar.

4 maçãs Deliciosas Douradas
1 ½ colher de sopa de azeite de oliva
750g de boudin (morcela) de ótima qualidade
Sal marinho
2 paus de canela
1 estrela de anis
1 copo de vinho branco doce, do tipo moscatel

Aqueça o forno a 200°C.
 Tire o centro das maçãs e corte-as em fatias finas (deixo a casca). Misture as maçãs com o azeite de oliva.
 Em uma panela grande que possa ir ao forno, arrume o *boudin* (cortado em porções individuais) e as maçãs. Salpique sal e acomode os paus de canela e o anis. Cozinhe por vinte minutos ou até que o *boudin* comece a fritar e as maçãs tenham começado a dourar.
 Acrescente um copo de vinho branco ao fundo da panela. Cozinhe por mais cinco ou dez minutos. Sirva imediatamente. Se quiser tornar o prato ainda mais substancioso, adicione um purê de batatas leve e macio. Embora este prato seja preparado com vinho branco, eu o sirvo com um vinho tinto não muito encorpado.

Rendimento: quatro porções

Dica: Se quiser, pode fazer deste prato um aperitivo para oito pessoas. Forre um tabuleiro com papel-alumínio e cuidadosamente corte o bou-

din em fatias de 2,5 cm. Cerque-o com as maçãs, como descrito antes. Em condições ideais, eu serviria com o moscatel que usei para cozinhá-lo, em frente a um bom fogo na lareira.

BADEJO COM PRESUNTO DE PARMA, AZEITONAS VERDES E CHAMPANHE
Loup de Mer au Jambon Cru, Olives Vertes, et Champagne

Este é um prato espetacular de dia de festa – o peixe tem uma aparência magnífica quando você o leva para a mesa. É importante que você peça ao seu peixeiro para raspar as escamas do peixe ou faça-o você mesma com uma faca de mesa comum (raspe em sentido contrário, pois você vai querer comer a pele crocante envolta em presunto).

4 badejos individuais (250g-350g cada um), limpos e sem escamas
Sal marinho grosso
1 punhado de salsinha ou folhas de aipo
8 fatias, muito finas, de presunto de Parma
⅓ de xícara de azeitonas verdes (com caroço) com ervas
½ xícara de champanhe (ou vinho branco ou rosé)

Aqueça o forno a 200°C.
 Enxágue bem os peixes, removendo qualquer resto de escamas com os dedos. Coloque os peixes em uma travessa rasa. Salpique sal dentro dos peixes e os recheie com alguns raminhos de salsa. Enrole cada peixe em duas fatias de presunto, deixando a cabeça exposta. Espalhe as azeitonas verdes por cima. Despeje uma boa dose de champanhe no fundo da travessa e asse por trinta minutos, até a pele ficar crocante, e a carne, firme e opaca junto ao osso.

Rendimento: quatro porções

Dica: Esta receita também pode ser feita com postas de bacalhau fresco ou tamboril. Apenas reduza um pouco o tempo de cozimento.

MENDIANTS

Tenho certeza de que logo este será um projeto anual dos feriados de fim de ano em sua casa. Coloque-os em potes de conserva, amarre com uma bonita fita e dê de presente a uma anfitriã.

½kg de chocolate amargo de excelente qualidade
   (pode usar chocolate ao leite se preferir...)

Se quiser ser bem tradicional, você vai precisar de um punhado generoso de cada um dos seguintes ingredientes:

Figos secos (cortados em pedacinhos)
Passas brancas ou pretas
Amêndoas sem pele
Avelãs inteiras

Se você quiser ser extravagante (e não se importar muito com simbolismo de monges), pode acrescentar um punhado de:

Damascos, cortados em pedacinhos
Cascas cristalizadas de laranja, limão ou toranja
Gengibre cristalizado
Pistaches sem sal
Macadâmias
Nozes
Cerejas ou oxicocos secos

Coloque uma folha de papel-manteiga em um tabuleiro.

Delicadamente, derreta o chocolate no forno micro-ondas ou em banho-maria.

Coloque uma colher de chá de chocolate derretido na folha para cada disco. Deixe um espaço de 2,5cm entre eles. Faça vários ao mesmo tempo, de modo que o chocolate não tenha tempo de endurecer.

Coloque um pedacinho de figo, uma passa, uma amêndoa e uma avelã em cada disco e deixe em um lugar fresco para endurecer. Os *mendiants* estarão prontos quando os chocolates estiverem sólidos e se desprenderem facilmente do papel.

Rendimento: aproximadamente 50 chocolates

CAPÍTULO 8

RAÍZES

De vez em quando, minha agente me liga de Nova York.
– O que você *faz* o dia todo? – ela pergunta hesitantemente, tentando ocultar o barulho de suas unhas cuidadosamente feitas, martelando na mesa enquanto espera meu próximo projeto. Sou avessa a explicar. Primeiro, há os meus exercícios matinais – carregar tocos de lenha do porão, virando a esquina e subindo os degraus, até o aquecedor à lenha. Depois, encontrar onde Alexandre escondeu seus chinelos (ele não pode andar descalço pelo piso gelado). Em seguida, meia hora com bolas de folhas de jornal e caixas de ovos de papelão para acender o fogo esfumaçado (graças à nossa madeira verde e úmida). A caminhada de dez minutos para ir e voltar da casa da babá de Alexandre em geral leva quase uma hora. Em um vilarejo deste tamanho, não há a menor hipótese de passar correndo pelas pessoas. Paro para os indispensáveis *bises* e uma breve, mas solene, avaliação de como a geada deste inverno afetará os pessegueiros. O prognóstico, *bien sûr*, é sombrio. Na França, o otimismo equivale a excesso de confiança. Melhor esperar o pior e ter uma agradável surpresa. Após o boletim meteorológico, um cálculo nervoso: açougueiro ou e-mail? O açougueiro fecha meio-dia e meia; a Internet está sempre aberta.

Em seguida, é claro, vem o almoço.

Nossa vida social se tornou frenética desde que nos mudamos para Céreste. Nossa agenda se enche com semanas de antecedência, como o cartão de dança de uma garota de irmandade de seios grandes e com uma blusa de caxemira justa. Almoços, jantares, churrascos, *apéro* – talvez seja o efeito *the-new-kids-on-the-block*, mas tivemos mais noites fora nos oito meses que estamos em Céreste que nos oito anos que vivemos em Paris. Apesar desse alvoroço de simpáticos convites, eu mesma tenho uma data significativa que estou com dificuldades para celebrar. É *Pessach*, a páscoa judaica, esta semana, e, embora eu queira comemorar, não sei ao certo se conhecemos alguém aqui bastante bem para convidar à nossa casa para uma ocasião religiosa.

Um *Sêder* de *Pessach* na casa de minha mãe teve 35 pessoas sentadas, como em um avião – uma vez sentado, você não se levantava até que Moisés tivesse libertado os escravos. Minha própria mãe conduzia o *Sêder*, primeiro pela necessidade de uma divorciada e depois, quando se casou com Paul, para manter a tradição. Minha tia Debbie estava sempre na cozinha com uma vodca tônica, supervisionando a sopa e dando caldo de bolinho de peixe para o gato. Sempre havia um contingente feminino querendo entrar numa discussão sobre se deveríamos nos referir a Deus por Ele ou Ela.

A páscoa judaica era a única refeição em nossa casa que exigia um peru de 10 quilos e a lavagem anual da porcelana Lenox, de friso dourado e minúsculas flores de adorno. Minha mãe sempre arrumava a mesa com alguns dias de antecedência. Eu adorava descer de manhã e ver os copos de cristal Lalique, comprados na primeira visita de minha mãe e meu pai a Paris, cintilando ao sol do começo da primavera. Se eu estivesse nos Estados Unidos esta semana, todos à minha volta estariam fazendo *matzá*, ralando raiz-forte e assaltando o freezer para pegar uma fatia do pão Mandel da vovó Elsie. Em Céreste, ninguém nem sequer sabe que sou judia.

Não que eu tenha escondido isso das pessoas de propósito, exatamente. Mas também não saí alardeando aos quatro ventos. Pode parecer estranho, até covarde, mas o judaísmo na Europa não é algo simples, como *Seinfeld* e salada de peixe branco em Nova York. Ele vive à sombra do holocausto e ainda existem temores e cautelas residuais. Quando celebrei meu primeiro *Sêder* em Paris, ao final da refeição pedi a cada um dos convidados que assinassem a capa interna de seu *Hagadá*, o livro usado para a cerimônia da *Pessach*. É uma tradição familiar. Adoro rever as assinaturas. Posso trilhar uma vida inteira de família, amigos, colegas de trabalho e amantes. Havia dois judeus franceses à mesa naquela noite. Ambos hesitaram. "Não é bom deixar rastros", disseram.

Religião é um assunto que me confundiu assim que cheguei à França. Há centenas de igrejas em Paris, mas quase ninguém que conhecemos vai à missa. Gwendal tem alguns amigos judeus. Eles sabiam que eu estava longe de casa, mas nunca fomos convidados para uma comemoração religiosa.

Tanto a França quanto os Estados Unidos garantem liberdade de religião, mas o fazem de maneiras inteiramente distintas, partindo de diferentes premissas e com diferentes consequências. Os primeiros colonizadores na América do Norte eram Puritanos que vieram para o Novo Mundo fugindo de perseguição religiosa. Assim, os Estados Unidos garantem liberdade de religião, assegurando que todos os cidadãos possam praticar suas religiões abertamente, seja usando um turbante na escola ou jurando sobre a Bíblia na posse de um presidente.

A França possui uma história muito diferente. A Revolução Francesa buscou separar o Estado da Igreja Católica e do rei – o representante de Deus por Ele ordenado. Assim, a definição francesa de *laicité* – um Estado laico – significa que todos os sinais de religião estejam ausentes da vida pública. As crianças não têm permissão para usar véus, cruzes ou solidéus em escolas públicas. Um presidente francês nunca menciona Deus em seus discursos. A religião na França é considerada uma questão estritamente privada e, em consequência, ninguém sabe muito a respeito das tradições de outras pessoas. Compreendo as forças históricas em ação. Também acho uma pena. Religião oculta gera ignorância e sustenta estereótipos. Sempre gostei de receber meus amigos católicos para a *Pessach* e apreciei ser convidada para o Ano-Novo Persa e a Missa da Meia-Noite.

Quando entrei no enorme supermercado em Manosque para comprar *matzá*, a mulher do serviço de atendimento ao cliente nunca sequer ouvira a palavra *Pessah* ou *Pâques Juive* (Páscoa Judaica, como às vezes é chamada aqui). Perguntar pelo corredor de comida *kosher* não adiantou. Finalmente encontrei uma caixa de *pain azyme* – pão ázimo ou *matzá*, pão sem fermento – na ala dos produtos dietéticos.

Voltei para casa com uma sensação estranha, disposta a esquecer completamente a festividade. Gwendal insistiu para que eu a comemorasse. Ele sabe como me sinto solitária quando não o faço. Por fim, convidamos Angela e Rod para um mini-*Sêder*. Fiz cordeiro, *tagine* de figo seco e aspargos ao vapor. Rod estava um pouco desconfiado – ele tem um traço firmemente anticlerical – mas acho que ele gostou da minha versão revisada da festa, menos sobre oração e mais sobre uma busca universal pela liberdade. Angela trouxe de presente uma das xícaras de chá de porcelana de sua mãe – uma adorável gentileza –, e Alexandre aprendeu a usar as pinças de prata para aspargos de minha mãe, que podia ter sido o objetivo de todo o exercício.

―⊙―

PERÍODOS DE TRANSIÇÃO nunca são fáceis para mim, o que é problemático, já que tenho basicamente estado em um desses períodos nos últimos 35 anos. No momento, a Provence também está em transição. Março é este tipo de mês. Na quarta-feira, a neblina estava tão densa que não se podia ver a *vieux village* do estacionamento ao lado da igreja. Hoje o céu está azul e límpido, e as abelhas trabalham com afinco entre as flores do pé de abricó do outro lado da rua. É como o *set* de um filme da Disney: toda a cidade parece pronta a abrir as persianas e desatar a cantar.

Este tempo tão instável é um paralelo perfeito para meu estado de espírito.

Desde que voltei dos Estados Unidos em fevereiro, algo parece estar errado. Estou simplesmente estarrecida com a capacidade do meu corpo de manifestar o que se passa em minha cabeça. Adormecer é um desafio. Acordar também. Empurrar o carrinho pelos 800m até a casa da babá me deixa com falta de ar e precisando de um xerpa. Jovens mães estão sempre cansadas, certo? Mas isso é diferente.

Tenho tentado focalizar minha atenção em pequenas tarefas. Esta semana, resolvi cuidar do canteiro de ervas. Não temos dado muita atenção ao jardim desde nossa repentina hibernação no final de outubro. Deixamos tudo como estava, os pés de hortênsia podados até o toco, a menta da última estação queimada e desbotada. Eu estava com receio de exagerar. Não queria arrancar os lírios-do-vale acidentalmente ou matar uma roseira com uma poda fora de época. Mas há um espaço desocupado à esquerda, separado dos outros, talvez de 1,5m de comprimento por 1m de largura, um pequeno canteiro que posso arrumar, tornar bonito e útil.

Cavei um buraco raso na terra – não muito diferente daquele do qual estou tentando me arrastar para fora no momento. Estou no que os franceses chamam de *creux*, e isso acontece toda vez que tenho de deixar um projeto profissional e começar outro.

Eu costumava pensar em sucesso em termos de antes e depois. Eu tinha essa fantasia de que, em algum momento de minha vida, na minha carreira, eu simplesmente iria *acontecer*. Eu ficava esperando atravessar o limiar e encontrar meu eu final, completo, do outro lado. O eu que eu poderia ser para sempre, o eu que não tivesse que se reinventar toda vez que o sol se põe em um projeto. Reinvenção constante. A maioria das pessoas chamaria isso de... bem, vida. Mas, no momento, estou achando tudo... bem, exaustivo.

Muitos escritores, artistas em geral, veem o sofrimento como o preço da criação. Pessoalmente, nunca fui capaz de fazer nada quando estou me sentindo infeliz. Quando eu era jovem, achei um livro em um sebo chamado *Impressive Depressives*, sobre figuras históricas – Chopin, entre outros – que podem ter sofrido de psicose maníaco-depressiva. Como se o fato de estar deprimida pudesse de alguma forma me ser útil.

Como alguém que cresceu com um relacionamento pessoal próximo com a doença mental, nadou em seu rio de amarguras, sei que não há nada romântico ou inspirador a respeito disso. Meu pai não era um artista, nem um gênio. Ele era doente. Como beber água poluída, eu absorvia um pouquinho de sua tristeza todos os dias – isso se acumulou no meu cérebro e nos meus órgãos. Carregarei esse sedimento comigo pelo resto de minha vida.

Por causa do meu histórico familiar, para mim a linha que separa um dia ruim ou um longo inverno de algo clínico nunca foi fácil de identificar. Cada dia cinzento aciona um tipo de botão do pânico interno. *E se este for o dia do qual nunca me recobrarei completamente?* Meus pensamentos rapidamente giram fora de controle. Meu marido não me amará mais, porque tudo que quero fazer é dormir e nunca penteio os cabelos. Condeno meu filho a ver o que vi: a mãe dissolvendo-se no chão de pedra como a Bruxa Má do Oeste. Não consigo escrever uma palavra e, como nunca saio de casa, não tenho nada sobre o qual escrever. É como uma versão "Literatura de Mulherzinha" de um romance de Paul Auster – um honrado membro da sociedade, usuária de Manolos, reduzida a mendiga, vagando por aí em um casaco do exército cheio de páginas amassadas da seção de Moda, empurrando um carrinho de supermercado repleto de latas vazias de Coca Zero.

Meu terapeuta me disse uma vez que, se eu chegasse aos 30 anos sem um grande episódio depressivo, provavelmente ele nunca iria acontecer. Eu simplesmente não acredito mais nisso. Olho para a vida que tenho, para o quanto ela é rica e gratificante, e penso: *Se você não se sentir feliz a cada minuto de cada dia, você deve, de fato, ser um pouco louca.*

A terapia que fiz depois do divórcio de meus pais e durante os longos anos da doença do meu pai concentrou-se em lidar com mecanismos, pequenas práticas, que eu podia exercer para combater esses sentimentos no mundo externo. Ainda funciona. Se me forço a sair de casa por uma hora, eu me sinto melhor. Se escrevo, ainda que somente algumas linhas, sinto que realizei algo. Se paro de ver programas sobre assassinos em série no YouTube, sinto menos medo em minha cama à noite. Tento me concentrar em tarefas viáveis. Daí, a horta de ervas.

Quando vivíamos em Paris, eu me presenteava com um buquê de ervas frescas todo sábado no mercado local, da maneira como algumas mulheres compram flores para si mesmas. Eu as colocava em um velho pote de geleia cheio de água, sobre a bancada da cozinha ou na porta da geladeira. Eu arrancava folhas frescas de hortelã para fazer chá, endro para colocar dentro de peixes inteiros, salsa e raminhos de tomilho para minha carne assada, coentro para minha *tagine* de frango. Na primavera, eu esperava pacientemente que as delgadas lâminas de cebolinha aparecessem para meu *tartare* de peixe-espada. No verão, eu comprava molhes de manjericão roxo para uma salada de tomates.

Assim que cheguei à Provence, procurei em vão no mercado pelo meu buquê semanal. Não podia ser encontrado em lugar algum. Às vezes, o verdureiro acrescentava gratuitamente um pouco de salsa às minhas verduras e alhos-porós. Quando lhe perguntei onde poderia encontrar tomilho, ele olhou para mim como se eu tivesse lhe pedido para se abaixar e amarrar meus sapatos. *"Mais ça pousse partout."* Mas isso cresce por toda parte.

Ele tinha razão. O tomilho cresce à vontade, em qualquer lugar onde bata um pouco de sol entre as árvores. No alto das colinas, você não anda dez passos em nenhuma direção sem pisar em um pequeno tufo. O que o verdureiro queria dizer era claro: na Provence, você nunca compra o que pode plantar ou colher de graça.

Seguindo seu conselho, em nossa última caminhada no alto de Montjustin, escavei um maço de tomilho com a raiz. Veremos se ele vai crescer em cativeiro.

Quando chegamos a Céreste, nosso vizinho Arnaud disse que deveríamos ir ao Musée de Salagon, em Mane. Além de sua igreja e ruínas romanas do século XII, o museu possui um maravilhoso jardim medieval. Os monges usavam essas ervas para curar e para temperar. Conheço muita gente na Provence que usa remédios fitoterápicos, não porque estejam na moda, mas porque é o que suas avós lhes ensinaram. Minha amiga Lynne coloca óleo de lavanda em picadas de inseto para reduzir o inchaço. Recentemente, encontrei Arnaud nos degraus da frente de sua casa, amarrando trouxinhas de absinto selvagem que ele queima para fumigar a casa. Muitas das farmácias na França ainda vendem raiz de alcaçuz para pressão baixa. Bebemos chá de verbena para a digestão.

Também gosto do simbolismo mais poético das ervas. Estou plantando sálvia para a sabedoria, lavanda para a ternura (e, segundo o folclore francês, seu quadragésimo sexto aniversário de casamento), alecrim para a lembrança. O tomilho é para a coragem, mas também há a lenda grega de que, quando Páris sequestrou Helena de Troia, cada lágrima que caiu no chão fez brotar um ramalhete de tomilho. Em igualdade de circunstâncias, prefiro coragem a lágrimas no meu assado.

Além da sálvia comum, plantei *sauge ananas*. Quando você esfrega suas folhas, ela exala um cheiro exatamente igual ao do abacaxi. Não sei se ela tem algum valor medicinal em particular, mas mal posso esperar para experimentá-la com uma carne de porco assada.

Dei uns tapinhas na terra em volta do tomilho. Talvez eu é que estivesse precisando ser plantada. Quando eu estava nos Estados Unidos, meus pais anunciaram que haviam resolvido vender a casa onde passei minha infância, em Teaneck, Nova Jersey, e se mudar para Wilmington, Delaware, para ficarem perto de minha tia. "Não quero mais saber de cortar grama e tirar a neve do caminho da garagem. Não quero mais me preocupar em substituir o queimador de óleo", disse minha mãe, tentando soar descontraída. Vender nossa pequena casa Tudor na esquina, com uma pequena torre no meio, que você só pode acessar por uma porta baixa na parte de trás do closet do quarto de dormir de minha mãe? É onde guardávamos papéis de embrulho e cachecóis extras, e a coleção de bolsas antigas de minha mãe. Não sei por que isso deveria me atingir com tanta força. Já faz muito tempo que estou longe de casa. Talvez seja exatamente isso. Sem dizer nada, meus pais estão fazendo planos na suposição de que nunca vou voltar. Isso parece simultaneamente óbvio e terrivelmente triste. Mais uma vez, ela me liberta. *Vá em frente, gatinha. Vou ficar bem.* A generosidade de minha mãe, não pela primeira vez, me torna humilde.

Recentemente, comecei a dar aulas de inglês para Julien, o filho de dez anos da babá de Alexandre. Começamos com adjetivos. Fizemos pequenas etiquetas para a parede. Hoje está *quente, frio, ensolarado, nublado.* Estou *feliz, triste.* Sou *inteligente, engraçado* (deixei *tolo* de fora, de propósito). Eu disse a ele para mudar as etiquetas todos os dias. Quando passei por lá semana passada, percebi que também havia deixado *perfeito* de lado. Perfeita é uma palavra em inglês que uso o tempo todo. Que tal às 13 horas para o almoço? Perfeito. Posso entrar em contato com você outra vez na semana que vem? Perfeito. Como está o tiramisù? Perfeito. O equivalente francês, *parfait,* não é algo que você ouça com muita frequência. Nenhum aluno nunca tira 100 em um trabalho de final de período. A perfeição é considerada arrogante, até mesmo ridícula. É deprimente, mas também é verdade. Sou *perfeita.* É absurdo.

Muitas pessoas são nostálgicas a respeito da infância. Eu não. Quando era pequena, mal podia esperar para ser adulta, a fim de poder controlar as coisas. Sem dúvida, eu pensava, isso facilitaria a vida. Eu teria o emprego perfeito. Conheceria o homem perfeito. Tomaria decisões perfeitas. Há momentos – eu me mantenho em minhas convicções americanas – que foram absolutamente perfeitos. Mas à medida que fico mais velha, minhas decisões se tornaram mais emaranhadas, menos perfeitas, mais difíceis de desenraizar.

Gwendal e eu queríamos que o jardim mantivesse um pouco de sua desordem, algumas de suas surpresas. Ele havia podado as roseiras no outono. Botões semelhantes a joias, redondos e firmes, haviam começado a se formar nos galhos. Uma camada de violetas minúsculas cresceu em sua base. A menta nova, insistente como um adolescente cheio de hormônios, começou a despontar em brotos de 2 centímetros de altura. Nunca havíamos visto a horta nesta estação do ano. Esfreguei uma folha de sálvia entre meus dedos. O óleo almiscarado grudou na minha pele. Gostaria de saudar o desconhecido com prazer. Se eu ao menos puder controlar o medo, deve haver algo maravilhoso sobre não saber o que acontecerá em seguida.

A MÃE DE MIREILLE, Marcelle Pons Sidoine, faleceu ontem. Vi o anúncio, uma simples fotocópia em branco e preto pregada na árvore na place des Marronniers.

Havíamos tido a sorte de nos encontrarmos com Marcelle várias vezes assim que viemos para Céreste. Mesmo aos 94 anos, ela era uma mulher decidida – de poucas palavras e opinião firme. A primeira vez que nos encontramos foi para um aperitivo antes do almoço. Mireille serviu seu vinho de pêssego feito em casa para brindar a ocasião.

Marcelle estava sentada no jardim quando chegamos. Ela era miúda e usava várias camadas de suéteres sob um robe azul de andar em casa. Em seus poemas, Char se refere a ela como *la Renarde* – a raposa. Seus olhos rápidos estavam escondidos agora por trás de óculos grandes, mas seus cabelos ainda tinham o topete à la Pompadour, que reconheci de fotos de quando ela era jovem.

O vinho era de um rosa-escuro, extraído das folhas dos pessegueiros brancos locais. Quando seu genro tentou lhe servir uma segunda dose, Marcelle cobriu a boca de seu copo com a palma da mão. "*Pas moi*", ela disse. "Mais um e vou dançar o Charleston."

Tive uma visão repentina de uma jovem de sapatos marrons baixos e um vestido trapézio secretamente praticando os passos em seu quarto.

Quando perguntamos a respeito de Char, ela disse: "Ele estava sempre por perto, *ce grand*, fazendo gentilezas para minha mãe. *Il m'agaçait, celui-là*. Ele me irritava." Imaginei uma enorme abelha zumbindo ao redor da cabeça de uma bela jovem. Creio que o amor é sempre o mesmo. Quando ele começa a se meter nas boas graças de sua mãe, você está mesmo em apuros.

—◈—

O FUNERAL FOI REALIZADO na igreja local. As paredes eram gélidas. Esta é a estação na Provence em que os habitantes do local param de gastar dinheiro com aquecimento. Geralmente, é mais frio dentro que do lado de fora. Nós nos sentamos discretamente em um banco de madeira ao fundo. O ruído de estática do antiquado sistema de som apagou a maior parte do discurso fúnebre. Marcelle fora um membro reconhecido da Resistência Francesa, havia dois homens de uniforme presentes, mais ou menos da idade de Marcelle. Pesadas dragonas douradas caíam um pouco de seus ombros encolhidos.

A pé, seguimos o cortejo ao cemitério local. Depois da friagem dentro da igreja, o sol era quente e bem-vindo. O cemitério fica em uma colina com uma vista panorâmica para a vila e os campos à volta. Não era um mau lugar para passar a eternidade.

Quando retornamos, a casa nos pareceu ligeiramente diferente. O que nos impressionou primeiro quando a visitamos foi o perigo e, ao mesmo tempo, o calor das lembranças associadas à guerra. O evento a seguir teve lugar no que agora é nossa sala de estar.

À procura de Char, a Gestapo decidiu fazer uma busca de improviso na vila inteira. Ordenaram aos cidadãos que saíssem de suas casas, instruindo-os a deixar as portas escancaradas. Não havia a menor condição de Char se apresentar àquela fila de inspeção. Ainda que os soldados não reconhecessem seu rosto, eles saberiam quem era porque ele era uma cabeça inteira mais alto do que qualquer homem de Céreste. Marcelle e sua mãe envolveram o rosto de Char com uma atadura, fazendo-o parecer uma velha mulher com dor de dentes, e o deixaram na cama, com uma pistola na mão e as cobertas puxadas até o queixo. O quarto fica apenas a um curto lance de escadas da sala de estar.

Quando os alemães chegaram, Marcelle estava de pé na frente da porta, segurando a chave. "Deixem isso aí", disseram os soldados. "Vão para a praça." "Eu não confio nessas pessoas", ela disse. "Há ladrões nesta vila. Se querem revistar a casa, vão em frente, mas eu vou ficar aqui e trancar a porta quando saírem."

Os alemães entraram, olharam ao redor da sala, depois saíram para o jardim. Subiram até a metade das escadas – são apenas seis degraus – para o quarto de Char e deram meia-volta. "Não temos tempo para isso. Não tem ninguém aqui. Vamos embora."

Somente depois que os soldados foram embora, Marcelle viu a granada descuidadamente sobre a mesa, em frente ao aquecedor à lenha. Como ela – como *eles* – não viram aquilo? O porte de qualquer tipo de arma (para não falar do ato de esconder um líder da *Résistance* com uma pistola no quarto) teria sido suficiente para que a família inteira fosse fuzilada.

É difícil descrever o aposento em que tudo isso aconteceu – o quanto ele é pequeno. "Fiquei doente durante oito dias depois disso", Marcelle disse, quando nos contou a história. Como se arriscar a vida fosse como ficar de cama com uma gripe.

Naquela tarde, retomei minha limpeza de primavera, tomando posse da minha própria casa. Mas nunca esqueceremos por que viemos para cá, atraídos pelos lírios da sorte e por uma história extraordinária.

O jardim será sempre seu.

DESDE O ENTERRO DE MARCELLE, Jean parece um pouco abatido. Sentindo o peso da idade, talvez.

– É um grande golpe – ele disse, apoiando-se no portão. Eles haviam sido bons vizinhos, mas não eram propriamente grandes amigos. Mireille costumava reclamar do fato de Jean grelhar sardinhas sob a janela do quarto de sua filha durante todo o verão. Jean ainda fala sobre os 637 potes de iogurte vazios que ele teve de jogar fora quando comprou a propriedade da família Pons. Sem dúvida, se ficarmos mais 40 anos aqui, eles encontrarão uma história como essa sobre nós.

– *Tiens*, se chover na quarta-feira, haverá cogumelos neste fim de semana.

Minhas orelhas ficaram em pé. Eu vinha esperando por esse momento desde que chegamos. Sair à cata de cogumelos na Provence é uma atividade sigilosa, perdendo apenas para a busca de trufas em relação à dissimulação e desconfiança que inspira. Se você tiver sorte de encontrar um bom lugar, poderá colher os delgados, amarelos e pretos, *trompettes de la mort* (trombetas da morte), os achatados e carnudos *pleurots* (cogumelos ostra), ou mesmo os pequenos, esponjosos e pretos, cogumelos morel. Se você não tiver absoluta certeza do que encontrou, pode levar seu cesto à farmácia local, e o farmacêutico o ajudará a separar os comestíveis dos potencialmente mortais – faz parte do aprendizado deles.

– Vou lhe mostrar *mon coin* – ele disse, olhando incisivamente para Gwendal. Ser levado a um bom local é como se o Barba-Azul desenhasse para você um mapa que levasse direto ao seu tesouro enterrado. Jean e Paulette não têm filhos. Ficamos enternecidos por eles gostarem de nós o suficiente para nos deixar seu legado.

– Eu vou! – gritei, em meu modo singularmente americano.

– Você vai ficar em casa com o bebê – respondeu Jean, em um tom que não comportava discussão.

Fiz mais uma tentativa de meter o nariz na decisão.

– Gwendal pode ficar com o bebê.

Ele descartou essa ideia com um movimento da mão. Como um relógio de bolso de ouro, o local onde brotam cogumelos era obviamente algo a ser transmitido entre os homens.

Eles partiram cedo no sábado de manhã. "Você deve esconder seu *sac*. Se alguém vir as sacolas, vai nos seguir." Jean levava uma grande vara de caminhar na mão, como disfarce. "Temos de fazer parecer que só estamos saindo para *une balade*." Eu os vi desaparecer na esquina com uma pontada de inveja.

Ficaram fora a manhã inteira. Alexandre acabara de acordar de seu cochilo, quando Gwendal entrou em casa.

– Encontraram algum?

– Não. Alguém deve ter chegado lá antes de nós. Mas é uma bela caminhada, do outro lado do rio, contornando a borda do penhasco pela escarpa.

– Ele jamais admitiria – disse Gwendal, tentando me consolar –, mas acho que ele queria que eu fosse, e não você, porque tinha medo de escorregar.

Receitas do canteiro de ervas

CAPONATA DE ALECRIM

Quando os pimentões e berinjelas aparecem de novo no mercado, meu pé de alecrim já está precisando de uma criteriosa poda. Esta é uma ótima desculpa. Servida com torradas de pão de fermentação natural, a caponata é perfeita para acompanhar longos drinques no jardim. É um excelente acompanhamento a uma omelete ou a um sanduíche *gourmet* com queijo de cabra fresco e presunto cru.

750g de cebolas (roxas e brancas), cortadas em oito partes
750g de berinjelas, cortadas em rodelas de 6mm, depois em tiras de 1,3cm
500g de pimentões vermelhos, cortados em cubos de 2,5cm
500g de tomates, picados
1 punhado pequeno de pinoli
3 raminhos de alecrim, de aproximadamente 7cm cada
¾ xícara de passas brancas
½ xícara de azeite de oliva extravirgem frutado
1 colher de sopa de açúcar
Pimenta-do-reino moída na hora
1 punhado grande de salsinha, picada

Preaqueça o forno a 180°C.
    Em uma tigela grande, coloque todos os ingredientes, exceto a salsa. Misture ligeiramente. Forre um tabuleiro grande com papel-alumínio. Espalhe a mistura homogeneamente no tabuleiro e asse por duas horas e meia a três horas, mexendo a cada 45 minutos mais ou menos, até que os vegetais estejam macios e ligeiramente caramelizados. Retire do forno, deixe descansar por dez minutos; em seguida misture com um punhado de salsa. Quando transferir

a caponata para a tigela em que irá servi-la, não deixe de transferir todos os seus deliciosos sucos também. Sirva morno ou à temperatura ambiente.

Rendimento: seis a oito porções como *hors d'oeuvre*.

SALADA DE CEREAIS INTEGRAIS COM GRÃO-DE-BICO E ERVAS
Salade de Petit Épeautre aux Herbes

Nem mesmo os franceses fazem *tudo* a partir do zero. Cereais integrais pré-cozidos são excelentes para se ter em casa para uma refeição rápida e saudável. Compro uma marca orgânica que possui ótimas combinações de *kamut*, espelta e triguilho, mas já começam a surgir marcas de supermercados. Quando preciso de um acompanhamento de improviso para convidados, tempero os cereais com ervas picadas, grão-de-bico e limão em conserva. Com uma salada de tomates fatiados e frango grelhado, o jantar está pronto.

3 colheres de sopa de azeite de oliva
Suco de 1 limão
¼ de xícara (compactada) de coentro, picado
1 xícara (compactada) de salsa, picada, com os talos
1 colher de sopa de limão em conserva (somente a casca), cortado em cubinhos
1 lata de 400g de grão-de-bico (ou feijão vermelho), escorridos
Pimenta-do-reino a gosto
2 xícaras de grãos integrais pré-cozidos (quinoa, farinha para quibe, cevada, farro ou arroz selvagem)

Em uma tigela média, misture o azeite de oliva e o suco de limão. Acrescente ervas, limão em conserva, grão-de-bico e uma boa pitada de pimenta-do-reino moída na hora. Misture ligeiramente.

Aqueça os grãos pré-cozidos em pouca água para que fiquem *al dente*. Acrescente os grãos aquecidos à mistura de ervas; mexa para misturar tudo. Sirva a salada quente, fria ou em temperatura ambiente.

Rendimento: quatro porções, como acompanhamento

Dica: Limões em conserva podem ser encontrados em mercearias e lojas especializadas em Oriente Médio. Uso apenas a casca (cerca de 6mm de espessura) e descarto a polpa interna. Não adiciono nenhum sal a esta receita, já que os cereais pré-cozidos às vezes contêm sal e os limões são conservados em salmoura. Se não conseguir encontrar os limões em conserva, substitua pela casca de ½ limão.

BOLINHOS DE AMÊNDOAS COM ABRICÓS E LAVANDA
Financiers aux Abricots et à la Lavande

Quando os primeiros abricós chegam ao mercado, os campos de lavanda por toda a Provence estão explodindo em flor. Eles formam um par perfeito. Estes bolinhos de amêndoas são isentos de glúten, e constituem uma guloseima para um café da manhã ou um chá especial de verão no jardim.

7 colheres de sopa de manteiga sem sal, em temperatura ambiente
½ xícara, mais 2 colheres de sopa de açúcar
2 ovos
½ colher de chá de extrato de amêndoas (ou algumas gotas de essência de amêndoas realmente amarga, se puder encontrar!)
½ colher de chá de extrato de baunilha
1 ¾ xícara de farinha de amêndoas
1 boa pitada de sal grosso
¼ de colher de chá de grãos de lavanda, mais alguns para decorar
6 abricós pequenos, cortados ao meio
1 colher de chá de açúcar mascavo ou demerara para decorar

Preaqueça o forno a 200°C.

Bata a manteiga até ficar leve e fofa. Acrescente o açúcar e bata até obter um creme. Adicione os ovos, um de cada vez, batendo bem a cada adição. Acrescente os extratos de amêndoas e de baunilha. Misture a farinha de amêndoas, até formar uma massa homogênea. Adicione à mistura uma boa pitada de sal grosso e os grãos de lavanda. Mexa bem.

Use forminhas de cupcakes de papel-alumínio (forminhas de papel irão grudar). Divida a massa igualmente em 12 bolinhos (uma colher de sopa bem cheia de massa para cada uma deve bastar).

Coloque a metade de um abricó, com a pele para baixo, no centro de cada bolinho. Coloque uns dois grãos de lavanda (resista à compulsão de usar mais) sobre cada abricó. Salpique a fruta com uma pitada de açúcar mascavo. Asse por vinte minutos, até dourar. Deixe esfriar sobre uma grelha. Retiro as forminhas antes de servir, mas não é necessário, especialmente se você vai levá-los para um piquenique ou transportá-los de algum modo.

Rendimento: 12 bolinhos

CAPÍTULO 9

A CEREJA DO BOLO

A primavera chegou cedo este ano. Nada poderia me ter preparado para o magnífico florescer das íris ao longo da antiga estrada romana ou o estalo das primeiras ervilhas locais. Descobrimos os campos de curta duração de narcisos florindo desde a antiga estação de trem. Antes cultivados para a produção de perfumes, eles agora crescem livremente no capim alto. Por uma ou duas semanas, todo mundo interrompe suas atividades para colher as pequenas flores, semelhantes a dentes-de-leão, com seu perfume forte, quase enjoativamente doce.

Alexandre está aprendendo a falar. Suas primeiras frases são: "Lê livo" (Você entende a ideia geral) e "Sou cozinheiro" (graças a *Ratatouille*, da Pixar). Sempre pensei que iríamos criar nossos filhos em Paris, que eu levaria Alexandre ao Louvre nas manhãs de sábado e iríamos almoçar *missô ramen* no nosso minúsculo restaurante japonês preferido. Mas os eventos são diferentes aqui. Podemos passar a manhã inteira nos degraus do prédio da prefeitura localizando tratores. Observar os três operários levantando vigas para o novo telhado do açougue é como uma noite no balé.

Agora que Gwendal está trabalhando em casa, está muito mais perto que a média dos executivos. Ele e Alexandre ficam perfeitamente à vontade juntos. Já eu estou tendo mais dificuldades. Agora que ele já não é mais tão bebê, percebi que eu, na verdade, não sei brincar. Nesses últimos meses, há uma silenciosa abdicação em andamento, como uma rainha que entrega graciosamente (mas a contragosto) o poder ao seu simpático irmão mais novo. Ainda faço a comida, dou banho, e Alexandre e eu vamos ao açougue e à padaria juntos, mas as risadinhas, as lutas, as acrobacias de circo, até mesmo os abraços dos momentos tranquilos são domínio de Gwendal. É difícil, talvez impossível, uma mãe admitir que não é a mais importante para seu filho, que talvez o pai dele seja mais divertido.

Se eu não sei brincar, certamente aprendi a abraçar e apertar.

Bem ou mal, meu relacionamento com meu filho também é um relacionamento homem-mulher. Nunca corri atrás de um homem em minha vida (está bem, uma vez – com um péssimo resultado). Minha mãe me ensinou a nunca ficar esperando ao lado do telefone. Nunca tomei a iniciativa. Eu sabia fazer o jogo. Ao menos, assim eu achava. Alexandre é o primeiro menino em um longo tempo – talvez o primeiro desde sempre – que me faz sentir carente, insegura. Assim, aqui estou eu, aos 37 anos, correndo atrás de meu filho ao redor da mesa da cozinha como uma amante enlouquecida em uma comédia da década de 1930, tentando, em vão, arrancar dele mais um beijo.

Onde está o bom e velho complexo de Édipo quando você precisa dele?

Discuti sobre isso com minha amiga Keria, aquela que me deu aquele conselho muito sensato de quem deveria se ocupar com o quê após o nascimento dos filhos.

– Eles são homenzinhos – ela disse. – Simples assim. Respeite o espaço deles. O mesmo aconteceu comigo. Eu estava gritando com Theo uma noite, tentando fazê-lo ir para a cama dormir. Marco me explicou tudo.

– Ele é um homem, Keria – ele me explicou. – Você não fala assim com um homem, depreciando-o. Ele tem orgulho. Aceite sua superioridade inata como homem, e ele aceitará sua superioridade inata como sua mãe.

O marido dela, é claro, é metade italiano.

HOJE ALEXANDRE não me deixou sentar ao lado dele no sofá. Com toda a sua força lançada para frente, ele me empurrou, as duas mãos contra a minha coxa invasora.

Há dias – a maioria deles –, em que não estou preparada para a assimetria fundamental do amor maternal. Para os seus conflitos. Eu me pergunto se será sempre assim, eu pedindo mais amor do que ele quer dar.

Quando converso com Gwendal sobre esses sentimentos, acabo parecendo eu mesma uma criança magoada e chorona. "Sei que você acha irritante que ele fique grudado em você o tempo todo, mas ele nunca, nunca vem para mim. Só por falta de opção, quando você não está por perto."

– Você brinca com ele?

– Não sei – eu disse sinceramente, confusa. – Você acha que eu não brinco o bastante com ele? – Era, em parte, uma pergunta e, em parte, uma acusação.

– Não sei.

Não sei significa "sim".

FUI ACEITA COMO APRENDIZ na horta de Jean, um oásis escondido de ameixeiras, pereiras, cerejeiras e nogueiras perto do rio. Isso significa levantar ao raiar do dia e seguir o caminho, atravessando a Ponte Romana, andando por uma estrada de terra profundamente sulcada e fazer uma curva às vezes malcheirosa à esquerda, na estação de saneamento. A última coisa que já fiz brotar foi uma batata em cima de três palitos (isso foi no jardim de infância), portanto, vamos ver como vai ser.

A horta de Jean é uma horta secreta, um lote quadrado cercado por uma sebe densa e um portão com cadeado. Ainda que eu viesse a ser banida dali para sempre, como Adão e Eva do Paraíso, eu sempre me lembraria desse lugar, guardaria um mapa de sua localização em minha cabeça.

Logo depois do portão, há um círculo perfeito de íris gigantes. Meu segundo nome é Íris, e elas estão entre minhas flores favoritas. As flores são quase do tamanho de minha mão. Há as púrpuras, que eu conhecia, mas também de cores que eu nunca havia visto: amarelo-vivo, branco, até mesmo cor de vinho, um vermelho-escuro com a textura de veludo amassado.

Por trás das íris, no lugar mais ensolarado, estão os canteiros de tomates, berinjelas, abobrinhas, salsa e batatas. Jean gosta de plantar pequenas berinjelas redondas e também abobrinhas redondas. Verde-claras e do tamanho de bolas de *softbol*, têm a forma perfeita para se tirar o miolo e rechear com linguiça e condimentos.

À esquerda, fica a sombra da nogueira e, logo depois dela, o barracão. As nozes já estão amadurecendo em seus invólucros verdes e felpudos. Em junho, Jean põe as nozes novas de molho em *vin de table, eau de vie* e açúcar, para fazer seu próprio vinho de nozes, suficiente para durar todo o inverno. Há duas fileiras de vinhas de uva moscatel e duas ameixeiras, uma de minúsculas *mirabelles* verdes (gosto de congelá-las e usá-las como cubos de gelo em drinques de verão) e uma de *quetsches*, ovais e roxo-escuras, perfeitas para uma compota. Há uma borda inteira de roseiras, cor de pêssego, rosa aveludado e lavanda, e um pé de abricó que não dá frutos há vários anos.

Jean me levou para percorrer o caminho central. Ao lado das cerejeiras, a apenas alguns passos do rio, há um *puits* de concreto, um poço. "Um vizinho me disse há alguns anos: 'É melhor você cobri-lo, ou alguém pode colocar um veado morto aí dentro para envenenar a água.'" Tentei buscar a origem dessa história. Entre a queda dos marselheses para o exagero e a tendência dos *paysans* para a paranoia, a verdade podia estar muito longe. Talvez um dia um coelho tenha tentado beber da água e tenha caído lá dentro.

Deixe passar dez anos e mais dois contadores da história, e o coelho terá se transformado em um urso-pardo.

Mas, obviamente, eu não estava ali simplesmente para admirar, mas para trabalhar. Voltamos ao barracão, onde Jean me deu um par de luvas de lona grandes. Pensei nas luvas de feltro branco a que eu um dia aspirara, o tipo usado para manusear manuscritos da Renascença. Como diria minha mãe: "A vida o leva a lugares surpreendentes."

Jean lidava com sua horta da maneira como eu imaginava que ele lidara com seu trabalho de engenharia, com gestos precisos e todas as ferramentas certas. Além de pequenas pás e ancinhos, ele possuía uma série de traves curtas de metal que ele próprio cortara para medir os espaços entre as fileiras de vegetais. Trinta e dois centímetros entre cada fileira, 18cm entre cada batata. Ele me deu uma sacola de batatas que guardara do inverno anterior. Elas já estavam germinando, brotos verdes e grumosos saltando aos olhos. Logo abandonei as luvas; elas me atrapalhavam.

Perto dos 80 anos, Jean ainda se agacha na terra com relativa facilidade. Quando terminamos com as batatas, ele pegou uma trave de metal mais comprida e mais grossa, caída na grama.

– Eu estava me perguntando para o que isso serviria – indaguei.

– Isto – ele respondeu com uma risada, querendo dizer que tudo tinha sua finalidade – é para me ajudar a levantar do chão.

Jean não gosta de fertilizantes químicos. Sua trindade para uma horta saudável é uma mistura de adubo de ovelhas e carneiros, pelotas de sangue seco de vaca e pó de chifre de bode. "Assim que nos casamos, Paulette tinha um primo que trabalhava no *abattoir*, o matadouro local. Ele nos mandava baldes de sangue para despejar ao redor da base das árvores." Pensei nos meus desejos de grávida por *boudin noir* e bife malpassado – talvez as árvores se sentissem do mesmo modo.

Jean deixou para mim um canteiro vazio atrás das ameixeiras para plantar feijão. Levei alguns dias para limpar e arar o espaço.

Estava coberto de entulho: as podas das árvores do ano anterior, restos dos cortes das videiras e folhas mortas. Quando eu estava finalmente pronta para revolver a terra, eu achava que receberia uma enxada estilo Williamsburg colonial, mas em vez disso ele me trouxe um *motoculteur* – uma espécie de trator manual – vermelho-vivo, a base suja de lama. Tinha uma frente estreita, uma roda embaixo e dois cabos perpendiculares à terra como orelhas pontudas. Parecia um enorme poodle vermelho montado em um monociclo.

Assim que ele ligou o motor, o poodle começou a pinotear como um bezerro em um rodeio. Tentei pressionar a aparelhagem rotativa bem fundo no solo, mantendo uma linha reta. O barulho era ensurdecedor.

– *Tiens bien* – Jean gritou, quando virei bruscamente para a esquerda como um motorista bêbado. Eu estava perigosamente perto das roseiras, quando ele finalmente desligou o interruptor e a besta estancou.

– Tome – ele disse, devolvendo-me meu ancinho.

Depois que Jean terminou de revolver meu canteiro – controlou o diabo vermelho com uma feroz determinação e mais força no braço do que eu possuía –, precisava de um descanso. Sentou-se em um toco de árvore, em um lugar ao sol, perto da cerejeira, a barriga ajeitando-se entre os joelhos. Conversando em seu modo de descansar e percebendo que tenho mais interesse em culinária que em submarinos nucleares, ele sempre narra suas receitas favoritas.

– Conhece *sardines à l'escabèche*? – começou, tirando o lenço do bolso e enxugando a testa.

– Você pega filés de sardinhas ou sardinhas inteiras, limpas e sem cabeça, passa-as em um pouco de farinha, frita-as e as deixa esfriar. – Imaginei se essa seria a receita que ele andara fazendo embaixo da janela do quarto de Mireille todos esses anos.

– Faça um molho com cebola picada e azeite, adicione um copo de vinagre de vinho tinto e uma *cuillère à soupe* de mel. – Uma *cuillère à soupe* é uma colher de sopa. Na França, isso não é uma medida precisa – o tamanho depende do formato do faqueiro de prata de sua bisavó.

– Deixe ferver um pouco. Despeje sobre as sardinhas e guarde na geladeira para *un apéritif*. – Ele parecia satisfeito consigo mesmo, como se quisesse ir para casa e fazer um pouco naquele mesmo instante.

– Eu colocaria um pouco de salsa picada – ele acrescentou, à guisa de conclusão.

Todo dia, antes de deixarmos a horta, Jean corta um buquê de peônias e rosas para Paulette, cuidadosamente retirando os espinhos com um canivete. Ele corta um para mim também, amarrando os talos firmemente com barbante de cozinha.

– Você tem alguma receita de *bouillabaisse*? – perguntei, enquanto pendurávamos as ferramentas da horta de volta em seus ganchos no barracão.

– Para preparar isso, você deve ir ao mercado de peixes em Marseille.

– Acha que um dia, quando você for – eles ainda tinham seu apartamento na cidade –, eu poderia ir também?

– *C'est de l'authentique*. É o que você deve fazer. – Para isso, como para tudo o mais, Jean tinha seu método.

– *Tu arrives de bonne heure*. Você deve chegar cedo. Eu pergunto: "Quanto é?" – ele disse, examinando o peixe imaginário com ar de desdém. – "Bah." – Ergueu as mãos diante da temeridade do imaginário peixeiro. – "Se quiser, pode ficar com ele." Então, eu me afasto. Mais tarde, lá por volta de 12:30, eu volto. *Il en reste toujours*, ele ainda tem muito peixe, *et là*, você o tem pela metade do preço. *Si non, c'est trop cher*. Eles acham que você é *un imbécile*.

Fiquei segurando meu buquê, enquanto Jean fechava o cadeado.

– Mas se formos – ele disse, sacudindo o dedo embaixo do meu nariz – *toi, tu ne parles pas!* Não diga nenhuma palavra. Se disser, vão pensar que sou um inglês.

Seu orgulho jamais se recobraria.

SOU UMA ALMA ANTIGA. Como minha mãe costumava dizer, aos três anos eu parecia ter trinta. Nisso, como em tantas outras coisas, ela não está errada. Todos têm uma idade natural, e há algo a respeito dos meus trinta que simplesmente combina comigo. Quando fiz 31, de certo modo me senti bem comigo mesma. Minhas idades mental e real finalmente se fundiram, como negativos de filmes sobrepostos, sincronizados para uma perfeita imagem tecnicolor. Gwendal também tem uma idade mental diferente da natural – cerca de cinco anos e meio. Ele ainda encara o mundo com uma espécie de deslumbramento, e essa é uma das características que eu mais amo nele. Ele e Alexandre se entendem perfeitamente bem. Toda vareta é uma espada, toda poça exige que você pule dentro dela. Tentei fazer isso, mas, por mais que eu me concentre, ainda vejo uma vareta. Desse modo, sou uma espécie de desmancha-prazeres. Gwendal é um cavaleiro errante muito melhor que eu.

No entanto, como uma velha assim tão rabugenta pode ter sido vista, na semana passada, rindo sem parar, a 2m do chão, sentada no galho de uma cerejeira? Desde que o sol saiu definitivamente em abril, a natureza parece estar no modo *fast-forward*. Os lilases já haviam definhado em primeiro de maio. Agora as cerejeiras estão carregadas de frutas, com antecedência de várias semanas. Fomos convidados à horta de Jean esta tarde para ajudar a colher as cerejas antes que os corvos o façam.

Chegamos com um caixote de madeira. Mal tínhamos de tocar nas frutas; elas quase caíam em nossas mãos. Alexandre dava um berro toda vez que uma cereja acidentalmente batia no chão. Ele corria ao redor de nossos pés, pegando as dispersas. Jean sentou-se em seu toco de árvore, apontando-nos os galhos que tínhamos deixado de ver. Entre se esticar, puxar e arrancar as cerejas estava uma sensação infantil que eu não conseguia jamais lembrar de ter sentido. Sem mencionar o prazer proibido de manchar uma camiseta branca perfeitamente boa com sumo de cereja.

Não tenho muitas recordações de infância. Na realidade, não me lembro de nada antes do dia, logo depois do meu aniversário de sete anos, em que meus pais me chamaram da sala onde eu estava colorindo desenhos até seu quarto, no andar de cima, e anunciaram que iam se divorciar. Era a primeira vez que eu via um dos meus pais chorar. Meu pai já estava de malas prontas, e um táxi o esperava em frente à casa. Sentei-me nos degraus pensando que eu deveria fazer algo – gritar, espernear –, mas não fiz nada.

Quando tento me lembrar de qualquer coisa que tenha vindo antes disso, há apenas fragmentos: minha mãe junto à pia removendo as barbas dos mariscos. Meu pai, a cabeça apoiada em um dos braços, lendo Dr. Seuss em minha cama forrada com os lençóis da Moranguinho. Quando Gwendal e eu estamos nos beijando na cozinha (o que acontece com frequência), Alexandre invariavelmente vem e se enfia entre nossos joelhos. Ele adora essa tenda de pernas. Os pilares que sustentam seu universo, imagino. Toda vez que isso acontece, sinto um nó na garganta. Não tenho nenhuma lembrança de meus pais no mesmo aposento.

Até agora, eu teria dito a você que isso não importava. Quando eu era criança, eu tinha orgulho de ser um pouco adulta, séria, precoce, madura, responsável – todos os adjetivos que os adultos usam para descrever crianças mais velhas que sua idade real. Para mim, era um elogio. Depois que meus pais se separaram, a doença do meu pai ocupou tanto espaço que a dissolução de nossa família tornou-se um efeito secundário, uma nota de rodapé.

De uma coisa eu me lembro perfeitamente bem: logo depois do divórcio, minha mãe queria me levar a um psicólogo. Ela procurou vários, e eu deveria escolher um. Entramos em um consultório cheio de plantas penduradas e estantes de livros abarrotadas. Um homem levantou-se e estendeu a mão para me cumprimentar. "Sou o doutor... Sou psicólogo infantil." Lembro-me de erguer os olhos para o seu rosto. Ele tinha uma barba curta e preta e óculos com aros de metal. "Eu não preciso de um psicólogo infantil", eu disse. "Eu não tenho problemas infantis." Esse foi o fim da consulta. Somente agora que eu mesma tenho um filho é que percebo o que devo ter perdido. Uma boa infância é algo para guardar no coração e imitar. Uma infância ruim é algo para banir e consertar. Mas e nenhuma infância? Foi somente depois que tive Alexandre que percebi o vazio com que eu estava me deparando. De todas as minhas viagens, a infância é a terra mais estranha que já visitei.

Sempre achei que seria uma boa mãe porque tenho uma boa mãe em quem me espelhar. Mas talvez o que realmente faça de uma pessoa um bom pai ou uma boa mãe – o que parece me faltar – é poder olhar para a criança que ela foi um dia.

A mulher de Jean, Paulette, e Alexandre estavam fazendo uma pilha de cerejas machucadas para deixá-las para os corvos. Enfiei a mão entre as folhas e joguei uma bolinha quente do sol dentro da boca. Se hoje é o melhor dia de que eu possa me lembrar, é tão ruim assim? Talvez seja trapaça, criar minhas próprias recordações de infância ao mesmo tempo que meu filho, mas não creio que Alexandre vá se importar que eu pegue carona em sua alegria. Talvez ele até me ensine uma ou duas coisas.

QUANDO VOLTAMOS PARA CASA, houve um breve momento de pânico – agora eu tinha de descobrir o que fazer com vários quilos de cerejas maduras e vermelhas como rubis. Jean veio em meu socorro com duas receitas que ele havia copiado em fichas de indexação com sua caligrafia clara e reta. A primeira, um *clafoutis* clássico, usa as cerejas frescas em um flan de café da manhã. A segunda, para o que ele chamava de "compota de cereja". As cerejas são muito aguadas para geleia, mas, para isso, são perfeitas – cerejas deliciosas, levemente enrugadas, em uma calda aveludada. Jean prepara ele mesmo toda a sua conserva e tem seu próprio método de esterilização instantânea, que envolve virar os potes herméticos e guardá-los de cabeça para baixo. Como sempre acontece com receitas de família, as instruções omitiam alguns detalhes importantes, como o fato de que a calda de cereja precisa estar fervendo enquanto você faz tudo isso. Minha selagem não funcionou, de modo que, por segurança, teremos de comer o lote inteiro de compota de cereja no café da manhã, almoço e jantar este mês. Pensando bem, isso soa como algo a mais de que meu eu infantil teria gostado.

Receitas da horta de Jean

SARDINHAS GRELHADAS COM VINAGRE E MEL
Sardines à l'Escabèche

Esta receita é típica de Marseille – sardinhas grelhadas em um molho rápido de vinagre e mel. Jean as serve antes do jantar como um aperitivo. Um copo grande de *pastis*, é claro.

½kg de sardinhas pequenas inteiras ou de filés de sardinhas
3 ½ colheres de sopa de azeite de oliva para grelhar
1 pitada de sal grosso
1 punhado de salsa picada, cerca de ¼ de xícara, ligeiramente comprimida
½ xícara de chalotas, moídas
6 colheres de sopa de vinho tinto ou vinagre de xerez
1 colher de sopa de mel

Para as sardinhas: se estiver usando sardinhas inteiras, limpe e tire as escamas, em seguida lave embaixo de água fria. Se estiver usando filés, lave os filés para remover qualquer escama que possa ter ficado. Tempere com ½ colher de sopa de azeite de oliva e uma pitada de sal grosso. Grelhe em fogo médio. O processo é rápido: para sardinhas inteiras, três a quatro minutos de um lado, um a dois minutos do outro (menos ainda para filés). Gosto das minhas sardinhas um pouco chamuscadas por fora. Você também pode fazer isso na grelha do forno.

Arrume as sardinhas prontas com a salsa picada em uma travessa rasa. Faça no máximo duas camadas (se tiver espaço somente para uma camada, tanto melhor); assim, o peixe absorve o molho por igual.

Para o molho: aqueça três colheres de sopa de azeite de oliva em uma caçarola pequena, não reagente (de aço inoxidável ou esmaltada). Adicione as chalotas e refogue em fogo baixo por quatro minutos. Adicione vinagre e mel. Ferva em fogo o mais brando possível por quatro minutos. Despeje o molho quente sobre as sardinhas. Adicione uma última camada de salsa picada. Acho que ficam ótimas servidas mornas, no dia em que são preparadas. Jean gosta de colocar as dele na geladeira de um dia para o outro, para dar aos sabores tempo de se combinarem (deixar novamente em temperatura ambiente antes de servir).

Rendimento: quatro a seis porções, com drinques

ABOBRINHA E TOMATES RECHEADOS
Légumes d'Été Farçis

Esse prato me transporta instantaneamente à horta de Jean – tomates-caqui, grandes e brilhantes, e abobrinhas redondas do tamanho de bolas de croqué, recheadas e assadas à perfeição. Adoráveis para um jantar informal no jardim.

2 fatias de pão de fermentação natural ou de grãos integrais, amanhecido
⅓ de xícara de leite
4 tomates-caqui perfeitamente maduros (300g-350g cada)
4 abobrinhas redondas
4 colheres de sopa de azeite de oliva
1 cebola roxa grande, picada
1 xícara de funcho picado (cerca de ½ bulbo), com algumas ramas
2 grandes dentes de alho, moídos
½ colher de chá de ervas de Provence
Pimenta-do-reino

1 *punhado de salsa, picada*
1 *ovo*
750g *de linguiça de porco da melhor qualidade (pode usar Toulouse, saucisse fraîche, ou italiana, com ou sem pimenta)*
500g *de carne moída*
½ *xícara de vinho branco*

Preaqueça o forno a 200°C.

Coloque o pão e o leite em uma pequena tigela para empapar o pão.

Remova as tampas dos tomates e retire o miolo até ficar com uma casca de 13mm a 20mm. Pique a polpa e reserve com o líquido.

Retire o miolo das abobrinhas como fez com os tomates. Pique o miolo das abobrinhas e reserve em uma tigela separada. Coloque os legumes sem miolo em uma assadeira grande, de preferência uma bonita que possa ser levada à mesa.

Em uma frigideira média, aqueça duas colheres de sopa de azeite de oliva. Refogue a cebola, o funcho e o miolo das abobrinhas por cinco minutos, acrescente alho e refogue por mais três minutos. Acrescente a polpa de tomate picada, ervas de Provence e pimenta-do-reino moída na hora. Cozinhe em fogo baixo por cinco minutos. Acrescente salsa e mexa. Retire do fogo e deixe esfriar.

Esprema um pouco do leite do pão, pique-o em pedaços irregulares, reserve. Em uma pequena tigela, bata o ovo levemente.

Retire a pele da linguiça e a esfarele ligeiramente. Acrescente a carne, o pão e a mistura de tomate, e misture – eu uso as mãos nessa parte. Em seguida, acrescente o ovo e dê uma última mexida no recheio. Divida o recheio igualmente entre os legumes. Coloque sobre cada um algumas gotas das duas colheres de sopa de azeite de oliva adicionais. Acrescente o vinho branco ao fundo da forma.

Cubra a forma hermeticamente com papel-alumínio e cozinhe por uma hora e meia, até a linguiça estar bem cozida e os legumes, perfeitamente macios. Quanto mais moles e caídos estiverem, melhor, no que me diz respeito. Retire o papel-alumínio e passe sob o grelhador do forno por três minutos para tostar um pouco. Haverá um molho muito saboroso no fundo da assadeira. Sirva em uma base de quinoa ou arroz selvagem. Passe uma tigela de molho.

Rendimento: oito porções

Dica: Abobrinhas redondas às vezes podem ser encontradas em mercados do produtor e mercearias especializadas. Se não puder encontrá-las, compre uma abobrinha grande ou duas médias, corte-as ao meio no sentido do comprimento e tire o miolo como em um pão de cachorro-quente.

CLAFOUTIS DE CEREJA
Clafoutis aux Cerises

Clafoutis é uma sobremesa caseira, um creme de ovos firme, mas macio, absurdamente cheio das primeiras cerejas do verão. O que lhe falta em elegância é compensado por satisfação e absoluto deleite, perfeito para um *brunch* entre amigos. Venho experimentando receitas de *clafoutis* há muitos anos. A de Jean tinha farinha demais para meu gosto, e parecia mais um *Far Breton*. Esta receita foi adaptada de *Les Clafoutis de Christophe*, de Christophe Felder (Éditions Minerva, 2001). Muitos *clafoutis* tradicionais usam cerejas com caroço, para obter o gosto amargo de amêndoas dos caroços, mas, se você não quiser pagar o serviço odontológico de seus convidados, sugiro que, em vez disso, descaroce as cerejas e acrescente um pouco de *amaretto*.

¾ de xícara de açúcar
2 ovos
2 gemas

⅓ de xícara de farinha
1 xícara mais 1 colher de sopa de leite desnatado
1 xícara mais 1 colher de sopa de creme de leite light
1 colher de sopa de amaretto, rum ou kirsch
½kg de cerejas, sem caroço

Preaqueça o forno a 200°C.

Em uma tigela média, bata o açúcar, os ovos e as gemas até obter um creme leve e claro. Acrescente a farinha, em seguida misture bem. Adicione o leite, o creme de leite e o *amaretto*, batendo apenas para uni-los – é como com a massa de panquecas: após adicionar a farinha, não se deve trabalhar demais a massa.

Unte com manteiga e polvilhe com açúcar uma forma de torta de cerâmica de 25cm de diâmetro (às vezes pulo essa etapa e apenas forro a forma com uma folha grande de papel-manteiga). Coloque as cerejas no fundo da forma. Dê uma última mexida na massa e despeje-a por cima. Asse na grade do meio do forno por 50 a 55 minutos, até ficar bem corada e completamente firme no meio. Sirva ligeiramente morna ou em temperatura ambiente (embora eu nunca diga não às sobras retiradas diretamente da geladeira na manhã seguinte).

Rendimento: seis a oito porções

Dica: Você pode fazer clafoutis com qualquer tipo de fruta da estação que não solte muita água. Amoras-pretas e abricós vêm imediatamente à minha mente.

CAPÍTULO 10

A TERRA DO TOMATE

Já tínhamos sido avisados. *Une maison dans le midi, des amis pour la vie*. Uma casa na Provence, amigos para toda a vida. Como um relógio, ou, devo dizer, como um relógio do sol, os amigos começaram a telefonar no dia primeiro de fevereiro, para que pudessem reservar suas passagens de trem para os longos finais de semana de maio. Repentinamente, éramos os proprietários do mais prosaico-chique e mais desorganizado bed & breakfast do planeta. Silenciosamente, agradeci à minha mãe pelos três conjuntos extras de lençóis que eu lhe dissera para não trazer de New Jersey. Pendurei um calendário na parede da cozinha. Houve uma breve onda de alívio, carregada de culpa, quando alguém cancelou no último minuto. (Quarenta e oito horas para pendurar minhas roupas íntimas no varal sem que ninguém visse!) Estamos completamente lotados de agora até primeiro de outubro.

Genuinamente gosto de receber amigos, mas agora sei por que os habitantes do local apreciam os longos e solitários invernos. A população da vila dobrou com o tempo mais quente – isso, sem os turistas. Os marselheses abriram suas casas de veraneio para a estação. Com os parisienses em seus conversíveis estacionando em todo lugar, é fácil ficar mal-humorado (e fácil esquecer que há apenas 12 meses *nós* éramos parisienses). Temos de nos livrar das nossas placas de automóvel de Paris: ainda buzinam para nós.

Graças às 35 horas de trabalho por semana e todos os feriados civis e religiosos predeterminados, os fins de semana de verão em geral começam em uma manhã de quinta-feira e terminam na terça-feira. Aperfeiçoamos a excursão de quatro dias, com tudo incluído, de nosso minúsculo canto da Provence. É mais ou menos assim: Coloque os lençóis. Compre vagens e badejo para seis, oito ou dez. Abra o vinho. Durma em casa. Tome um café da manhã tardio de croissants e *pains au chocolat*. Explore a vila. Dirija até o mercado de Apt para comprar queijos e morangos. Faça uma longa caminhada até Montjustin para admirar a vista dos Alpes. Vá a Carluc para admirar a capela. Vá a Pertuis para provar o vinho. Verifique se há um mercado das pulgas, sente-se em um café, brinque no jardim, grelhe costeletas de cordeiro. Tire os lençóis. Lave os copos de vinho. Repita.

Ao menos, não temos uma piscina. Todo mundo nos disse que seria pior se tivéssemos uma.

Nicole veio para esconder coelhinhos de chocolate no jardim com Alexandre para a Páscoa. Paul e Catherine, velhos amigos de Gwendal da universidade, vieram de Paris com seus três meninos (cinco pessoas, duas malas para carregar: os pais franceses são excelentes empacotadores). Fãs do meu primeiro livro, de São Francisco, passaram para o almoço e uma aula de culinária – fizemos uma bem-sucedida torta de amêndoas e damascos. Bachir, um produtor de documentários para o cinema, e sua mulher, Nicola, uma cientista, amigos queridos que moram no Canadá, passaram com as crianças na vinda de Montréal, a caminho da casa de veraneio da família, na Bretanha. Jessica, uma amiga dos tempos de faculdade, e seu marido tinham acabado de vender todos os seus bens mundanos para fazer uma viagem ao redor do mundo. Estavam fazendo um pit stop na Europa antes de partir para a Coreia do Sul. Minha tia Lynn veio de Nova York. Ela ficou presa no meio de um rebanho de ovelhas quando atravessava rua. Tirei uma foto e coloquei em uma moldura para a posteridade. Até mesmo meus pais estão lentamente se aclimatando ao ritmo da vida em um vilarejo. Depois que aceitaram que realmente não havia nada para fazer, ficaram muito felizes de se sentar no café com um exemplar do *International Herald Tribune*. As reações à nossa nova vida eram bastante consistentes: "Isso não faz sentido. Vocês parecem tão felizes."

FELIZMENTE, OS INGREDIENTES locais se multiplicam quase à mesma velocidade que os hóspedes. A cozinha de verão na Provence não deixa muito espaço para o livre-arbítrio. Ingredientes excepcionais surgem em ondas de maremoto. Tão logo você deixa de se empanturrar de cerejas em junho, começa a se afogar em melões em julho. O meu favorito dos recentes tsunamis culinários são as flores de abobrinha. Essas belas flores amarelo-vivas resumem a beleza – alguns diriam a urgência – da culinária francesa sazonal. Colhidas ao raiar do dia, ainda pingando do sereno, no dia seguinte estão praticamente imprestáveis, uma sombra murcha, enrugada, do que costumavam ser. Isso não é cozinha pragmática, que se possa planejar com antecedência. É cozinha de impulso, cozinha de improvisação, cozinha de instinto. Delicadas, com um sabor surpreendentemente intenso, as flores de abobrinha geralmente são fritas e servidas como *beignets*. Prefiro recheá-las: queijo de cabra e hortelã fresca de nossa horta, arroz selvagem, tomate e queijo feta, *brousse de brebis* (nossa ricota local, de leite de ovelha) e *tapenade* de azeitonas verdes. O único problema real com todos esses feriados é que Gwendal e eu não ficamos de férias. Ficamos brincando de casinha, ou melhor, de hotel. É adorável – e completamente insustentável. Ele consegue subir ao escritório por algumas horas depois do café da manhã, reaparece para o almoço, desaparece outra vez e magicamente surge no jardim bem a tempo de distribuir cubos de gelo e servir o *pastis* como o *apéritif* da noite. Há um crescente contraste entre o que acontece lá em cima, em seu escritório, e aqui embaixo. Não sei se nossos hóspedes podem perceber sua frustração. Mas, no último ano, Gwendal tem agido como um funcionário público francês que trabalha de 9 às 17 horas, habilmente desviando a conversa de sua carreira e levando-a de volta à paisagem.

Gwendal costumava adorar conversar sobre seu trabalho. Ele sempre foi apaixonado por filmes, desde criança. Entrar na indústria como alguém de fora não era apenas uma questão de desenvolvimento profissional – ele havia vencido os esnobes e os obstrutores, e adotara o costume americano de projetar-se em um futuro brilhante. Ele adorava conduzir a transição para o cinema digital por toda a Europa – a mais drástica mudança no cinema desde a introdução do filme sonoro. Mas o que há cinco anos parecia uma revolução de repente tornou-se um negócio comum. Para ele, estava na hora de seguir em frente.

Quanto às minhas obrigações profissionais, como já mencionei, sou mestre em procrastinar. Sem uma data limite iminente, ignorar o trabalho de escrever é a coisa mais fácil do mundo, especialmente em prol de minha outra atividade favorita: receber hóspedes. Sempre adorei a ideia de uma festa caseira à moda antiga, do tipo que se vê em filmes, com croqué no gramado e coquetéis sob as glicínias ao pôr do sol. (Só nos faltam o mordomo, a criada, o jardineiro – e, por falar nisso, o gramado. Fico feliz em fazer o papel da cozinheira.) É maravilhoso ver nossos amigos relaxar, apertar os olhos para a luz do sol, desligar seus celulares, pingar suco de melão em suas calças e retirar as folhas de castanheira em volta do *Banon* para revelar um queijo de cabra macio e grudento. Isso pode não ser a vida real – mas é um adorável hiato.

Retiro minhas flores de abobrinha do forno enquanto Gwendal abre uma garrafa de rosé esfriado. Há algo em morder uma flor que surpreende, depois delicia, nossos convidados. Se eles não se sentiam em férias antes, agora se sentem.

QUANDO EU ERA PEQUENA, minha avó guardava uma velha lata de biscoitos com contas em seu armário para eu brincar. Eu passava horas estudando as cores e texturas, deixando os diferentes pesos caírem pelo meio dos meus dedos. É assim que me sinto quando colho tomates-cereja *chez* Marion.

Conheci Marion no pequeno mercado das quintas-feiras em Céreste. São apenas alguns vendedores: Christophe, que vende azeitonas e *saucisson*, e meu precioso, dedicado peixeiro que faz a viagem de 150km da costa toda semana. Marion arma sua mesa de cavaletes ao lado do casal que faz seu próprio queijo de cabra.

Ela cresceu aqui e tem uma pequena fazenda orgânica nos campos abaixo de Céreste, na cavidade entre a vila e as colinas de Luberon. Se você chegar cedo, sua barraca estará abarrotada de beterrabas coloridas e cenouras finas e afuniladas, acelga, buquês de manjericão roxo e cebolinha. Além de flores de abobrinha, ela às vezes tem flores de abóbora, ligeiramente maiores, ligeiramente mais doces e completamente novas para mim.

Marion gosta de sarongues coloridos e grandes brincos indianos que não combinam entre si. Seus cabelos castanhos geralmente estão afastados do rosto em dois rabos de cavalo frouxos. Sua aparência combina bem com seu ofício – ela tem as bochechas cheias, o busto farto e o sorriso benévolo de uma deusa terrena. Na verdade, ela sorri mais que qualquer francesa que eu já tenha conhecido.

O mistério das mulheres francesas é duradouro. Recentemente, tive essa conversa – mais uma vez – com uma americana que vive na França. "O que há com as mulheres francesas? Você tem alguma amiga francesa aqui? Por que elas não gostam da gente?"

Considerei minha resposta a experiência cumulativa de dez anos nos meandros da vida feminina francesa. "Não é que não gostem da gente. É que elas não *precisam* da gente." A vida de uma mulher francesa é muito atribulada. Ela tem seu trabalho, seus filhos, sua família, seus amigos de infância, seus amigos da universidade, talvez mesmo um amante. Quando a maioria de nós, mulheres americanas, chegou, no final dos 20 anos ou no início dos 30, o time já estava todo escalado. Claro, há exceções que provam a regra. Mas, se você estiver procurando um bando de amigas barulhentas para abrir seu coração, você veio ao lugar errado.

Eu tinha a sensação de que Marion era diferente. Tudo começou com as cenouras obscenas. Em uma manhã de quinta-feira, peguei uma cenoura grossa e curta, de três pontas, que tinha uma extraordinária semelhança com um brinquedo erótico.

Lendo minha mente, ela abriu um largo sorriso. "Tenho uma coleção inteira." Ela anotou meu e-mail no bloco no qual registra as contas dos clientes. No dia seguinte, eu tinha três fotos de legumes libidinosos em minha caixa.

Eu sabia que havia conseguido algo. E também sabia que tinha de ganhar tempo. Os americanos estão acostumados a tudo instantâneo, inclusive amizades. Ficamos eufóricos, um pouco desesperados. Fazer um amigo na França é como treinar um leão. Você precisa de uma abordagem lenta, ao longo do tempo. Precisa fingir que tem total controle da situação. Há um período de adaptação. Você não começa a tratá-lo como um animal de estimação enquanto ele não estiver pronto.

Quando chego à barraca, às vezes Marion está sozinha, mas em geral está conversando com outro freguês, geralmente sobre culinária.

– *J'ai fait un gratin* – disse uma senhora idosa com um penteado chique de cachos, enquanto escolhia suas abobrinhas. – *C'était super.*

– Você coloca creme de leite no seu gratinado? – Marion perguntou.

– Apenas vinho branco e cebolas, e um pouco de Gruyère por cima no final. *C'est plus léger.*

Ela viu que eu ouvia enquanto enchia um saco de papel com berinjelas pequenas e finas.

– Há alguns anos – disse Marion – comecei a montar um livro de receitas de amigos e clientes. Posso imprimir uma cópia para você, se quiser. – Ela fez uma nova anotação em seu bloco.

Comecei a examinar as beterrabas. Marion planta vários tipos de beterrabas, algumas roxo-escuras, quase pretas, outras amarelas, outras cor-de-rosa. Uma delas tem listras por dentro, como um daqueles doces em forma de bengala.

– Você quer com ou sem as folhas? – ela perguntou, pronta para arrancar o maço de longas folhas verdes com veios de cor fúcsia que brotavam da cabeça da beterraba.

– Não sei – respondi sinceramente. – O que você faz com elas?

– Refogo, como espinafre. São adocicadas.

Pourquoi pas? – Experimento qualquer coisa pelo menos uma vez.

Servi as folhas de beterraba com postas de atum para o almoço. Murchas com um pouco de azeite de oliva, alho e sal, ficaram deliciosas – ligeiramente amargas no topo, mais doces perto da raiz. O único problema: depois de cozidas, reduzem-se a quase nada, e Gwendal ficou raspando o fundo da panela com entusiasmo. Na semana seguinte, tive de comprar o dobro do número de beterrabas, só pelas folhas. Talvez mergulhar fundo nos arquivos Ashkenazi e fazer *borscht*.

Algumas semanas mais tarde, levei Alexandre ao mercado.

– *Tu dis bonjour, Alexandre?* – Estou tentando iniciá-lo nos indispensáveis hábitos de *politesse* franceses, que numa vila desse tamanho envolve dizer *bonjour* e *au revoir* a completos estranhos. Teremos de revisar as regras em nossas visitas a Nova York.

Marion pesou meus tomates-cereja e anotou a quantia em seu bloco. "Ele recebeu esse nome por causa do" – e então ela recitou o longo título de um livro de que eu nunca ouvira falar. "É um dos meus preferidos. Conhece?"

Fotos de vegetais obscenos, receitas e recomendações de livros. Tudo que busco em uma amiga.

EU PODERIA DIZER que tenho cozinhado neste verão – mas *cozinhar* seria uma distorção do que venho fazendo. Entre convidados e o calor, é mais como artesanato, combinando, empilhando, fatiando e cortando em cubos alguns ingredientes essenciais do verão: tomates, melão, presunto cru, pêssegos, ameixas, figos, tomates. E mencionei os tomates? Não acendo o fogão há semanas.

O tomate provençal é uma maravilha – pode ser pequeno como uma bola de gude, grande como um coração humano, vermelho como um presente do Dia dos Namorados, amarelo como um girassol, verde-claro como uma folha novinha, laranja como o sol no desenho de uma criança. O meu favorito é o *noire de Crimée*, um tomate verde-arroxeado, como algas do mar vistas através da água em movimento. Levo meus tomates para casa em uma *cagette* de madeira, os talos para baixo. Eles são delicados demais, perfeitamente maduros demais para serem amontoados como bolas de chiclete.

Houve outros momentos religiosos em minha descoberta da cozinha francesa. Senti uma onda de eletricidade nas veias quando estripei meu primeiro peixe. Os céus se abriram e anjos cantaram na primeira vez em que provei maionese feita em casa. Mas nada se iguala à simplicidade, à sublime transcendência, do tomate provençal.

É uma reação compreensível quando se sabe que cresci com tomates com a textura e o gosto de serragem molhada. Não importa o que você possa pensar de orgânicos, alimentos produzidos localmente, *slow food* e assim por diante. Comer um tomate que amadureceu nesse sol implacável e foi colhido nesta mesma manhã é uma experiência de conversão. Nunca mais me esquecerei de que os tomates, na verdade, são frutas.

Não se deve mexer com a perfeição. (OK, mexer um pouco, só por diversão.) Alguns cristais de sal grosso, um fio de azeite de oliva local e um raminho ou dois de manjericão roxo. Fatiado e arrumado em camadas em uma travessa de louça branca, os tomates geralmente refletem as nuances do pôr de sol do lugar – vermelho e ouro, amarelo e cor-de-rosa. Se houvesse algo em nossa casa que fosse "bonito demais para comer", seria ele. Felizmente, não há.

Se não tenho andado exatamente cozinhando, fiz algumas combinações improvisadas: tomates bem pequenos com muçarela defumada, cebola roxa, funcho e vinagre balsâmico. Um tomate amarelo gigante com um queijo de cabra local e manjericão verde. Ontem à noite, quis sofisticar um pouco e arrumei fatias de tomates-caqui com purê de alcachofra verde-claro e lascas de parmesão. Construí a pilha toda para fazer parecer com a Torre Inclinada de Pisa. Adoro pensar no nome totalmente pretensioso que isso receberia em um bistrô parisiense da moda:

Millefeuille de tomate provençale, tapenade d'artichaut et coppa de parmesan d'Italie (AOC) sur son lit de salade, sauce aigre douce aux abricots.

E, naturalmente, já que esse é um bistrô parisiense esnobe e metade de sua clientela é de homens de negócios russos, a tradução em inglês estaria impressa logo abaixo:

Tomato napoleon of artichoke tapenade and aged Parmigiano-Reggiano cheese on a bed of mixed greens with sweet-and-sour apricot vinaigrette.

O *sauce abricot* foi um feliz acidente. Enquanto fazia o molho para a salada verde, confundi uma garrafa de azeite de oliva com uma garrafa de xarope de pêssego/abricó. Como só percebi meu erro quando o xarope já estava no fundo da saladeira, decidi tentar a sorte. Misturado com mostarda de Dijon e um pouco de azeite de oliva, ficou muito bom – muito mais doce que um molho vinagrete francês e mais como um molho estilo americano, com Dijon e mel. Decidi acrescentá-lo ao meu pretensioso prato de bistrô parisiense porque, acreditem ou não, os bistrôs parisienses adoram imitar comida americana. Qualquer um que tenha estado em Paris nos últimos cinco anos terá notado a ascensão de *le Tchizzberger* (é o nome de bistrô para "cheeseburger").

Sou moderada no uso de mídias sociais, mas não consigo parar de fazer fotos de tomates. De perto. Passei a tirar fotos incontáveis dos globos voluptuosamente redondos. Eu me encanto na mistura de azeite de oliva e polpa vermelho-arroxeada. Folhas de manjericão se posicionam como os pendões estrategicamente colocados de *strippers* sofisticadas. Cristais de sal captam o sol da tarde como *strass* sob as luzes ofuscantes do Folies Bergère. Devo ter inventado um tipo inteiramente novo de fotografia de alimentos: tomate pornô.

TIVEMOS UM BEM-VINDO cancelamento para o feriado de 14 de julho.

Cada vila tem suas próprias tradições para comemorar o Dia da Bastilha. Há piqueniques comunitários e fogos de artifício, dançarinas go-go e karaokê. Alexandre ficou mais interessado na barraquinha de algodão-doce e no carrossel instalados no estacionamento próximo à Secretaria de Turismo. Ele sentou-se atrás do volante de um brilhante Rolls-Royce azul. Como um bom solteiro saindo para dar uma volta de automóvel, ele ficou muito satisfeito quando duas menininhas entraram no banco de trás do carro.

O principal evento era no alto da colina, perto de Angela e Rod, à noite. Nunca vi uma produção de teatro comunitário de *La Cage aux Folles (A gaiola das loucas)*, mas deve ser mais ou menos assim. Havia meias arrastão, chapéus de penachos e pouca coisa mais. A coreografia era enormemente apreciada por uma fileira de homens mais velhos em cadeiras de plástico. Havia uma pista de dança embaixo do palco. Crianças perseguiam duas bolas de futebol entre casais que dançavam *le rock*. À meia-noite, Alexandre já parecia um zumbi, mas não havia como afastá-lo da música e das luzes piscantes. Quando me sentei a seu lado, ele imediatamente se levantou e se afastou, para mais perto da máquina de fumaça. *Não diante das meninas, mamãe.*

Quando Gwendal foi ao bar para pegar uma Perrier, o açougueiro bloqueou seu caminho. "Leve isso aí para sua mulher e volte para uma bebida de verdade." Não o vi pelo resto da noite.

Aproximei-me do bar com Alexandre quase adormecido no meu ombro há 1 hora. Gwendal ainda estava bebendo com o açougueiro. "Ouvi dizer que a dançarina de cancã era você", eu disse. Ao que parece, nosso açougueiro, em honra ao Dia da Bastilha, é conhecido por vestir um traje de baliza de banda e desfilar pela rua principal. – Foi uma pena eu ter perdido.

– No ano que vem – ele disse.

– Estaremos aqui. – Um açougueiro com pouca roupa faz parte da fantasia francesa, como o jovem e belo médico e o entusiasta bombeiro dos devaneios americanos. Ou talvez seja apenas para mim.

―⁌―

NA NOITE SEGUINTE, houve um concerto *fanfare* no alto da colina, no Café du Cours em Reillanne. Essas fanfarras itinerantes às vezes apareciam em nosso bairro em Paris. As pessoas abriam as janelas e atiravam moedas na rua, às vezes dentro de uma meia velha. Isso sempre me deixava exultante.

Se eu fosse proprietária do Café du Cours, não resistiria ao impulso de reformar o lugar – iluminar os cantos escuros, tirar o teto de folhas de flandres, colocar o forno de pizza de tijolos para funcionar outra vez. Em outras palavras, estragá-lo completamente. Do jeito que é, as lajotas de cimento com seu colorido desenho Liberty nunca estão bem varridas; o barman esvazia o pó de café dos expressos em uma suja gaveta de madeira embaixo da máquina. O chocolate quente vem com o pó de cacau no fundo e leite morno em cima – se quiser algo que possa ser bebido, você mesmo vai ter de mexê-lo. Há noites de leitura de poesia ao microfone e exposições de fotógrafos locais. O lugar é perfeito simplesmente do jeito que é.

Em contraste com os cidadãos de Céreste, os residentes de Reillane parecem relaxados, como se seus sapatos tivessem andado dali a Santiago de Compostela, e suas camisas, de tecidos leves e fluidos, passassem por um processo de lavagem em que eram batidas em uma pedra. Reillanne tem a reputação de ser uma vila de *soixante-huitards* e *néo-ruraux* – hippies velhos e jovens neorrurais transplantados, ambos os tipos buscando uma vida fora do circuito tradicional francês de *Métro, boulot, dodo* (metrô, trabalho, cama). As mães em Reillanne carregam seus bebês em coloridas faixas amarradas à mão.

Ocupamos uma mesa no terraço, com vista para a praça principal. A cobertura do Café du Cours é uma folha de metal corrugado. O nome está pintado em grandes letras maiúsculas na parede. O *f* em *café* foi lascado, juntamente com uma porção do reboco. Existe apenas um único fio com grandes luzes de Natal acima da porta.

Quando a *serveuse* chega com suas bebidas, ela sorri para Alexandre. "*C'est pour monsieur*", ela diz, sacudindo seu suco de abricó antes de despejá-lo no copo. "*C'est des habitués du comptoir.*" Alexandre é um cliente assíduo. Toda semana, enquanto estou comprando nosso frango assado no mercado da manhã de domingo, ele fica no bar com seu pai, os cotovelos no balcão.

Há um zumbido de conversa. Observo as garotas com suas faixas de cabelo, vestidos de listras e anéis nos dedos dos pés. Um carro para no meio da faixa de pedestres, bloqueando a minha visão; um homem levanta-se de sua mesa e se inclina para dentro da janela do carro, a fim de se pôr em dia com as notícias. É nessas horas e lugares que mais sinto vontade de escrever. Na mesa ao lado, uma garotinha dá piruetas com sua mãe, batendo contra várias cadeiras de metal.

A banda começa a sair do café para dar início à sua primeira série. Há uma corneta francesa, um clarinete, uma tuba e um homem com um tambor e um címbalo presos ao peito. O baterista apaga o toco do cigarro enrolado à mão. Ele usa calça larga de cor laranja e uma versão em branco do gorro de pajem que Gwendal usava quando o vi pela primeira vez.

O que estão tocando? Será *"Sunrise, Sunset"*? A Broadway parece muito distante daqui. Não apenas em outro fuso horário, mas em outra galáxia. Observo as sombras das folhas brincando na fachada da igreja. Um caminhão de pizza está estacionado no centro da praça. É cedo demais para jantar. Todos ainda estão fora de casa, aproveitando o resto da luz do dia.

O tempo desacelera. A simplicidade de nossa vida aqui sempre me surpreende. Prazer completamente isento de ironia, distanciado das considerações e demonstrações de superioridade da minha vida anterior. As noites em Nova York – um vernissage, um bar, um clube – eram cheias de expectativa. Quem iríamos encontrar? Esse é um passo na direção certa? Somos o centro das atenções? Nos meus 20, o importante era ser observada. Nos meus 30, é observar.

Alexandre entrou no café para ir ao banheiro turco com o pai, deixando-me com a séria tarefa de tomar conta de seu suco de abricó. Ainda evito os toaletes *à la turque* – não mais que duas pegadas de porcelana e um escoadouro. Os músculos das minhas coxas não estão preparados para manter uma posição agachada desse tipo.

O som da tuba ressoou, flutuando sobre o terraço, além da fachada da igreja, pela praça, subindo para as ruas estreitas até a ponta da torre do relógio, antes de se dissolver, como fumaça, no céu noturno.

MINHAS PRIMEIRAS EXPERIÊNCIAS com a Culinária francesa (com C maiúsculo, muito *merci*) ocorreram no Babette, um restaurante agora já extinto, de arenito, no distrito dos teatros em Manhattan. Os talheres eram pesados, as senhoras, idosas, e o miolo de boi, *sauté* em manteiga clarificada. Ainda hoje, certa formalidade paira sobre o jantar francês. É difícil se livrar da imagem de *chefs* engomados, técnicas maníacas de picar echalotas e talvez uma gaiola barroca feita de açúcar para encerrar sua única colherada de *sorbet* de toranja e champanhe. Sim, os franceses sabem como apresentar um jantar de cinco pratos como ninguém, mas, na Provence descobri um repertório menos formal: os pratos que as pessoas levam a piqueniques e servem como *apéritifs* à noite, aproveitando os últimos raios de sol do longo verão.

É final de agosto, e as hordas de turistas começam a se diluir. Esta noite, Gwendal e eu organizamos um piquenique e um filme ao ar livre para a vizinhança nos amplos degraus de pedra em terraços da viela bem atrás de nossa casa. No verão, é fácil fazer convites. Encontramos todo mundo na rua ao menos duas vezes por dia.

As crianças ficam acordadas até tarde. É o último grito de liberdade antes que as aulas recomecem na próxima semana. Todos os convidados trouxeram suas cadeiras de jardim meio desencontradas e, depois de armar a tela ao pé da ruela, conseguimos arrumar um anfiteatro muito respeitável, ainda que estreito. Jovens e velhos, nativos da vila e transplantados de cidades, misturados, bebiam vinho e comiam salada tabule de quinoa.

A contribuição de Jean para o piquenique foi um delicioso primo dos farelentos biscoitos amanteigados que os franceses chamam de *sablés*. Incrustados de azeitonas pretas picadas, alecrim e queijo parmesão fresco ralado, eles são o que meus amigos britânicos chamariam de "quero mais" – uma maneira sucinta de dizer que se poderia comer o lote inteiro de uma só vez. Os franceses, é claro, jamais fariam tal coisa. Alguém levou um ramo de tâmaras secas.

Ao lado de uma tâmara e de um copo de vinho branco, os *sablés* eram o começo perfeito de nosso jantar informal *en plein air*.

É difícil encontrar um filme que todo mundo, de dois anos e meio a 90 anos, possa gostar. Escolhemos *Les Vacances de Monsieur Hulot*, de Jacques Tati. Tati é como um Charlie Chaplin francês. Ele pode transformar o saque de uma bola de tênis ou a compra de um sorvete em um balé cômico. Alguns de nossos vizinhos mais velhos tinham visto o filme quando foi lançado, em 1953.

Havíamos feito amizade recentemente com um casal que se mudara para a casa no alto da rua. Assim que começamos a conversar, descobrimos que o homem havia trabalhado a apenas alguns quarteirões de nosso antigo apartamento em Paris. Ele é do Senegal e prometeu me ensinar a preparar um *maffé* – tradicional ensopado de amendoins do Oeste da África. Relembramos uma lojinha minúscula na Faubourg du Temple, pertencente a um chinês mal-humorado, que vendia todos os ingredientes africanos difíceis de serem encontrados – pimentas extraordinariamente picantes, quiabo e farelo de arroz. Nossos filhos se deram muito bem. Alexandre é louco pela menina deles, que alterna entre brincar com ele e timidamente ignorá-lo. O movimento começa muito cedo.

Passei a noite fazendo o que não posso deixar de fazer: recebendo convidados. Levei bebidas para duas velhinhas firmemente instaladas em suas espreguiçadeiras de lona. "Que adoráveis", disse Madame X com um sorriso, dando uns tapinhas na cabeça dos filhos de nossos novos amigos. "Refresque a minha memória. Crianças negras têm a mesma cor de sangue do resto de nós?" Isso foi dito sem nenhuma animosidade, apenas a aterrorizante, descuidada ignorância de alguém que fez o primário antes da Guerra Civil.

Eu seria moralmente ingênua se pensasse que ninguém mantém essas opiniões e politicamente ingênua se pensasse que ninguém mais diz esse tipo de coisa em voz alta. Mas eu preferia não ter ouvido. Deixou uma fina rachadura na lente, uma sombra em uma noite que, de outra forma, teria sido perfeita.

Tivemos de esperar o pôr do sol para dar início ao filme. As crianças estavam esfalfadas e esfarrapadas de tanto correr, e recostavam-se contra nossos joelhos ou dormiam enroscadas em nosso colo. Fazia frio. Nós nos revezamos correndo os 150m até nossas respectivas casas para pegar suéteres, bichos de pelúcia e cobertores. Todos rimos quando Tati lançou sua bola de tênis.

Receitas para receber amigos

FLORES DE ABOBRINHA RECHEADAS COM QUEIJO DE CABRA, HORTELÃ E SEMENTES DE ANIS
Fleurs de Courgettes Farcies au Chèvre, à la Menthe, et Graines de Anis

Esta é uma receita fácil e maravilhosa para receber convidados no verão. Compre suas flores de abobrinha no mercado do produtor de manhã e guarde-as na geladeira como um buquê – com os talos em um copo de água fria – até a hora de usá-las.

1 ovo
200 g de queijo de cabra, cortado em cubos pequenos
1 colher de chá de sementes de anis inteiras
1 ½ colher de sopa de hortelã fresca, picada
1 pitada de sal grosso
Pimenta-do-reino
12 flores de abobrinha grandes
1 colher de sopa de azeite de oliva

Preaqueça o forno a 180°C.

Em uma tigela pequena, bata ligeiramente o ovo. Acrescente o queijo, sementes de anis, hortelã, sal e pimenta, e misture com um garfo. Cuidadosamente, abra cada flor (não há necessidade de remover o estame) e recheie com uma colher de chá bem cheia da mistura. (Dependendo do tamanho das flores de abobrinha, pode sobrar um pouco de recheio.) Torça as pontas das flores para fechá-las. Coloque o azeite de oliva em uma assadeira de 22cm x 33cm e espalhe para que cubra todo o fundo da forma. Role delicadamente cada flor no azeite e torça as pontas novamente para fechá-las.

Asse por 20 minutos, até ficarem perfumadas e douradas. Sirva imediatamente. Geralmente as sirvo antes do jantar, com drinques.

Não são exatamente próprias para comer com as mãos. Você vai precisar de um pequeno prato e um garfo para comê-las.

Rendimento: quatro porções como *hors d'oeuvre* ou petisco leve.

TOMATE NAPOLEÃO COM PURÊ DE ALCACHOFRAS
Millefeuille de Tomate à la Tapenade d'Artichaut

Para o purê de alcachofras
250g de corações de alcachofras conservadas em azeite de oliva, escorridas (guarde o azeite de oliva)
1 colher de sopa de manjericão picado
¼ de um dente de alho pequeno
Cerca de ¼ de xícara de azeite de oliva extravirgem (use quanto puder do pote de alcachofras)
Pimenta-do-reino moída na hora
4 tomates-caqui
Parmesão ou queijo de cabra curado, cortado em fatias bem finas

Para o vinagrete de alcachofra
1 colher de sopa de azeite de oliva
½ colher de chá de vinagre de xerez ou de vinho tinto
1 colher de chá de geleia de abricó
1 pitada de sal grosso
1 pequena pitada de pimenta-do-reino moída na hora

Escorra as alcachofras e reserve o azeite. Misture as alcachofras, o manjericão e o alho em um processador de alimentos. Use quanto puder do azeite do pote de alcachofras e complete a diferença com azeite de oliva extravirgem comum. Vá despejando o azeite de oliva com o processador em movimento, misture bem, até incorporar todos os ingredientes. Acrescente pimenta-do-reino. Misture outra vez.

Faça como um bolo de tomate em camadas. Fatie os tomates de cima para baixo em fatias de cerca de 2,5cm. Coloque uma colher de sopa de *tapenade* e algumas fatias muito finas de parmesão entre cada fatia de tomate, empilhando-as uma em cima da outra. Coloque de volta a tampa do tomate. Bata os ingredientes para o vinagrete de abricó e despeje um fio em volta da borda do prato *à la* bistrô parisiense esnobe.

Rendimento: quatro porções

Dica: O purê de alcachofras é ótimo sozinho, com crudités ou pedaços de pão pita.

SABLÉS DE PARMESÃO, AZEITONAS E ALECRIM DE JEAN
Sablés aux Olives, Romarin, et Parmesan

Tenho verdadeira loucura pelos biscoitos com textura de areia chamados *biscuits sablés*. Esta é a versão saborosa que Jean trouxe para nossa noite de cinema do bairro. São extremamente fáceis de fazer, desde que sua manteiga realmente esteja em temperatura ambiente quando você começar. Sirva-os acompanhados de um copo de vinho branco e algumas tâmaras carnudas. Não consigo imaginar nada melhor para começar uma noite *en plein air*.

10 ½ colheres de sopa de manteiga sem sal
1 ¼ xícara de farinha
2 colheres de chá rasas de alecrim fresco, bem picado
1 xícara de parmesão ralado bem fino
Pimenta-do-reino
12 azeitonas pretas em conserva, sem caroço e bem picadas

Uma ou duas horas antes de assar, tire a manteiga da geladeira. Ela deve estar bem mole.

Preaqueça o forno a 180°C. Forre um tabuleiro de biscoitos com papel-manteiga.

Em uma tigela média, combine farinha, alecrim, parmesão e uma pitada de pimenta-do-reino moída na hora. Acrescente as azeitonas e a manteiga amolecida cortada em três ou quatro pedaços. Trabalhe a manteiga e a mistura de farinha com as mãos até que os ingredientes estejam uniformemente agregados e tenha se formado uma bola de massa. Não trabalhe demais a massa.

Coloque-a na geladeira por dez minutos, abrindo-a depois em um pedaço de papel-manteiga com uma espessura de até 6mm. Usando um cortador de biscoitos de 6cm (a boca de um copo pode servir), corte 16 rodelas. Asse em uma folha de papel-manteiga até estarem aromáticos e dourados, de 15 a 17 minutos. Esfrie em uma grelha. Armazene em uma vasilha hermética. Conservam-se bem por dois ou três dias.

Rendimento: 16 biscoitos

CAPÍTULO 11

A DIETA TRANQUILA

Verifiquei a geladeira duas vezes. Quero que tudo esteja lindo. Tomates, uma prateleira inteira de pêssegos frescos, compota de pêssego, raiz de gengibre, limões, cebolas roxas e um melão quase maduro. Minha querida amiga Courtney chega hoje. Somos amigas desde a faculdade. Ela também é escritora e jornalista. Minha mentora, na verdade. Já usou uma burca no Afeganistão, cobriu os desfiles de alta-costura em Paris e juntou-se ao exército de Cingapura depois do tsunami. Após vários anos em Londres, acaba de se mudar para Nova York para assumir seu lugar de direito no elevador do prédio Condé Nast. Ela fez tudo isso enquanto administrava uma bulimia e compulsão excessiva por comida, as quais levaram seu peso a oscilar freneticamente nos últimos 20 anos. Tem uma boa relação com a comida no momento, de modo que, para esta viagem, fizemos um pequeno pacto. Ela quer aprender mais sobre culinária. Eu quero saber mais sobre dieta. Desde que tive o bebê, desde que escrevi um livro de receitas, há uns cinco quilos teimosos que se recusam a ir embora de boa vontade.

Da última vez em que voltei aos Estados Unidos, almocei com outra amiga da faculdade, grávida de cinco meses. "Nossa, você está ótima", eu disse, dando um tapinha em seu abdome. "É muito melhor não ganhar peso, para começar, porque, puxa, estou achando muito difícil perdê-lo." Ela olhou para mim com o desdém de uma calejada veterana de guerra dando uma lição de moral a um reservista de fim de semana. "Claro que é difícil", ela retrucou. "Você não está capacitada para isso." Caramba. Aparentemente, fazer dieta, como mergulho subaquático ou licença de encanador, requer algum tipo de qualificação especial. Passei 35 anos sentindo-me bastante confortável com meu corpo. Nunca fui magra como uma modelo, nem sarada como a Madonna, mas ficar constrangida de estar em roupas íntimas é uma nova sensação para mim. Sei que estou um pouco atrasada para a festa – mas aqui estou eu.

Não importa quanto tempo tenha se passado desde que Courtney e eu nos vimos pela última vez, sempre parece que estamos retomando uma conversa pelo meio. Ela se mostra curiosa sobre o conteúdo dos meus armários. "Juro, nunca faço isso na casa de nenhuma outra pessoa." Acho que ela se sente segura aqui, o que me deixa muito feliz. Serei sua *chef* particular pelas próximas duas semanas, de modo que ela sabe que estará comendo alimentos frescos, naturais e saudáveis. Acabamos de achar um armário de cozinha provençal em um mercado das pulgas. É aberto na parte de cima, com uma tela de arame nas portas, de modo que se pode ver meus potes de vidro de lentilhas, quinoa, *riz rond* para arroz-doce, várias barras de chocolate amargo, um grande pote de passas. Sou apaixonada por frutas secas, particularmente damascos, cerejas e – desde que estou na França – figos.

– Cem calorias? Está brincando! – Eu segurava um dos meus figos secos favoritos comprados no mercado. Courtney é cheia desses dados engraçados que venho alegremente ignorando todos esses anos. – Isso quer dizer que dois figos têm basicamente a mesma quantidade de calorias que uma caixa de *Dots*.

– As fibras provavelmente a manterão mais tempo sem fome, mas, sim.

Hum.

– SÃO LINDOS – disse Courtney, enquanto me ajudava a pôr a mesa no jardim. O prato certo é o mais antigo truque de dieta do livro.

Comprei recentemente um aparelho de jantar de Limoges completo em um mercado das pulgas local. A louça é branca com pequenas flores azuis, o aro dourado está desbotado devido a anos de uso. Como as roupas dos bebês, esses antigos pratos franceses são uns 2,5cm menores em circunferência que o aparelho de jantar moderno que comprei na Ikea.

Hoje, para o almoço, estou fazendo tamboril com um molho rápido de tomates, vinho branco e ervilhas frescas. O tamboril é um peixe carnudo, no que tange a peixes. Se não for cozinhado demais, sua textura lembra a da lagosta.

– Por que você coloca ervilhas no molho?

– Só porque dá uma boa aparência... e faz um bonito contraste de texturas. – Adiciono as ervilhas – ou petits pois – no último instante para que não fiquem moles demais e não percam sua viva cor verde. Tenho a impressão de que pensar na estética da comida é algo novo para Courtney. Ela sabe tudo sobre química – os elementos básicos de calorias dos alimentos, gordura, carboidratos, proteína. Mas uma abordagem holística, montar um belo prato, não é algo em que ela já tenha pensado.

Hoje de manhã, ela pegou a caixa de biscoitos de chocolate LU *petit déjeuner* de Alexandre.

– Não são muito bons – eu disse, para o caso de ela estar pensando em desperdiçar um dos lanchinhos a que tinha direito. – Mas ele gostava.

– Não é de admirar. Quase dois terços de cada biscoito é açúcar – Courtney disse, examinando a tabela nutricional.

– Como você sabe?

– Há pouco mais de 8g de açúcar, que tem quatro calorias por grama. Portanto, 32 calorias em açúcar, e há 58 calorias em um biscoito. O resto das calorias é gordura, praticamente. Há 2g; portanto, são 18 calorias. Como se pode não gostar de açúcar e gordura?

Courtney está muito mais relaxada do que costumava ser acerca dos horários das refeições, mas esperar muito para comer é capaz de trazer à tona o pior em cada um de nós. Ainda tenho dificuldade de convencer meus amigos de que peixe é *fast-food* em nossa casa, mas com quinoa pré-cozida direto do pacote (até mesmo os franceses não fazem tudo a partir do zero) e brócolis ao vapor, não passa de uma operação de 15 minutos.

Acima de tudo, quero que a comida seja relaxante para ela. Comer ao ar livre no jardim é um bom começo. Sei que servir – julgar o que é uma porção razoável – é uma questão problemática para Courtney. Os franceses têm uma excelente solução para isso: nunca compram mais que uma peça de proteína por pessoa. Carne e peixe são caros.

―⁂―

CONSIGO TRABALHAR BASTANTE quando Courtney está por perto. Nós nos sentamos à mesa da cozinha, nossos computadores de costas um para o outro, trocando frases como figurinhas de beisebol. Conversamos sobre projetos futuros. Ela começou a escrever um livro. Acho que sua vida daria um romance, se ela apenas se dispusesse a sentar e escrevê-lo.

Depois, há a hora do cochilo. Tenho de admitir, ainda me sinto bastante preguiçosa. A fadiga deste inverno não diminuiu. Vou convivendo com ela. Gwendal não faz nenhum comentário quando vou dormir no meio da tarde, sabendo que meu cochilo não deverá ser de apenas 20 minutos, só para recuperar as forças, como o dele, mas uma completa *siesta* de duas horas, depois da qual geralmente acordo me sentindo pior – com dor de cabeça e a boca seca.

Assim como Courtney está tentando não se exceder na comida na minha frente, eu tento não dormir diante dela. Ela está tendo sucesso. Eu estou fracassando. Sempre há uma desculpa: menstruação, enxaqueca, ficamos fora até tarde no concerto, talvez eu tenha pegado um resfriado. O fato é que estou exausta. Passei o fim de semana do meu aniversário escondendo a incômoda erupção de um caso de herpes-zóster. Corrija-me se eu estiver errada, mas eu achava que as pessoas da minha idade não deviam mais ter herpes-zóster.

Meu novo médico em Reillanne acha que pode ser minha tireoide. Os números nos meus exames de sangue não estão fora dos gráficos, apenas abaixo dos limites normais, o que, pensando bem, é exatamente como venho me sentindo nos últimos dois anos. Quando vejo a lista de sintomas para hipotireoidismo – fadiga, ganho de peso, depressão, perda de concentração –, fico chocada de ver o quanto é precisa e também semelhante à depressão clínica que sempre temi. O médico me prescreveu uma dose infinitesimal de hormônio da tireoide. No primeiro dia que o tomei, senti um frêmito pelo corpo inteiro – um expresso duplo que durou o dia todo. Talvez ele esteja no caminho certo.

Todos nós temos hábitos que gostaríamos de mudar, mas ficar acordada até tarde falando sobre eles no quarto do dormitório da faculdade e fazer isso depois dos 35 anos são duas coisas bem diferentes. Não estamos mais "atravessando uma fase". Agora, há maus hábitos firmemente assentados, padrões oficiais, sem mencionar uma criança pequena, para contornar.

Ter Courtney aqui comigo esta semana me inspira. Também me conforta. Todos nós temos segredos. Queremos mostrar apenas o melhor de nós para o mundo.

No andar superior, examinando os vestidos em meu armário certa tarde, sinto que preciso mostrar a Courtney a gordura que adquiri com o bebê. Ela é uma das poucas amigas a quem posso recorrer. Ficamos acordadas a noite inteira conversando, porque recorremos uma à outra em busca de soluções. Ela me perguntou por que coloco tomate cru em cima dos raviólis. Eu me encantei com sua capacidade de se encontrar conosco no mercado *correndo* até Reillanne – dez quilômetros de subida, o percurso inteiro. Lembro-me de ter ouvido falar de uma irmandade na universidade cujos membros faziam suas candidatas ficarem apenas em roupas de baixo e então circundavam com um marcador permanente todas as celulites. Essa é a versão amigável dessa distorcida e ritualística revelação.

– Provavelmente sairiam se você se exercitasse – Courtney disse, examinando um colar em minha penteadeira. – Claro, isso seria quebrar sua regra: "Reservo a transpiração para o sexo." Courtney vem citando essa frase de novo para mim há 15 anos. Ela me conhece muito bem.

O problema é que vivo cercada de mulheres que têm a mesma aparência de quando tinham 20 anos, e *não* frequentam a academia. Podem sair de bicicleta em um sábado à tarde ou em umas férias nas montanhas caminhando com as crianças. Elas têm aulas de tango ou vão a retiros de ioga, não correm maratonas.

Eis um exemplo. No outro dia vi minha amiga Virginie no mercado. Não a encontrava havia duas semanas, então me aproximei por detrás dela e dei-lhe um leve abraço. Só que não era ela. Era sua mãe. De costas, elas são exatamente iguais. O mesmo jeans apertado, as mesmas sapatilhas, o mesmo cachecol indiano muito grande, jaqueta jeans, óculos de sol empoleirados no alto da cabeça e um rabo de cavalo baixo. Pedi muitas desculpas, e todos deram uma boa gargalhada. Mas fiquei mortificada. A França não é um país onde você simplesmente desce a rua abraçando mulheres que não conhece.

Encontrei Virginie alguns dias mais tarde, em um café. Pedi desculpas novamente.

– Sua mãe está incrível.

– Ah – respondeu descontraidamente –, mas ela era muito jovem quando me teve. – Fiz um cálculo rápido. Isso ainda a colocava acima dos 60 anos. Quando eu tiver 60 anos, realmente espero ter uma barbela de peru.

Quando eu estava crescendo, disseram-me que as mulheres ganham em média um quilo por ano todo ano depois que terminam o colégio, mais ou menos o ponto no qual estou no momento. Isso pode ser verdade nos Estados Unidos, mas é simplesmente impossível que as francesas ao meu redor estejam com mais 20 quilos do que pesavam no colégio. Se fosse esse o caso, haveria *lycées* inteiros cheios de garotas com as costelas protuberantes de vítimas da fome. Simplesmente impossível.

Sem me demorar no assunto, levantei a questão com algumas amigas francesas que estiveram aqui no verão. Ao contrário da maioria das francesas, nossa amiga Catherine é uma garota de pouca manutenção. Seus cabelos escuros e cacheados estão geralmente puxados para trás em um rabo de cavalo. Ela dá preferência a calças largas, *birkenstocks* e camisetas que não exibem necessariamente sua silhueta. Mas ela tem uma.

Catherine passou o fim de semana carregando seu filho de seis meses de um lado para o outro, seu terceiro menino.

– Não há nenhuma razão para ganhar peso depois de ter um filho. – Catherine é uma cientista e se expressa com uma certeza empírica. – Talvez você suba um tamanho depois do terceiro. Tamanho 40 aos 40 anos. – Fiz uma rápida conversão mental: isso é um tamanho 8 americano aos 40 anos. A mensagem nacional é clara: não há nenhuma razão plausível pela qual eu não deveria ter exatamente a mesma aparência que eu tinha antes do bebê, ou até melhor.

– O que vocês comem no jantar nos dias de semana? – perguntei, enquanto Catherine e eu quebrávamos as pontas das vagens em frente à pia da cozinha.

– *Les enfants mangent à la cantine* – respondeu Catherine. Seus filhos comem um almoço de quatro pratos na cantina da escola, e tanto ela quanto Paul saem para almoçar com os colegas do trabalho, de modo que o jantar em casa é sempre a refeição mais leve.

– Geralmente, faço sopa à noite, com pão e queijo. Iogurte para sobremesa. Ou macarrão. Às vezes, faço crepes.

Claro. Catherine é da Bretanha e tem os equipamentos profissionais em casa.

Quando reúno esses fragmentos de conversas, fica claro que, na França, a equação americana de uma salada rápida para o almoço e depois bife e uma batata assada para o jantar é inteiramente invertida. O que emerge é uma refeição menor, mais simples, até mesmo uma espécie de facto de vegetarianismo noturno. Sopa é um tema recorrente. Nunca conheci um francês ou uma francesa que não exalte as virtudes da sopa.

POR FALAR EM SOPA... Fomos convidados a La Roulotte esta noite para uma festa de *soupe au pistou*.

Alain e Evelyne, que nos ajudaram com os ladrilhos do piso, têm um vagão de circo (*roulotte*) pintado em cores vivas, que eles estacionam fora de Céreste em um canto tranquilo de um dos campos de cultivo de Marion. Como não têm um jardim apropriado em sua casa, vão para lá nas tardes de verão para ler e relaxar e, às vezes, promovem *fêtes* à noite – piqueniques simples ou concertos com amigos músicos.

Soupe au pistou é o perfeito prato provençal – econômico, repleto de ingredientes da estação, fácil de aumentar para uma multidão. Basicamente, é um caldo de legumes cheio de feijões-brancos, feijões-rajados, feijões-amarelos, abobrinha e batata em cubos, vagens picadas e macarrões pequenos. Como o minestrone italiano, cada família possui sua própria – e definitiva – receita de *soupe au pistou*. Algumas pessoas acrescentam tomate picado ou um pedaço de toucinho ao caldo. Outras adicionam grandes favas fatiadas, além dos *haricots verts*. A *soupe au pistou* é servida morna, em vez de quente, o que funciona muito bem. Não há eletricidade em La Roulotte.

Pediram que eu levasse uma sobremesa, de modo que Courtney e eu resolvemos fazer biscoitos de aveia e passas.

– Aliás, quantas calorias tem um biscoito de aveia e passas?

Courtney levantou-se, estendendo a mão em um sinal para que eu parasse, sacudindo a cabeça para afastar a ideia. "Não, simplesmente não posso. Estou tendo um daqueles momentos. Simplesmente não consigo parar de pensar em tudo que quero comer, tudo de uma vez. Não posso falar de calorias." Estávamos metidas na cozinha havia uma hora, misturando manteiga, açúcar mascavo e passas. No que eu estava pensando? Só o cheiro... é como pedir a um alcoólatra para passar o dia inteiro trabalhando em um bar.

CHEGAMOS LOGO DEPOIS do pôr do sol. Somente três quartos do caminho até La Roulotte podem ser feitos de carro. Estacionamos atrás de outros veículos ao lado da trilha de terra batida e seguimos por um caminho bastante acidentado pelo meio das moitas de zimbro. As mesas de madeira de piquenique já estavam distribuídas no terreno. Haviam sido arrumadas com pequenas tigelas de listras coloridas e lanternas para quando escurecesse. Alain e Evelyne chegaram logo depois de nós, carregando, um de cada lado, um panelão de sopa de tamanho industrial.

Bebemos vinho em copos de plástico e comemos *saucisson* fatiado como *apéritif*. Quando a sopa foi servida, os feijões-rajados emergiram na superfície. Adoro sua textura espessa, suas manchas brancas e rosa. Passamos tigelinhas de queijo ralado para cada um misturar à sua sopa. Isso torna o caldo um pouco mais salgado e um pouco mais grosso – um pouco de *richesse* em um prato camponês. Jamais me ocorreria considerar esse prato uma comida de dieta, mas repleto de legumes, feijões para a proteína e apenas um pouco de gordura do queijo para encorpar, não é uma comida à qual Courtney faria objeções.

Alain e Evelyne têm um vizinho musicólogo e especialista, internacionalmente conhecido, em gaita de fole. Em uma cidadezinha de 1.300 habitantes, é realmente admirável. Todos se esparramaram pelo gramado quando ele começou suas melodias plangentes. Daqui, as estrelas parecem mais próximas.

APÓS VOLTAR DE UMA CORRIDA, Courtney colocou seu iPod na mesa da cozinha e sentou-se com um copo de água. "Acho que não se pode andar com os fones de ouvido por aqui." Era verdade. Agora, conheço metade da vila de vista, um quarto pelo nome. Não há a menor possibilidade de passar correndo por alguém. Toda pessoa na rua merece um cumprimento com a cabeça e um *bonjour*. Cada vizinho merece uma rápida conversa. Preciso perguntar como vai o tornozelo quebrado de Laura, as rosas de Helen, os consertos do telhado de Thierry. São pequenas conversas, mas, com o tempo, elas se acumulam e se transformam em verdadeiros *liens* – elos que mantêm a vila unida, como a camada de cimento quase invisível entre as pedras de um *château*. Eu me afeiçoei a esse aspecto da vida no interior. Para alguém como eu, uma jovem mãe e escritora sem um escritório formal para ir, esses encontros são uma parte bem-vinda do meu dia. Tenho certeza de que falo com mais pessoas diariamente aqui do que o fazia em Paris.

Esse nível de interação social também causa um efeito real nos meus hábitos alimentares. Certa vez, Courtney falou-me do segredo das farras ou excessos em comida. "Eu ia a três lojas diferentes", ela contou. "Porque ficava com vergonha de comprar tudo em um só lugar." O que me espanta é o anonimato do processo, sua solidão.

Tentei me imaginar executando uma incursão similar em Céreste. Primeiro, não há três lojas diferentes. Mesmo que eu quisesse comprar dez croissants às 17 horas todo dia durante seis semanas, o que eu diria à mulher do padeiro? Que comprei um burrico? Que estou escondendo refugiados em casa? O que *ela* iria dizer às outras pessoas? Ainda que eu pudesse pensar muito rápido, o sistema de mentiras logo iria se tornar tão complexo que eu não seria capaz de mantê-lo.

Na França em geral, e na Provence em particular, não há *nada* anônimo a respeito da minha comida. Toda semana, o vendedor de frangos faz questão de me cumprimentar pelo meu nome. O queijeiro quer saber quando vou começar a tirar minha carteira de motorista. O peixeiro sabe mais do que a Imigração quanto tempo passo nos Estados Unidos. Se ele não me vê por duas semanas, fica preocupado. Troquei fotografias de cenouras pornôs com a mulher que produz e vende meus tomates. Toda essa intimidade nos inspira confiança, responsabilidade. Aqui, a comida envolve tanta conexão humana que não há como esgueirar-se sorrateiramente. Não faço compras sozinha. Não como sozinha. Toda ação que envolve alimento está tão entranhada no tecido social que é muito difícil enganar – trapacear – em uma comilança.

COLOQUEI UMA TIGELA de lentilhas com linguiças em frente a Courtney. Essa é a sua refeição francesa favorita, e eu a preparo ao menos uma vez sempre que ela vem. O que me surpreende, agora que estou a par da lógica de como Courtney come, é o quanto sua dieta cuidadosamente controlada se parece com os hábitos alimentares franceses tradicionais, particularmente os da minha sogra.

Como Nicole, Courtney não come entre as refeições. Quando terminou, terminou. Ela come um prato cheio de comida (e, em nossa casa, de queijo), mas pula o *hors d'oeuvres* e não belisca. Para ela, beliscar resulta em desastre, o começo de uma comilança. Para mim, é uma tradição familiar.

Como minha mãe é diabética, muito do que ela considera "comida de verdade" lhe é negado. Ela está sempre à cata de algo gostoso para comer. Esse é o refrão que ouvi durante a minha infância inteira. Eu via quando ela chegava a casa depois do trabalho e começava a remexer nos recipientes e sacos plásticos: "Estou procurando algo gostoso para comer."

Ela comia biscoitos sem açúcar, às vezes uma refeição extra inteira de sobras de carne de porco assada ou de queijo Muenster às 16 ou 17 horas. Se quisesse algo doce, contentava-se com sua versão de *milk shake* – uma *cream soda* diet de chocolate, com cubos de gelo e leite. Quando vou para casa, sempre encontro picolés de framboesas dos Vigilantes do Peso no congelador. Não são ruins; também não são bons.

Essa é talvez a maior diferença entre meus hábitos alimentares nos Estados Unidos e na França. Quando estou na França, não como alimentos falsos.

Cresci nos Estados Unidos nas décadas de 1970 e 1980, portanto passei muito tempo à base de comida pronta. Lembro-me do *Kraft macaroni and cheese, Devil Dogs* e *Oodels of Noodles* com grande afeição. A época de sexo, drogas e rock'n'roll da minha adolescência passei estudando para meus exames finais dopada em glacê de baunilha da Pillsbury injetado na veia com uma colher de plástico.

Imagino que uma das razões para que alimentos falsos não façam parte da minha vida na França seja porque não tenho um micro-ondas. Compro bem poucos alimentos preparados e, como geralmente preparo uma refeição de cada vez, não há muitas sobras para requentar.

Quando sirvo queijo após o jantar, vejo Courtney evitando o pão, cortando perfeitos cubos de queijo e comendo-os delicadamente com os dedos. Minha sogra faz o mesmo. Assim que cheguei à França, Nicole mostrou-me um livro de dieta do fim dos anos 1980 que ela usava. Intitula-se – uma alusão a Descartes – *Je mange, donc je maigris (Como, logo emagreço)*. Deve-se evitar pão com queijo, não porque pão seja ruim, diz o autor, mas porque, *traditionnellement*, essa não é a maneira adequada de comer queijo. Olhar para trás para seguir em frente – é um clássico ditado francês. É assim que me sinto a respeito de comida falsa *versus* comida de verdade. Às vezes, o progresso não significa realmente progresso. Às vezes, você tem de olhar para trás para poder avançar.

– ESTOU COM *TANTA* FOME!
– Eu também.
Nisso, Courtney e eu estamos sempre de acordo. Gostamos de estar com fome.

Talvez seja nosso passado coletivo de imigrantes, talvez seja o habitual pensamento de quanto maior, melhor, terra de abundância, mas o fato é que os americanos não suportam a ideia de ter fome. É o medo que nos leva a carregar barras energéticas em nossa bolsa, caixinhas de suco e pacotes de *Cheerios* nos carrinhos de bebê, porta-copos jumbos nos carros. Que Deus nos livre que alguém, a qualquer hora, em qualquer lugar, possa realmente passar fome.

Courtney tem uma relação tensa com a fome. – Isso costumava me assustar, porque eu estava sempre de dieta e achava que nunca me sentiria satisfeita. Mas agora, para mim, estar com fome, não faminta, mas com fome, é algo bom. Isso me diz que meu corpo está funcionando normalmente, que comi a quantidade certa e agora é hora de comer novamente.

– Acho que faz a comida parecer ainda mais gostosa.

Como os franceses não fazem lanches, é provável que cheguem à hora da refeição realmente famintos. Pode haver um *apéritif* antes do jantar, mas nenhuma oportunidade de se empanturrar. Sua anfitriã provavelmente servirá uma pequena tigela de batatas chips para oito pessoas. Você é forçado a seguir o ritmo.

Para mim, estar genuinamente com fome pode fazer a refeição mais simples ter o sabor de algo especial. Isso funciona particularmente para alimentos dos quais estou convencida de que não gosto – *pâté de campagne* em nacos ou a clássica salada francesa de arroz com atum e tomates picados.

Quando se está com fome, as texturas proporcionam um prazer especial. Arroz frio molhado com o suco dos tomates e um pouco de azeite de oliva parece um prato leve de verão, mas bastante substancial. A casca crocante de uma *baguette* fresca torna-se de repente o acompanhamento perfeito para pequenas e apetitosas porções de carne de porco moída. Até mesmo os escorregadios pedaços de gordura encontram seu lugar. O sabor é ainda melhor se você passou a manhã subindo ladeiras.

Esta noite faremos macarrão.

Essa é uma das grandes vantagens da abordagem de Courtney. Ela já passou por suficientes modismos de dietas malucas para saber que não há nada que ela deva banir – tudo tem a ver com moderação.

Faço as coisas de um modo ligeiramente diferente quando Courtney está por perto. Meço as porções de massa. Já vi que, assim, eu me concentro na sensação da comida na boca, em mastigar bem cada pedacinho e em colocar bastantes alimentos saudáveis em cima para torná-la uma verdadeira refeição.

Felizmente, o final de agosto é uma avalanche de tomates, abobrinhas, berinjelas e pimentões. Há simplesmente uma demasiada quantidade deles. Existe um limite para o número de vezes que uma garota pode fazer *ratatouille* em uma semana e, assim, no crepúsculo de tudo com tomate fresco vem (o que se pode fazer) tudo com tomate *assado*.

Há algo de apetitoso sobre tomates assados. Escorregadios pelo azeite de oliva e temperados com alho, polpudos, vermelhos e suculentos como a literatura barata – *pulp fiction* – encontrada em supermercados, eles constituem minha tentativa de me apropriar do prazer. Quero poder espreitar dentro do freezer em dezembro e saber que posso usar essa centelha de luz solar para iluminar o molho de um prato de massa no inverno ou garantir uma base sensacional para pernil de vitela à caçarola ou feijão-branco. Claro, a natureza da gula implica que não consegui esperar até dezembro para explorar minhas fantasias com massas.

Para o jantar desta noite, usei umas duas colheres de sopa do azeite dos tomates assados para refogar um pouco de berinjela até amolecerem, depois acrescentei alguns camarões crus, os tomates assados, um pouco de vinho branco e uma pitada de pimenta caiena no final. Dividi a massa entre minhas tigelas rasas preferidas. Elas têm o interior relativamente pequeno e largas bordas brancas. Como pinturas na parede de uma galeria, a comida tem uma aparência melhor se houver muito espaço branco ao seu redor.

Preparei o prato de cada um individualmente na cozinha, como um *chef* em um restaurante, empilhando os legumes e os camarões artisticamente sobre o macarrão. (Eu contaria isso como mais um truque de dieta: todos ganham sua porção completa de antemão; ninguém espera repetição em um restaurante.) Decorei cada prato com manjericão fresco cortado com as mãos. Fiquei muito satisfeita com o resultado. Parecia um prato que você pediria em um *resort* de luxo. O prato especial da casa.

O FATO É QUE não há como fazer uma dieta realmente rigorosa na França. É simplesmente falta de educação. Você precisa de uma dieta que permita que você coma com entusiasmo em refeições de cinco pratos. A menos que esteja correndo o risco de ter um choque anafilático à mesa, é impensável chamar a anfitriã para perguntar o que ela vai servir ou, Deus nos livre, mencionar o que você se digna ou não a comer. A dieta francesa é balanceada. Se você come um pouco mais de sobremesa no jantar, toma uma tigelinha de sopa ou come um prato de legumes ao vapor no dia seguinte como almoço.

Chamo a isso de dieta tranquila. Não é da conta de ninguém, apenas da minha.

Quando Courtney começou a fazer suas malas, eu já tinha uma ideia aproximada do que precisava fazer para perder uns quilos extras. Esse é o segredo da maioria das dietas. Sabemos o que temos de fazer, mas simplesmente não o fazemos. São meus hábitos americanos de sobras que me colocam em apuros: fazer comida demais, comer quando não estou com fome, beliscar à noite. Sei quando estou fazendo algo contraprodutivo, mas não cresci com um superego francês para me dar um tapa na mão toda vez que quebro as regras. Meu id cresceu em um lugar onde meio litro de sorvete Ben and Jerry's era uma única porção.

Ainda assim, minha amiga nos Estados Unidos está errada: realmente tenho algumas habilidades. O que a maioria dos americanos chama de fazer dieta – nenhum petisco, porções únicas e menores, muitos legumes frescos da estação, iogurte ou fruta como sobremesa, nada além de chocolate amargo com 70% de cacau na casa –, os franceses chamam de *comer*. Há ocasiões em que a estrutura, a rigidez, os aspectos tradicionais da vida francesa são um tédio. Mas, no que se refere a comer de forma saudável, é, na verdade, muito útil.

Só terei de continuar a fazer o que estou fazendo. Reduzir o consumo dos figos secos. Cruzar os dedos a respeito das pílulas para a tireoide. E passarei a considerar a questão dos exercícios.

Receitas para uma dieta tranquila

FILÉS DE TAMBORIL COM TOMATES E PETITS POIS FRESCOS
Filets de Lotte aux Tomates et aux Petits Pois

Este prato é fácil de fazer e bonito de se ver.

2 colheres de sopa de azeite de oliva
1 cebola roxa pequena, em cubos
3 tomates médios maduros, picados
½ colher de chá de açúcar
2 boas pitadas de pimenta ñora espanhola seca ou de uma boa páprica
⅓ de xícara de vinho branco ou rosé
Sal e pimenta-do-reino a gosto
4 filés de tamboril, de 150g a 170g cada um
1 colher de chá de tomilho-limão ou manjericão-limão fresco (tomilho comum fresco com um pouco de casca de limão ralada também serve)
1 xícara de petits pois frescos

Aqueça o azeite em uma frigideira de bom tamanho. Refogue a cebola até ficar translúcida, de quatro a cinco minutos. Acrescente os tomates picados, o açúcar e a pimenta ñora. Cozinhe por cinco minutos. Adicione o vinho. Cozinhe por mais três minutos. Prove o molho, acrescente uma pitada de sal e de pimenta-do-reino, e mexa bem. Acrescente os filés de peixe e o tomilho. Cubra e cozinhe em fogo de médio a baixo por oito a dez minutos, virando os filés uma vez durante o cozimento. O tempo de cozimento vai depender do tamanho de seus filés. Comece a verificar com antecedência. Seja delicado. O tamboril, quando cozido adequadamente, possui uma textura firme, como a da lagosta. Você não vai querer cozinhá-lo até virar uma papa.

Quando o tamboril estiver quase pronto (opaco no centro), desligue o fogo e adicione os petits pois. Cubra e deixe descansar por cinco minutos. Os petits pois não precisam realmente ser cozidos, apenas aquecidos para que mantenham a cor e a textura. Sirva com quinoa ou pão de casca crocante para absorver o molho.

Rendimento: quatro porções

Dica: Esta receita também pode ser feita com filés grossos de bacalhau fresco.

SOUPE AU PISTOU

Esta é uma excelente refeição informal para um grande número de pessoas. Deve ser servida morna, e não quente, de modo que há pouca preocupação com a hora certa de servir. Comece com um pouco de *saucisse sèche* para os seus convidados beliscarem. Em seguida, sirva a sopa e passe o *pistou* (certifique-se de que seu parceiro ou parceira coma um pouco da picante pasta de manjericão e alho também). Acrescente um pouco de pão de fermentação natural e um prato de queijos bem selecionados para completar sua refeição.

Para a sopa
3 litros de água
2 colheres de chá de sal grosso ou 1 colher de chá de sal fino
500g de tomates (2 a 3, médios)
750g de feijões-rajados, frescos, na vagem (350g debulhados), cerca de 2 xícaras
750g de feijões-brancos, frescos, na vagem (350g debulhados), cerca de 2 xícaras

250g de favas, cortadas em pedaços de 2,5cm
400g de vagens, cortadas em pedaços de 2,5cm
750g de abobrinhas (3 médias), cortadas em cubos pequenos
350g de batatas (3 pequenas), cortadas em cubos pequenos
1 xícara de macarrões pequenos (opcional)

Para o pistou
7 dentes de alho grandes
1 xícara (bem cheia) de folhas de manjericão
¼ de colher de chá de sal grosso
¼ xícara de azeite de oliva
Para servir: parmesão ralado ou queijo Red Mimolette

Em uma panela de sopa, ferva os três litros de água com o sal. Adicione os tomates inteiros e afervente por três minutos. (Isso facilita a remoção da pele.) Retire os tomates e lave-os sob água fria até esfriarem o suficiente para serem manuseados. Tire a pele e as sementes e pique os tomates. Acrescente os tomates e outros legumes à panela, cozinhe por uma hora ou um pouco mais, até que os feijões estejam perfeitamente macios. Se for usar massa, adicione-a cerca de vinte minutos antes do término.

Enquanto a sopa estiver cozinhando, pegue seu processador de alimentos, processe o alho, as folhas de manjericão e sal, até estarem finamente picados. Raspe as laterais da vasilha e, em seguida, com o motor ligado, lentamente despeje ¼ de xícara de azeite de oliva e misture até ficar bem incorporado (parecerá molho pesto comprado na loja).

Sirva uma boa porção de legumes e caldo na tigela de cada pessoa, em seguida passe a tigela do *pistou* – geralmente, acrescento uma colher de chá (é forte) e mexo. Salpique o parmesão ralado e aprecie. Sirva com um vinho tinto leve.

Esta receita pode ser facilmente dobrada, e as sobras podem ser congeladas. Se acho que vou obter duas refeições com esta receita, não acrescento o macarrão para a primeira, porque a massa fica um pouco empapada quando reaquecida.

Rendimento: seis porções

MACARRÃO INTEGRAL COM TOMATES ASSADOS, CAMARÃO E BERINJELA
Pâtes Intégrales aux Tomates Confites

Os tomates assados no forno usados nessa receita são a base para muitos dos meus molhos de macarrão e de carnes assadas na panela. Eles constituem um maravilhoso acréscimo a uma salada de feijão-branco morna ou podem ser a atração principal em uma *tarte tatin* de tomate. Eu os preparo durante todo o verão e congelo quantas porções eu consigo, de modo a tê-los nos meses de inverno.

Para os tomates assados lentamente
2kg de tomates heirloom perfeitos, cortados em fatias de 2,5cm
1 cabeça de alho
Alguns raminhos de tomilho fresco (opcional)
⅓ de xícara de azeite de oliva extravirgem
Sal grosso a gosto
1 colher de chá de açúcar

Aqueça o forno a 160°C.

Forre o maior tabuleiro que tiver com papel-alumínio. Arrume as fatias de tomate em uma única camada, coloque entre elas os dentes de alho (com a casca) e o tomilho, se estiver usando, e despeje o azeite de oliva sobre tudo. Salpique umas duas pitadas de sal e de açúcar. Deixe no forno por uma hora e meia a duas horas, até o alho ficar tenro e os tomates, amolecidos e um pouco enrugados. Quando tudo estiver esfriado um pouco, retire a pele do alho, o que deve ser fácil de fazer com os dedos. Se não for usar imediatamente, com cuidado, arrume os tomates e o alho em camadas em uma vasilha rasa, procurando mantê-los intactos. Não se esqueça de despejar dentro da vasilha até a última gota do líquido dos tomates. (Experimente "limpar" os últimos vestígios de azeite do tabuleiro com uma fatia de pão. Hum!)

Guarde na geladeira (cubra com mais azeite de oliva para conservar por mais tempo) ou congele para um dia de neve.

Para o macarrão

2 berinjelas bem pequenas, finas e escuras
2 a 3 colheres de sopa do líquido de tomates e azeite de oliva
500g de camarão cru, congelado (Não recomendo usar camarão cozido e congelado. Em minha experiência, são aguados e moles.)
2 xícaras (aproximadamente) de tomates assados, com um pouco do líquido
2 pitadas de pimenta caiena, aproximadamente
Um pouco de vinho branco
½ colher de chá de açúcar (opcional)
1 punhado pequeno de folhas de manjericão, rasgadas com a mão

Corte a berinjela em tiras finas (6mm de espessura e 5cm de comprimento), assim ficará cozida em menos tempo. Em uma caçarola grande, aqueça duas a três colheres de sopa do líquido de tomates e azeite. Em fogo médio, refogue a berinjela até ficar realmente macia (não há nada pior que berinjela borrachuda). Acrescente camarão congelado, tomates, caiena, vinho e açúcar, se estiver usando. Cozinhe até o camarão ficar cor-de-rosa, cerca de cinco minutos. Desligue o fogo e acrescente o manjericão, deixando algumas folhas para decoração.

Sirva sobre espaguete de trigo integral.

Rendimento: quatro porções

CAPÍTULO 12

O PARAQUEDAS DOURADO

Todo domingo, no mercado de Reillanne, compro geleia de framboesa, tomates e salada (e, de vez em quando, excelentes *chouquettes* aromatizadas com rum) de Martine e Didier Caron na pequena barraca ao lado da igreja. Quando estou me sentindo empolgada, também compro 1g do açafrão cultivado por eles, um emaranhado de fios laranja-escuros em um pote de vidro do tamanho de um pote de um caro creme para os olhos. O açafrão cresce em profusão na Provence e, como o grão-de-bico e a espelta, é um ingrediente local que rapidamente incorporei em minha cozinha diária. Certo, não minha cozinha *diária* – eu estaria na bancarrota se o fizesse.

O açafrão entrou em minha cozinha pela primeira vez por meio de nossa amiga Marie, professora, poeta, aficionada por cinema e estudiosa dos clássicos, que mora no *outro* Sul da França, do outro lado das montanhas, aos pés dos Pirineus. Foi Marie quem me ensinou a acrescentar um cubo de açúcar e uma pitada de açafrão ao meu *ratatouille*, no caso de estar "faltando sol" aos legumes. A descrição é muito boa – o brilho vermelho-dourado do açafrão é bem a minha ideia de sol em garrafa. O bom açafrão é doce e condimentado ao mesmo tempo. O de Didier e Martine cheira levemente a pêssegos secos e cedro.

Embora eu o venha usando há anos, o açafrão é um dos poucos produtos em minha cozinha francesa cujas origens permanecem misteriosas para mim. Durante a minha década de vida na França, tornei-me intimamente familiarizada com os bulbos peludos de uma raiz de aipo; agora, compro beterrabas com as folhas e galinhas com cabeça. Apesar de não ter nenhuma dificuldade em identificar açafrão em um pote de vidro, não faço a menor ideia de sua aparência quando brota em sua planta na terra.

A França me tornou um pouco tímida sobre fazer perguntas às pessoas, de modo que levei mais de um ano para reunir coragem para indagar se eu podia ir ver a colheita do açafrão. Dei a Didier o número de meu celular e torci para que ele ligasse.

Enquanto isso, outro telefonema chegou esta semana. Da Warner Brothers. Estão à procura de um diretor técnico para a Europa, Oriente Médio e África, e o nome de Gwendal foi levantado. Após um ano de relativa paz e tranquilidade em nosso refúgio de fim de mundo na Provence, ficamos empolgados. Não tenho muita experiência com o mundo dos negócios, mas, quando alguém começa a distribuir cargos com continentes inteiros agregados, eu me sento empertigada e presto atenção. Seria um próximo passo de prestígio, do mundo de uma *start-up* de cinema digital para a confortável situação de um estúdio de Hollywood. Era lisonjeiro e, sem dúvida, muito bem remunerado. E, como quase todos os empregos importantes em companhias americanas na Europa, tinha sua base em Londres.

Eu podia ver a empolgação de Gwendal, e também sua confusão. Como ninguém jamais lhes dá nenhum reforço positivo, os franceses são muito ruins em avaliar em que nível eles competem no mundo exterior, seu verdadeiro valor no mercado aberto. Isso era uma estrela de ouro, um carimbo com a palavra *Aprovado*. Imediatamente entrei no modo "esposa encorajadora". Sem pensar, a americana dentro de mim agarrou-se instintivamente ao degrau seguinte na escada.

– Sem problema – afirmei, mentalmente atirando toda a nossa vida para o alto como um punhado de confetes. – Se for isso que você quer, daremos um jeito para que funcione. – Silenciosamente, comecei a reorganizar a minha vida: *Só preciso voltar às minhas* raízes na literatura do século XIX. *Passarei meus dias na Biblioteca Britânica escrevendo literatura barata, um romance ambientado em um asilo vitoriano.* Eu me perguntava se Gwendal receberia o suficiente para alugarmos um bom apartamento no centro de Londres e como seria levar Alexandre à escola em um ônibus vermelho de dois andares e comer coalhada de limão com torradas integrais quadradas, pré-fabricadas, nas tardes chuvosas.

Passamos algumas noites depois atualizando o currículo de Gwendal – colocando todos os verbos de ação certos no lugar, no melhor estilo americano. Ele estava concentrado na tarefa, mas também se perguntava por que nunca ouvira falar ou conhecera o último sujeito que ocupara esse cargo. Seria uma posição nova ou algum tipo de armário de vassouras dourado onde guardam gerentes intermediários talentosos, dos quais nunca mais se ouvirá falar?

Ele conversou com sua equipe em Paris. A maioria era dez anos mais nova que ele e mal conseguia conter o entusiasmo. – *Écoute,* é perfeito. Faz absoluto sentido. Você faz isso, depois se muda para LA e... eu não queria dizer isso, cara. Mas você tem de cair fora de Céreste.

Meus pais ficaram satisfeitos, impressionados. Era tão lógico, um reconhecimento perfeito de sua ascensão na indústria. A bússola que andara girando sem direção por dois anos de repente parecia estar apontando, bem, para cima.

Apesar do entusiasmo geral, havia pequenas, mas insistentes forças agindo na direção contrária. Sentado como o Grilo Falante no ombro de todo mundo estava o espírito de Steve Jobs, que morrera na semana anterior, aos 56 anos. Gwendal sempre passava um vídeo do YouTube da palestra que Jobs dera para os alunos de pós-graduação em Stanford: "Se este fosse o último dia de sua vida, você gostaria de estar fazendo o que está prestes a fazer agora?"

MINHAS CAMINHADAS À TARDE até a casa da babá me dão alguns momentos todos os dias a sós com meus pensamentos. Atravessando a *vieux village* no começo do outono, você sabe em quais casas há crianças: castanhas lisas e marrons estão empilhadas cuidadosamente nos degraus da entrada. Elas são a moeda infantil local nesta época do ano, guardadas como centavos. Hoje de manhã, Alexandre mostrou sua coleção a Jean.

– Coloque-as em seu *poche* – disse o velho Jean, batendo no bolso do casaco de moletom de Alexandre. – É bom para prevenir o reumatismo.

– O quê? – estive a ponto de perguntar, mas me contive. Melhor guardar essas perguntas de garota da cidade para mim mesma. É para isso que existe a internet.

Dizem que a Provence é uma região fria aquecida pelo sol. As estações colidem, um acúmulo botânico. Ao longo dos lados da rua principal, os talos ainda verdes das íris esticam-se do meio de uma camada de folhas marrons secas. Pequenos galhos dos plátanos entulham o caminho, à espera de serem recolhidos para acender o aquecedor à lenha no inverno.

Desde que Gwendal recebeu o telefonema, venho andando por aí com um pequeno nó na boca do estômago. Eu poderia deixar a França, minha nova vida, minha carreira, meu queijeiro? Fiquei mal-acostumada. Gosto quando Gwendal faz crepes nas tardes de domingo. Ele poderia fazer isso e ainda supervisionar transmissões por satélite para Dubai?

Meu instinto é encorajar, mas, para ser honesta comigo mesma, Londres quase sempre foi um lugar solitário para mim. Eu compreendia os livros, não as pessoas. Sou muito direta, muito sincera. A ironia passava por mim como uma bola de críquete. Tenho certeza de que miravam a minha cabeça.

Mas esse não era um emprego qualquer, eu dizia a mim mesma, era Warner Brothers. Como se o próprio Pernalonga pegasse o telefone e dissesse: – O que é que há, Gwendal?

Se eu sinto um nó nas minhas entranhas, também tenho uma americana lá dentro. Um reflexo, uma reação mental automática, resquício dos meus 20 em Nova York – a era dos grandes planos e *sour cherry martinis*. "Para a frente e para o alto"– a expressão não é essa? Para a americana que há em mim, seguir em frente sempre significou subir. Erguendo os olhos para as colinas, sinto, talvez pela primeira vez, o quanto estou longe daquela jovem. Suas prioridades já não são as minhas. A lista de desejos da minha cabeça de 22 anos – status, dinheiro, aquisições infindáveis – foi completamente transformada pelos anos que passei na França. Deve ser dificílimo para um americano admitir: existe algo como *basta*. Gwendal e eu temos uma qualidade de vida adorável, muitas dívidas, algumas economias, tudo baseado em uma fração do que meus amigos nos Estados Unidos levam para casa todo mês. Não é exatamente um "paraquedas dourado", mas estamos indo bem. Adoro meu trabalho e isso, por si só, já é um privilégio, mas uma carreira na França não é o que completa uma pessoa ou a torna valiosa. O sucesso tem um significado diferente aqui. Tem mais a ver com a qualidade da minha torta de figo que com o tamanho do meu salário. Realmente não consigo me lembrar da última vez que alguém me perguntou o que faço para ganhar a vida.

O que realmente gosto a respeito de estar em Céreste são os dias, a maneira como o tempo flui tranquilamente diante de nós, como as suaves elevações dos campos. Não me entenda mal – ainda sou gananciosa, mas agora sou gananciosa por tempo. Anseio por ele como se fossem grandes tigelas de *soupe d'épeautre* forrando meu estômago e aquecendo meus órgãos. Estou ficando acostumada a ter Gwendal em casa para o almoço, fazer cócegas em Alexandre depois do banho, o eventual cochilo de revitalização que se transforma em um encontro amoroso à tarde.

Alexandre e eu voltamos para casa, o carrinho sacolejando pelo caminho esburacado. Ele arrasta um graveto pelo chão, estreitando os olhos contra o sol. Quando passamos pela figueira da praça, pelos lençóis lavados ondulando e batendo nos muros de defesa medievais e pelas ruas estreitas livres de carros, percebo do que nós estaríamos abrindo mão. Durante toda a minha vida, resisti a viver o momento, varri para o lado o presente em prol do próximo grande acontecimento. Pela primeira vez, sou confrontada com uma situação em que tudo – *tudo* – que eu quero está bem aqui. Agora.

PARA MINHA SURPRESA, Didier realmente telefonou, na tarde de terça-feira, depois do almoço. A colheita do açafrão é rápida, duas ou três semanas em setembro ou outubro antes da primeira geada. Decidimos fazer disso um passeio em família. As instruções de Didier para se chegar a La Ferme de la Charité foram um pouco vagas, algo sobre dois ciprestes altos e uma placa com um bode preto. Alexandre adormeceu quando atravessamos a zona rural de Forcalquier, passando por batalhões de pinheiros em posição de sentido, os troncos cravejados de espinhos curtos como os degraus de uma escada. Nós nos perdemos algumas vezes nas estradas vicinais perto de Les Tourrettes. As placas, quando havia alguma, começaram a indicar *hameaux* – aldeias –, em vez de vilas ou cidades.

Didier veio ao nosso encontro ao pé da entrada da garagem, acenou para nos indicar que deveríamos estacionar ao lado de um trator enferrujado em frente à casa. Ele é tão alto e magro que parece desenhado por um cartunista – todo de linhas finas, com uma barba que termina em uma ponta peluda no meio do peito.

Martine saiu da cozinha para a varanda, afastando os cabelos dos olhos com as costas do pulso. Ela é bronzeada e enrugada, o corpo escondido sob uma pilha de suéteres de lã que já haviam perdido a forma. Seus braços estavam vermelhos até os cotovelos, o avental, gotejando. Parecia que estivera esquartejando corpos no quarto dos fundos, mas eu já estava na Provence havia tempo suficiente para saber que ela provavelmente estava apenas lambuzada do suco das cerejas que andara descaroçando. Espreitei a cozinha por trás dela. Um lote de geleia fervia furiosamente no fogão. A *KitchenAid* estava coberta de uma fina camada de farinha – todos os sinais de uma cozinha em funcionamento. Os ladrilhos amarelos do piso tinham a cor de um bom risoto de açafrão.

Quando chegamos, a mesa de piquenique de madeira na varanda já estava coberta de cestas de delicadas flores roxas, os restos do carregamento do dia anterior. Então, é daí que vem meu açafrão. A especiaria é, na verdade, o pistilo (a armadilha de pólen) da flor. – São três fios por flor – explicou Didier. – De vez em quando, você encontra uma flor com seis pistilos, uma flor da sorte, como um trevo de quatro folhas. O açafrão é um dos temperos mais caros do mundo. Quando perguntei por que, ele indicou as cestas com os restos das flores sobre a mesa com um movimento de cabeça. – *Le main d'oeuvre* (a mão de obra) – ele disse. – Não há como mecanizar o processo. Tem de ser feito à mão.

Para dar uma ideia: Didier e Martine colheram 90 gramas de açafrão no ano passado, de 17 mil flores. Para um quilo, são necessárias aproximadamente 225 mil flores, todas colhidas e processadas à mão. Um quilo de açafrão é vendido por cerca de 30 mil euros. A colheita do dia anterior – mais açafrão do que eu jamais havia visto de uma vez – cobria uma travessa de louça branca na mesa. Uma leve brisa nos percorreu. A natureza tem um senso de humor cruel. Uma boa rajada de vento e vários milhares de euros acabariam espalhados por todo o gramado da frente. Martine devia estar pensando o mesmo, porque cuidadosamente levantou a travessa e levou-a para dentro.

Fiquei ali com um sorriso congelado, tentando não parecer muito inútil. Didier apontou para o caminho que levava à plantação abaixo da casa. Em situações como essa, acho melhor dizer logo às pessoas que sou uma nova-iorquina. Isso me dá a liberdade de fazer uma ou duas perguntas idiotas. Conforme nos dirigíamos à plantação, Martine deu um aviso. "Cuidado para não pisar nas flores", ela disse, olhando para as solas dos meus tênis ostensivamente brancos.

Desviei-me cuidadosamente de algumas bolotas de excremento.

– Você espalha o estrume de coelho ou eles simplesmente vêm sozinhos?

– *Les moutons* – Martine disse. – Isto é excremento de ovelhas. Ah. A Provence é uma terra em que é melhor que uma garota conheça sobre estrumes.

– Onde estão as ovelhas? – perguntei, olhando à volta.

– No congelador – respondeu Didier. – Fazem menos barulho.

Em menos de uma hora, havíamos esvaziado a plantação de suas flores abertas. Outras flores, as pontas roxas acabando de despontar do chão nesta tarde, estariam prontas no dia seguinte. – *Ça va, les reins?* Martine estava preocupada com meus rins (os franceses são muito protetores de seus órgãos digestivos), espremidos como estavam pela minha posição dobrada como um canivete conforme eu me inclinava para a frente para agarrar as últimas flores. Gwendal estava na beirada da plantação, tirando fotos. Ele nunca se cansa de enviá-las à minha família e amigos nos Estados Unidos: Elizabeth descobre o trabalho manual, alívio cômico ou simplesmente prova de que eu não só possuo tênis, mas de vez em quando encontro uma razão para usá-los.

Havia um vento forte, o começo de uma friagem de outono, quando nos dirigimos à varanda. Sentamo-nos à mesa e começamos a remover delicadamente os preciosos fios com a pressão de uma unha. Logo, meu polegar ficou manchado de uma cor laranja brilhante – o equivalente vegetal ao toque de Midas. A nova colheita seria espalhada em um tabuleiro e seca em fogo brando por cerca de meia hora. Em seguida, Martine a deixaria até o dia seguinte no forno para acabar de secar, antes de pesá-la e preparar os frascos de 0,5g ou 1g cada.

Após alguns minutos de trabalho silencioso – Didier e Martine terminariam mais tarde –, Didier nos mostrou a fazenda. Vimos toda a extensão do campo que até muito recentemente abrigava centenas de tomateiros para dar os frutos que fariam companhia à nossa muçarela de verão. Tivemos de retirar Alexandre à força do assento do trator. Ele teria ficado feliz em dormir ali mesmo. Os gansos se espalharam à aproximação de uma criança cheia de energia. Passamos pelas cabras, um majestoso touro negro e um porco de 450kg que eu não gostaria de encontrar em uma viela escura. Ele nos fitou com desconfiança, um dente longo, beligerante, saindo do lado esquerdo da boca.

– Ele arrancaria sua perna se tivesse a oportunidade – disse Didier, pensativamente.

– Hum. – Sorri, fazendo sinal para Alexandre se afastar do cercado.

Gwendal não falou muito enquanto fazíamos as curvas fechadas do caminho de volta a Forcalquier. Ele deveria falar com o caça-talentos mais tarde na semana. O sol brilhou pelo meio das fileiras de pinheiros, como o pêndulo de um hipnotizador em uma corrente.

―⚬―

NO DIA SEGUINTE depois do almoço, subi para o escritório de Gwendal. Ele estava sentado à escrivaninha, os detritos de nossa vida administrativa espalhados ao seu redor no chão, a cama extra para hóspedes sem os lençóis. Nossos esforços de decoração não haviam se estendido bem até esta parte da casa. O sofá colonial inglês de vime não combinava com o tapete marroquino, e a porta espelhada do armário *art déco* que encontramos no *depôt-vente* estava a ponto de cair. Na verdade, não era o local de trabalho mais glamoroso para um homem de sua capacidade. Sentei-me na borda da cama.

Já tive muitas conversas de estímulo ao estilo americano com Gwendal nos últimos anos, e, em todas as ocasiões, ele correspondeu à altura. Desta vez, ele só precisava que o tirassem da forca. – Você nunca quis trabalhar para um estúdio de Hollywood – eu disse suavemente –, ser uma peça na engrenagem. Você não gosta da politicagem dos escritórios. Há pessoas boas nisso, feitas para isso. Mas não você. – Gwendal girou um pouco na cadeira. – Sua honestidade, sua integridade, sua ilimitada capacidade de trabalho, *essas* são as características que o tornam especial, que forçam as pessoas a levá-lo a sério. Você é empreendedor. Deve estar em um lugar no qual sua principal vantagem seja ser quem você é. Acho que não devemos tentar enfiar um pino redondo em um buraco quadrado só porque vai ficar bem em seu currículo.

Vi seu alívio. Às vezes, eu me esqueço de que ele precisa de mim para dizer essas coisas em voz alta, de que ele tem medo de me decepcionar.

– Acho que nós dois subestimamos o preço que esses dois últimos anos cobraram de nós. Vem sendo difícil por muito tempo. Observe o quanto você está sedento por esse minúsculo reconhecimento do que já fez. Não significa que esteja certo.

Conheço meu marido. Ele tem certo complexo de Atlas – se não houver mais ninguém para fazê-lo, ele carregará o mundo nas costas. Ele se empenha muito. Trata cada emprego que já teve como se fosse o dono da empresa.

Ele segurou minhas duas mãos, deslizou o polegar delicadamente pelo meu pulso.

– Nunca vou fazer isso de novo – sussurrou. – Simplesmente não sou assim. Se vou dedicar tantas horas ao trabalho, despender toda essa energia, tanto tempo longe da minha família, tem de ser um negócio próprio.

EU QUERIA ENCONTRAR uma maneira de agradecer a Didier e Martine. Pensei em bolinhos de cenoura e açafrão, mas decidi optar pela velha receita a que nenhum francês consegue resistir – biscoitos Toll House de gotas de chocolate. Levei o prato de papel, repleto das guloseimas e embrulhado em plástico para o mercado no domingo.

Martine não estava lá, mas Didier estava, apoiado no caminhão, o toco de um cigarro enrolado à mão entre os lábios.

– *Mais, il fallait pas.* Não precisava.

Mais, si.

Em resposta, ele me deu um pequeno vidro de açafrão. Os fios refletiram a luz da manhã, brilhando ligeiramente nas pontas.

– *Mille quatre cent soixante quatorze* – ele disse, olhando para a coleção de potes dispostos sobre a toalha de xadrez. Traduzir números é uma das últimas dificuldades em meu vocabulário francês, juntamente com instruções de condução de veículos e o jargão para impostos. (Pensando bem, talvez não tenham nada a ver com meu francês.) Devagar, repeti mentalmente cada sílaba, em uma tentativa de visualizar o número. – Mil quatrocentas e setenta e quatro flores na última quinta-feira – ele repetiu com certa satisfação, como se quisesse dizer: *Nada mau para uma nova-iorquina que não sabe identificar cocô de ovelhas quando os vê.*

Guardei o vidro em minha bolsa e dei *bises* nas duas faces de Didier. Por enquanto, esse é o único paraquedas dourado de que necessito.

Receitas para a colheita do açafrão

COMPOTA DE VERÃO DE AÇAFRÃO
Compote de Pêches aux Safran

Alguns fios de açafrão acrescentam profundidade – talvez até mesmo um toque sofisticado – a esta compota de verão. Faço a minha com uma mistura de pêssegos brancos e amarelos e suculentas nectarinas, o que quer que eu tenha à mão. Coloque em cima de seu iogurte natural, faça uma camada em um *parfait* ou sirva com uma fatia de bolo e uma colherada de *crème fraîche*. Quando eu me dispuser a fazer conservas, essa é a que vou fazer, potes e potes de dias ensolarados para me ajudar a atravessar o frio do inverno.

1kg de frutas bem maduras (uma mistura de pêssegos, nectarinas e abricós)
1 colher de sopa de açúcar demerara
2 boas pitadas de açafrão

Corte as frutas em cubos de aproximadamente 2,5cm. Não acho realmente necessário descascá-las. Em uma panela de fundo grosso, junte as frutas e o açúcar. Deixe ferver, misture o açafrão e deixe cozinhar em fogo brando até engrossar e reduzir um pouco. A minha compota levou cerca de 40 minutos. Sirva morna ou fria.

Rendimento: seis a oito porções

MOLUSCOS COM AÇAFRÃO – MOLHO DE TOMATE E FUNCHO
Palourdes au Safran

O açafrão e os frutos do mar têm uma afinidade natural. Este prato está simplesmente entre os melhores que já comi – elegante o suficiente para um jantar formal, mas também excelente para a família comer com as mãos.

¼ de xícara de azeite de oliva
½ xícara de chalotas, moídas
3 dentes de alho grandes, moídos
1 ½ xícara de funcho, cerca de metade de um bulbo médio, picado (reserve as folhas para decorar)
400g de tomates-cereja, cortados ao meio
1 colher de chá de açúcar
¼ de colher de chá de açafrão da melhor qualidade. Eu uso fios inteiros que trituro em um pilão
Pimenta-do-reino
1 ½ xícara de vinho branco
½kg de moluscos frescos

Aqueça o azeite em uma panela larga e baixa, com tampa. Refogue as echalotas, o alho e o funcho em fogo médio a brando, até ficarem macios, cerca de dez minutos. Acrescente os tomates, o açúcar, o açafrão e uma pitada de pimenta-do-reino moída. Cozinhe em fogo baixo por cinco minutos. Adicione o vinho branco, cozinhe mais cinco minutos. Acrescente os moluscos e mexa para envolvê-los no molho. Tampe bem a panela. Cozinhe por dez minutos, até os moluscos se abrirem completamente. Sirva imediatamente ou pode desligar o fogo e deixá-los descansar por mais ou menos dez minutos – não fará nenhum mal.

Sirva como aperitivo sobre rúcula com bastante pão fresco para absorver o molho. Ou sirva sobre talharim como prato principal. Decore com folhas de funcho picadas.

Rendimento: quatro porções

Dica: Não há necessidade de acrescentar sal a um prato como este. A água que os moluscos soltam cuidará disso.

CUPCAKES DE CENOURA E AÇAFRÃO

Para mim, praticamente nada pode melhorar um bom cupcake de cenoura, mas esta receita mudou minha opinião. Provei algo semelhante em um pequeno mercado do produtor. Uma jovem vendia grandes bolinhos de cenoura juntamente com seu xarope de açafrão caseiro e geleia de abricó com açafrão. Seu segredo: impregnar os ovos com açafrão na noite anterior ao dia em que fará os cupcakes. Normalmente não programo o que vou fazer com 24 horas de antecedência, de modo que tentei adicionar o açafrão no mesmo dia e ainda assim funcionou maravilhosamente. A fragrância sutil impregna os cupcakes perfeitamente. Eles são ótimos sem glacê para o café da manhã ou o lanche, mas adoro cobertura de *cream cheese*; portanto, por que não enfeitar o pavão?

Para os cupcakes
3 *ovos*
1 *generosa pitada de fios de açafrão triturados*
   (*ou ⅛ de colher de chá de açafrão em pó*)
2 *xícaras de açúcar*
½ *xícara de óleo vegetal*
½ *xícara de azeite de oliva*
1 *xícara de farinha de trigo integral*
1 *xícara de farinha de trigo*
¾ *de colher de chá de sal*
2 *colheres de chá de bicarbonato de sódio*
½ *xícara de nozes picadas*
½ *xícara de passas brancas*
3 *xícaras bem cheias de cenouras raladas*
   (*aproximadamente 5 cenouras*)

Para a cobertura
1 pitada pequena de fios de açafrão triturados
1 colher de chá de água fervente
50g de manteiga, em temperatura ambiente
85g de cream cheese Philadelphia, em temperatura ambiente
2 xícaras de açúcar de confeiteiro

Preaqueça o forno a 190°C.

Em uma tigela grande, bata ligeiramente os ovos com o açafrão. Adicione o açúcar e bata até ficar amarelo-claro. Acrescente o óleo e o azeite. Bata bem até incorporarem.

Em uma tigela pequena, combine as farinhas, o sal e o bicarbonato de sódio.

Em uma tigela média, misture as nozes e as passas com a cenoura ralada. Reserve.

Adicione e bata a mistura de farinhas na mistura de ovos até ficarem uniformemente unidos. Não bata em excesso. Misture as nozes, as passas e a cenoura com uma espátula.

Forre as forminhas de cupcakes com forminhas de papel ou de papel-alumínio (24 cupcakes). Distribua a massa uniformemente. Asse por 22 a 25 minutos, até ficarem dourados e um palito sair limpo. Deixe esfriar por cinco minutos em uma grade. Em seguida, tire-os e deixe esfriar completamente. Para fazer a cobertura: Dissolva o açafrão em uma colher de chá de água fervente. Deixe esfriar. Bata a manteiga, o cream cheese e a água de açafrão até obter um creme (não se preocupe se houver pequenos fragmentos de fios de açafrão). Adicione o açúcar e bata até ficar cremoso. Cubra os cupcakes generosamente. Em seguida, guarde em um recipiente hermético na geladeira.

Rendimento: 24 cupcakes

CAPÍTULO 13

EM CASA

Santo Empire State Building, Batman. Acabo de ser considerada uma turista em minha própria cidade natal. Depois de eu ter passado uma semana na nova casa de meus pais, em Delaware, Gwendal veio se juntar a nós. Seguimos juntos para Nova York e saímos da Penn Station para o concreto banhado em sol. Absorvi o barulho e a descarga dos carros como se fossem o ar no topo do Everest. Gwendal começou a se dirigir para a fila do táxi, de umas 40 pessoas.

– Hã, hã – eu disse, em tom de recusa. Caminhei alguns metros quarteirão acima e fiz o que qualquer nativo de Nova York faria: sinal para um táxi no meio dos carros em movimento. Temos mais a fazer com nosso tempo que esperar na fila de táxi da Penn Station.

Içamos nossa mala e duas grandes sacolas de compras de bebidas francesas (itens para um amigo) para dentro da traseira do táxi.

– West Tenth Street, 149.

Devo ter sido distraída por uma mosca ou algo assim, porque já haviam se passado quase 20 quarteirões quando notei o que estava acontecendo.

– Desculpe-me, senhor. Por que estamos indo para o norte da cidade?

– Achei que a senhora tinha dito Tenth Avenue e Amsterdam.

– (Não importa que isso fosse geograficamente impossível.)

– Tenth Street – eu disse, entre os dentes. – Tenth Street. Sabe, eu não sou turista, e o senhor me ouviu perfeitamente. Por favor, religue o taxímetro e nos leve ao sul da cidade.

E foi exatamente o que ele fez, não antes de ferir meu orgulho, deflagrar uma crise de identidade e desperdiçar uma meia hora que eu poderia ter passado em minha loja de chapéus favorita no SoHo.

Quando saímos do táxi, Gwendal olhou para mim como se eu tivesse acabado de ver um fantasma.

– Você acha que ele estava realmente tentando nos enganar ou simplesmente não entendia inglês muito bem?

– Não importa – retruquei. E não importava mesmo. O mal já estava feito. Em algum momento durante os meus dez anos na França, eu havia cruzado uma linha. Nova York está no meu sangue, mas também na minha voz, meus cabelos, minhas roupas e no fato de que, agora, tenho de sair da Penn Station carregando uma mala. *Merde.*

―――

VOLTAR PARA CASA, a outra casa, a casa de antes – *seja lá o que for –*, para os Estados Unidos está ficando confuso. É difícil explicar a Gwendal o que acontece comigo quando piso nos Estados Unidos. Ele deve ficar desorientado; não eu.

O primeiro sinal de que havíamos deixado a Europa foi a menina de pijama. O avião estava atrasado, e eu e Alexandre levamos uma hora para passar pela alfândega. Quando finalmente saímos para a área de desembarque, restavam apenas quatro pessoas na sala: meus pais, uma jovem mãe e uma menina de uns cinco anos. Eram 16:30, e a menina estava rolando no sofá em um pijama de cor pastel como um cupcake. Era algo minúsculo, mas como um fato culturalmente significativo era tão claro quanto o pôster americano na Imigração – *Bem-vindo à terra onde tudo vale.* Assim como você jamais veria uma francesa em um avião de calças de moletom, você nunca veria uma criança francesa de pijama em público.

Sem dúvida, a maioria das pessoas não é assim tão descontraída a respeito de seus ambientes. O primeiro aspecto de meu comportamento que vem à tona quando retorno aos Estados Unidos é a minha noção cuidadosamente cultivada de moderação, paciência e, ouso dizer, ordem. Há uma mudança de frequência, como um leve giro do botão de um desses rádios antigos, quando começo a falar inglês em tempo integral. Eu me torno impaciente. Busco oportunidades de criar confusão. *Isso é inaceitável. Quero falar com o gerente.* Pelo simples prazer de saber que pode funcionar. Como aquela menina no aeroporto, meus horários ficam todos misturados. (Para dizer a verdade, sempre achei uma pena que os franceses não tenham uma palavra para "passar o dia de roupão comendo sobras de comida chinesa e vendo reprises de *Law and Order*".) Comer não obedece a nenhum lugar ou hora específico, simplesmente está *ali*, profusamente, constantemente. Fico estupefata com todas as minhas opções. Peço panquecas de mirtilo e bacon para o jantar em um restaurante popular. Requento sobras de repolho recheado para um almoço às 16 horas. Estou sempre comendo e nunca tenho fome. Inalo jujubas, caixas e caixas de Dots, com sua cor fluorescente e seu alto teor de frutose de xarope de milho, Dots – o anticristo de seu ortodontista. Esses alimentos são ao mesmo tempo terrivelmente saciantes e uma reconstituição de *Invasão de Corpos*. Quarenta e oito horas após a minha chegada, geralmente posso ser encontrada no banheiro cuidando de uma enxaqueca induzida por açúcar e vomitando um pacote perdido de Twizzlers.

―☙―

NA SEMANA EM QUE CHEGO, minha mãe sempre compra uma carne de porco com osso para assar em comemoração – para oito pessoas. Leva três horas para cozinhar, e com toda a conversa, desfazer as malas e minha costumeira mania de revirar a gaveta de joias de minha mãe, nunca conseguimos nos lembrar de ligar o forno antes das 18 horas. Raramente tenho tempo de marinar a carne, e sempre há um pêssego passado e uma maçã Granny Smith parcialmente congelada, esquecidos no fundo da gaveta de frutas, que minha mãe insiste em lançar na panela. Às 20:30, bem depois da hora de jantar americana, a carne ainda está crua no centro. Desistimos e a cortamos em oito grossas costeletas penduradas no osso e as lançamos embaixo da grelha. Às vezes, *realmente* desistimos e pedimos uma pizza.

Enquanto preparo a carne de porco assada, posso ouvir minha mãe à mesa com Alexandre. "Cadê a roxa? Não", ela pergunta delicadamente. "Qual é a roxa? Aí está. Muito bem. Pode me mostrar onde vai essa? Quantos lugares há? Um, dois, três. Isso *mesmo!*" Ela não o vê há quatro meses, uma vida inteira nesta idade. Talvez seja a maneira como minha mãe usa sua voz aguda de professora, mas, para mim, esse tipo de brincadeira parece tão... direcionada. Sinto que ela o está testando.

Minha mãe é uma professora maravilhosa. Ela passou a primeira parte de sua carreira ensinando adolescentes com deficiências, e a segunda metade, em um cargo administrativo, certificando-se de que as crianças recebessem os serviços terapêuticos adequados. Isso significa que ela possui uma lista de verificação em sua cabeça – segurança ocupacional – das coisas que Alexandre *deva* estar fazendo. Você nunca, jamais, ouvirá um professor francês tentando avaliar o conjunto de habilidades de uma criança de dois anos e meio.

Alexandre, recentemente, começou a fazer aulas de música para crianças em Reillanne. No momento, essa é sua única atividade formal (a menos que observação de tratores também conte). Ninguém na França parece muito preocupado em programar montes de atividades para as crianças. Ao contrário, isso é visto como negativo – uma imposição no tempo que têm para brincar. Claire, nossa vizinha em Céreste, retornou recentemente ao seu trabalho como fonoaudióloga. – Às vezes, um pouco de *ennui* – tédio – é bom para as crianças. Isso as obriga a inventar, desenvolve a imaginação delas.

As aulas de música para dois e três anos chamam-se *Éveil Musical* (Despertar Musical). Ao contrário de mamãe e de mim, os pais não são convidados a ficar durante a aula. Não creio que estejam praticando escalas ou aprendendo a identificar Mozart. Quando vamos apanhá-lo, ele geralmente se recusa a largar a flauta. As expressões que ouço aqui e ali podem ser traduzidas como "despertar os sentidos" e "ter prazer" – *prendre plaisir*. Segundo a teoria, se você instilar uma sensação de prazer, a aprendizagem se seguirá. Acho que as crianças americanas – inclusive eu mesma – foram criadas com a equação inversa: se você aprender algo, sentirá o prazer da realização. O prazer, para a criança americana – e tenho a secreta suspeita de que para os pais também –, não vem apenas de fazer, mas de fazer melhor que qualquer outra pessoa. Quero que meu filho seja bem-sucedido e feliz. Não creio que haja algum pai ou mãe em todo o mundo que não deseje o mesmo. São a causa e efeito que diferem entre culturas: o sucesso o torna feliz ou ser feliz é um sucesso?

"VOCÊ É UMA SUPERMÃE?"

Está brincando?...

Minha mãe gosta de guardar artigos de jornais e revistas para mim. Ela os deixa na mesinha de cabeceira, de modo que, ao voltar aos Estados Unidos, eu fique sabendo de tudo sobre o mais novo creme para minhas olheiras, o novo e famoso *chef* que abriu um restaurante a 50 metros de nosso antigo apartamento em Paris e o sucesso do movimento das escolas públicas autônomas. Na viagem atual, há um artigo de capa da revista *Time* com uma foto de uma loura esbelta como uma bailarina amamentando seu filho de três anos. A manchete "Você é uma supermãe?" confirma alguns pontos dos quais eu vim a suspeitar: criar filhos se tornou um esporte radical nos Estados Unidos.

Tenho conversas que nunca esperei ter.

– Estou obcecada com cadeirinhas para carros – diz uma amiga na Carolina do Norte que resolveu deixar seu curso de doutorado em psicologia para ficar em casa com os três filhos.
– Por quê? – pergunto inopinadamente, antes de poder me conter. Espero não ter soado antiquada. Tenho certeza de que foi o que pareceu.
– Porque é realmente importante.
Bem, sim. Mas...?
Ela não estava sozinha. Quando liguei para Maya, uma professora de economia em LA, ela repetiu uma versão igual. – Estamos procurando uma nova cadeirinha de carro para Serge. Sabia que uma cadeirinha de carro tem prazo de validade? O plástico se torna quebradiço e, portanto, tem reduzida a resistência ao choque, de modo que você precisa substituí-la. Talvez eu esteja há tempo demais na França, mas, se uma dessas frágeis sacolas de plástico pode permanecer imutável em um aterro sanitário por trinta mil anos, como a cadeirinha de carro pode expirar antes que seu filho abandone as fraldas?

Não é que eu estivesse ouvindo argumentos contrários na França. Eu simplesmente não estava tendo esse tipo de conversa. A melhor palavra que posso encontrar para as mães à minha volta na França é *décomplexées*. Significa "relaxadas", mas também "descomplicadas", "antineuróticas", por assim dizer. Os pais franceses não parecem se preocupar em cometer erros o tempo todo, em deixar seus filhos doentes com um pouco de sujeira ou sufocar-lhes a criatividade com disciplina. Não tem nada a ver com competição e muito a ver com bom senso. Não há nenhum artigo científico revisto pelos pares que você possa brandir que os convença de que atirar espaguete para todos os lados é uma forma de autoexpressão.

Minha própria família não ficou imune a essas inseguranças de supermãe.

Certa manhã, tia Joyce, a irmã mais nova de minha mãe, entrou pela porta, sacudindo o molho de chaves.

– Olá, docinho – ela disse a Alexandre. – *"High five."* – Ela lhe está ensinando um pouco do jargão local.

Tia Joyce é uma das pessoas favoritas de Alexandre. Ela tem um triciclo que fica no caminho de entrada e, geralmente, um pacote de M&Ms na bolsa.

Ela se serviu de uma Coca diet, sem gelo, que bebe a qualquer hora do dia ou da noite.

– Você não vai nos obrigar a fazer um Curso de Avó, vai?

– Curso de Avó?

– Tenho uma amiga em Pittsburgh cuja filha, antes de deixá-la tomar conta de seus filhos, teve de fazer um Curso de Avó.

– Vocês nos criaram e estamos todos aqui. Acho que não precisamos desse diploma.

HAVIA OUTRA RAZÃO para eu ir a Nova York: ver Linda. Não a via desde o enterro de meu pai. Eu pretendia manter o contato, mas anos, e logo oceanos, interpuseram-se no caminho. Linda foi a última namorada de meu pai, mas era também a irmã mais nova de seu melhor amigo de infância. Ela tivera uma paixonite por ele quando mal chegara à adolescência. Trinta anos e dois divórcios depois, eles se reencontraram. Se meu pai não estivesse doente, tenho certeza de que ela teria sido minha madrasta.

O transtorno bipolar, como todas as doenças mentais, é insidioso. Embora seja psicológico, como a diabetes, em vez de restringir seu acesso a doces, ele muda sua personalidade. Às vezes, deixava meu pai silencioso, incapaz de reunir energia para cortar os pelos em suas orelhas. Às vezes, o tornava ruidoso, irracional, delirante. Gritava com garçonetes, processava seus médicos. No fim, ele acabou afastando Linda, como a maioria das pessoas. Todos, realmente, exceto eu. Ele morreu de ataque cardíaco, sozinho em seu apartamento, poucos meses antes de eu completar 24 anos. Quando a polícia telefonou para mim no trabalho, perguntei ao sargento se havia algum sinal de pílulas, gás. Quando ele disse que não, uma parte minúscula de minha tristeza se transformou em alívio.

Tenho me sentido melhor nesses últimos meses. As pílulas para a tireoide estão surtindo efeito e meu médico e eu estamos gradualmente elevando a dose. Mas, depois do buraco em que caí no inverno passado, ainda tenho receio, estou cansada de esperar o inevitável. Alexandre dá a essas questões de hereditariedade um novo sentido de urgência – não quero transmitir a ele esse peso, esse temor.

Linda combinou de encontrar-se comigo em uma lanchonete perto de seu apartamento no Upper West Side. Eu a avistei quando subia a rua em uma roupa esportiva, com uma bengala. Ela estava mais velha, mais loura do que me lembrava.

– Ah, querida, que bom revê-la. – Ela me deu um grande abraço. – Desculpe-me pelos trajes. Estou voltando da fisioterapia.

Dentro da lanchonete, sentei-me no banquinho de imitação de couro. As mesas ficavam bem juntas. O homem à nossa esquerda, comendo uma tigela de cereais, quase roçava em mim com seu *New York Times* toda vez que virava a página. Linda falou-me de sua filha, seus netos gêmeos.

– Acho que eu só queria saber... – Fiquei surpresa ao ver como era difícil completar a frase. – O que eu queria saber é... ele sempre foi assim, mesmo quando era jovem? Alguém sabe? – Por trás dessas perguntas havia outras. Perdi minha oportunidade? Isso acontecerá comigo?

Já ouvi falar desse fenômeno. Quando os filhos se aproximam da idade em que um dos pais adoeceu ou morreu, eles esperam ultrapassar o limite, o número mágico, como crianças viajando por uma estrada prendem a respiração ao passar por um cemitério.

Olhei fixamente para meu café, mordendo o lábio para conter as lágrimas.

– Oh, querida, você não... você sempre... ele sempre teve tanto orgulho de você.

– Só me pergunto se a doença esteve sempre lá ou se ele acordou um dia e se sentiu assim. Houve algo que a tivesse acionado?

– Sinceramente, se ele estava doente, não creio que teríamos percebido. Ele tentou me contar, mais tarde. E eu disse: "Oh, todo mundo fica deprimido de vez em quando." Realmente não sabia do que se tratava. Para as famílias de alcoólatras, há os Alcoólicos Anônimos. Mas para nós não havia nada.

Ela fez uma pausa, tomando um gole de seu chá de ervas. – Sinto como se eu tivesse sido privada de algo.

Eu nunca tinha ouvido alguém colocar a questão dessa forma, mas eu sentia o mesmo. O começo da infância do qual eu não me lembrava, a fragilidade que sentia quando Alexandre agarrava meus joelhos, tudo isso estava envolvido nesse espaço vazio, algo roubado.

– Desculpe-me por não ter entrado em contato com você antes – eu disse. – Pensava nisso e, no entanto, todo esse tempo se passou. Sempre achei que devíamos ter sido uma família.

– Seu pai tinha um bom coração – ela disse, olhando por cima de meu ombro para outra vida. – Ele era incrível. Dançava muito bem. Quando éramos crianças, costumávamos dançar no porão. Ele me virava no ar e meus cabelos varriam o chão.

Inspecionei o fundo de minha xícara.

– Sabia que minha avó, a mãe de meu pai, recebeu tratamentos de choque? No final da década de 1960, logo depois de meus pais terem ficado noivos.

– Não – Linda disse. – Acho que eu nunca soube disso.

Li algo recentemente. Ao que parece, está voltando à moda.

A mulher à mesa atrás de nós levantou-se e fechou o zíper de seu casaco.

– É verdade – ela disse, inclinando-se para pegar sua bolsa.

– É muito mais seguro agora. Muito eficaz.

Sorri, a despeito de mim mesma. É impossível não amar esta cidade. Demonstração inata de superioridade conjugada à total falta de espaço pessoal. De certa forma, era enternecedor. Só mesmo em Nova York um estranho completo se mete em sua conversa particular só para que você saiba que há alguém lá fora um pouco mais louco do que você.

―⊙―

DESPEDI-ME DE LINDA, prometi enviar-lhe uma cópia do meu livro e comecei a atravessar o parque. Quando preciso falar com meu pai, vou ao Metropolitan Museum of Art. Depois do funeral, nunca mais voltei ao cemitério. Não posso imaginá-lo lá. Para mim, ele está enterrado na ala egípcia, sob o Templo de Dendur, um pequeno santuário que eles desmontaram pedra por pedra no Egito, transportaram pelo oceano e reconstruíram sob um átrio de vidro na East Eighty-First Street.

Meu pai e eu íamos ali quase todo fim de semana desde que passei da idade para ir ao Museu de História Natural até quando parti para o internato. O preço da entrada era "sugerido", o que significava que ele podia entregar apenas algumas moedas sem comentários e depois me ajudar a prender a brilhante etiqueta metálica com um M maiúsculo na gola do meu suéter. Ainda não existe nenhum valor obrigatório para a entrada, mas, desde que meu pai morreu, eu sempre faço questão de pagar o preço integral para que outro pai ou mãe, de poucos recursos, possa dar ao seu filho ou filha o que meu pai me deu. Eu sempre carrego uma dessas etiquetas metálicas em minha carteira. Meu talismã, meu amuleto de boa sorte.

Ainda adoro o ritual de visitar meus objetos favoritos, a grata sensação de conhecer o meu caminho. Passo pela múmia da era romana no saguão de entrada, passo pelos chacais sentados e entro no templo, olho para os grafites da era napoleônica entalhados nas pedras.

Se eu não era um doente mental, para qualquer pessoa que estivesse observando, eu devia estar fazendo uma excelente imitação: sentada em um banco de granito, as lágrimas escorrendo pelo rosto, contando as moedas na fonte. Qualquer estudante que tenha lido Maquiavel pode lhe dizer: o medo une tanto ou até mais que o amor. Meu medo de ficar doente é minha última ligação com meu pai. Eu sinto sua falta. Se eu parar de ter medo de ficar como ele, terei de deixá-lo ir.

Cortei caminho pelas portas dos fundos, virei à esquerda nas cadeiras Chippendale, passei pelos vitrais da Tiffany e virei à direita para a sala de jantar Regency. Que conforto, essa casa cheia de belos objetos onde nada nunca se move! Tanto quanto meu quarto de infância, essas salas me fazem sentir em casa. Sinto-me tão sem amarras às vezes, principalmente quando retorno a um lugar de segurança, um lugar conhecido. Tantos lugares fazem parte de mim agora. Sinto-me um pouco distendida demais. Quem sabe o que fará Alexandre se sentir em casa? As ruas estreitas de calçamento de pedras de Céreste? O cheiro de lenha queimada da fumaça da chaminé e os croissants da *boulangerie*? Qual será nosso lugar especial? Aonde ele irá para pensar em mim?

Há momentos em que desejo envolver Alexandre como uma múmia e mantê-lo junto a mim, e há outros em que não quero ter nada a ver com ele. Sei que estou perdendo uma parte de sua infância, mas como posso estar inteiramente presente em algo que nunca vivenciei? *Sinto como se tivesse sido privada de alguma coisa.* Aonde ela foi, aquela garotinha, e por que ela só aparece – frágil e magoada – quando Alexandre me afasta dele? Estarei me protegendo? Deixando-o antes que ele me deixe?

NO DOMINGO À TARDE, peguei o trem para Connecticut para visitar minha amiga Kim. Sua filha já tem seis meses e eu ainda não a conhecia. Estou aguardando avidamente o almoço. Após três semanas nos Estados Unidos, meu paladar está completamente exaurido. Tudo de que consigo sentir o gosto é açúcar, sal e gordura. Mais alguns dias assim e corro o risco de me transformar em um bolinho com geleia e cobertura.

Kim é uma das melhores cozinheiras que conheço. Nós nos conhecemos na faculdade e durante nossos dias de solteiras em Nova York ela me ensinou a fazer calda de chocolate superfácil e um empadão de frango muito reconfortante. Ela tem uma receita de bolo de cenoura com cobertura de cream cheese que deveria ser gravada em tabuletas de pedras e guardada em uma arca. Kim supervisionou meu primeiro molho bechamel em Paris e sempre tem os utensílios certos à mão, inclusive um pesado e inclinado suporte para um livro de receitas e uma dessas espátulas planas de metal para alisar o glacê.

O marido de Kim é húngaro e ela enfrentou o casamento intercultural da mesma forma que eu – por meio da confeitaria. Quando ela e Mark ficaram noivos, Kim convidou seus futuros sogros para jantar e serviu seu famoso bolo de cenoura como sobremesa. Isso acarretou uma reação estranhamente muda. Sem dúvida, era doce demais para o paladar europeu. Assim, Kim fez o que qualquer futura nora esperta faria: ela saiu imediatamente e comprou vários livros de culinária húngara.

– São muito difíceis de ser encontrados – ela disse. – Adoro este aqui. – Passou-me um livro grosso. A capa era antiquada, um homem idoso em um terno de colete, de pé por trás de um bufê abarrotado de tortas, cachos de uvas pendurados de um suporte elevado de bronze e um peixe inteiro em *aspic*.

– É de George Lang, que administrava o Café des Artistes. Ele morreu há pouco tempo. Seu obituário estava no *Times*.

– Adoro ler os obituários.

– É uma história incrível – ela continuou, enquanto remexia na gaveta de talheres. – Os pais dele morreram em Auschwitz e, quando os russos assumiram o poder depois da guerra, ele fugiu para a Áustria escondido em um caixão. As receitas são muito precisas. A maioria dos livros de culinária húngaros é ao estilo da vovó, com instruções vagas como "mexa até ficar no ponto", o que não ajuda muito se você nunca viu fazer aquele prato, muito menos o comeu.

O resultado do esforço conjunto de Kim e Lang já estava na bancada quando cheguei. Um bolo simples, entremeado de cerejas e coberto com açúcar cristalizado. – Em vez de fermento – ela disse, inclinando-se para tirar o salmão do forno –, você deixa a massa mais leve com claras em neve.

O almoço foi servido na hora certa, o que para mim foi um prazer, depois dos horários irregulares das refeições nas últimas semanas. Com o salmão assado ao forno, Kim serviu uma salada de folhas de rúcula apimentada com cebolas roxas assadas, cubos de abóbora, nozes tostadas e bocados de queijo de cabra muito branco. A salada era temperada somente com azeite e vinagre, talvez uma pitada de sal. As texturas e os sabores eram perfeitamente equilibrados – nenhum gosto se sobressaindo, nenhum tempero chamando atenção. Ela pôs a mesa com a louça de seu casamento arranjada sobre uma bonita toalha branca. Isso me fez sentir mimada, como uma convidada especial. Flora brincava em seu cercado. Após o almoço, Mark preparou-me um expresso. Ele sorriu abertamente quando Kim levou o bolo para a mesa. Era macio e não exageradamente doce. Uma cereja escapou de meu garfo e rolou para o centro do prato. Peguei um farelo de bolo da toalha com a ponta do meu dedo indicador. Quanto mais longe fico, mais claro se torna: lar pode ser algo tão vasto quanto um país, tão sagrado como um templo ou tão simples quanto um bolo.

Receitas para almoço com amigos

SALADA DE RÚCULA COM CEBOLAS ROXAS ASSADAS, ABÓBORA, NOZES E QUEIJO DE CABRA FRESCO
Salade de Roquette au Chèvre, aux Noix, aux Oignons Rouge, et à la Courge Butternut

Simples, nutritiva e saciante, esta salada pode ser um aperitivo maravilhoso – particularmente quando seu paladar está exausto do excesso de alimentos pesados. Uso muito pouco do molho para temperar a salada, quase nada, para que todos os sabores realmente sejam apreciados.

½ *abóbora média*
1 *cebola roxa*
2 *colheres de sopa de azeite de oliva*
Sal grosso
1 *queijo de cabra individual, pequeno (menos de 100g)*
1 *saco médio de rúcula ou outra folha de salada apimentada ou levemente amarga*
½ *colher de chá de xerez ou vinagre de vinho tinto*
¼ *de xícara de nozes picadas*

Preaqueça o forno a 180°C.
    Lave a abóbora e corte-a em cubos com cerca de 2,5cm por 1,3cm (não vejo necessidade de descascar). Corte a cebola roxa ao meio e fatie em meias-luas. Forre um tabuleiro com papel-alumínio. Misture a abóbora e a cebola com uma colher de sopa de azeite. Espalhe-as em uma única camada no tabuleiro. Salpique sal grosso.
    Asse por cerca de 30 a 35 minutos, até a abóbora ficar macia. Deixe esfriar. Corte o queijo de cabra em pequenos cubos. Pouco

antes de servir, tempere a salada com a colher de sopa de azeite restante, o vinagre e uma boa pitada de sal grosso. Misture bem. Coloque por cima a abóbora, a cebola, o queijo de cabra e as nozes. Sirva imediatamente.

Rendimento: quatro porções, como um aperitivo leve.

SALMÃO SIMPLES NO PAPEL-ALUMÍNIO
Saumon en Papillote

Quando quero filés de peixe simples e úmidos, prefiro cozinhá-los *en papillote* (um pacotinho de papel-alumínio).

1 kg de filés de salmão, com cerca de 2,5 cm de espessura
1 colher de sopa de azeite de oliva
Metade de 1 limão
Sal grosso
Pimenta-do-reino moída na hora

Preaqueça o forno a 200°C.

Corte o peixe em porções individuais. Estenda uma folha de papel-alumínio grande em um tabuleiro – o papel-alumínio deve ultrapassar os lados em vários centímetros. Arranje os filés um ao lado do outro, mas sem se tocarem, sobre o papel-alumínio. Regue com um fio de azeite de oliva, esprema o limão por cima e tempere com sal grosso e pimenta. Coloque outro pedaço igualmente grande de papel-alumínio sobre o peixe e dobre cuidadosamente as bordas juntas nos quatro lados para selar bem o pacote.

Asse por 25 minutos se preferir o salmão ligeiramente malpassado, 30 minutos para ficar ao ponto.

Rendimento: seis porções

BOLO HÚNGARO DE CEREJAS
Anyám Csereszneyés Lepénye

Esta receita foi adaptada do livro *Cuisine of Hungary* (Wings, 1994), de George Lang. Kim escreve: "Esta receita é tipicamente húngara, uma vez que pede que os ovos sejam separados e em seguida as claras sejam batidas em neve para deixar a massa leve e fazê-la crescer, em vez de usar um fermento químico como bicarbonato de sódio. Também é bem menos doce que as sobremesas americanas, o que meu marido prefere."

150g de manteiga sem sal
¾ de xícara de açúcar
3 ovos, separados
1 xícara de farinha de trigo
1 pitada de sal
Farinha de rosca
½kg de cerejas frescas, descaroçadas (ou um pote de Morello Cherries, de Trader Joe's, bem escorridas)
Açúcar vanille para decorar

Preaqueça o forno a 180°C.

Bata metade do açúcar com a manteiga até formar um creme. Em seguida, acrescente as gemas e continue a bater. Por fim, acrescente a farinha e o sal. Misture.

Bata em neve as claras com o restante do açúcar, até a mistura formar picos rígidos. Com uma espátula, misture delicadamente as claras em neve na mistura de manteiga.

Unte uma forma redonda de 22cm de diâmetro e salpique a farinha de rosca. Despeje a massa na forma e distribua as cerejas uniformemente por cima (basicamente, devem cobrir a massa).

Asse por 30 a 40 minutos. Deixe esfriar de cinco a dez minutos em uma grade, passe uma faca ao redor da borda da forma e vire o bolo para acabar de esfriar. Polvilhe com açúcar vanille.

Rendimento: oito porções

Dica: Você pode fazer seu próprio açúcar vanille cortando uma fava de baunilha no sentido do comprimento e enterrando-a em ½kg de açúcar. Pode ficar guardado durante meses. Você também pode polvilhar o bolo com açúcar de confeiteiro, mas gosto da leve crocância do açúcar granulado.

CAPÍTULO 14

O IMPERADOR DO SORVETE

O que você diria se pegasse seu marido em flagrante? Se o pegasse com a mão na massa? Se o pegasse à meia-noite, mergulhado até os cotovelos em cerejas amarelas, grudentas, suculentas? Você diria que seu casamento virou uma página? Seria hora de algum remédio ou ao menos de um prolongado retiro de ioga?

―⬤―

EU NÃO DIRIA que a ideia de um negócio de sorvete artesanal nos ocorreu da noite para o dia, mas foi quase isso. Tinha sido um longo inverno. Em algum momento entre a colheita do açafrão e o Natal, Gwendal acertou seu desligamento do emprego. Parecia perigoso abrir mão de um cargo bem remunerado no meio de uma recessão, e creio que era mesmo. Também parecia necessário. Ele estava com 41 anos e completamente desanimado – ou começava seu próprio negócio ou comprava um Porsche, arranjava uma garota de 19 anos e pegava aquela estrada de mão única para o lugar dos Loucos e Frustrados. Tínhamos seu pagamento rescisório, algumas economias, uma pequena herança de seus avós e o seguro-desemprego francês para os próximos dezoito meses. Como não era alguém de ficar parado, ele passara as tardes sombrias editando um livro de poesia afegã contemporânea para um amigo que vive em Kabul, procurando fornecedores de álcoois extraídos de ervas da montanha protegidas para um amigo do cenário de bares de coquetéis em Nova York e organizando a projeção de um documentário americano para a campanha local contra o fraturamento hidráulico.

AS COISAS REALMENTE começaram a tomar forma quando Angela e Rod, nossos anfitriões originais no B&B e amigos queridos, ofereceram-nos seu porão. Era uma antiga adega de pedra e teto abobadado, com uma enorme janela panorâmica dando para a rua principal. Quando Gwendal e eu nos conhecemos, ele sempre falava em ter um espaço próprio, talvez um cinema que passasse filmes de arte com um café, talvez um cabaré à moda antiga com ponche de rum condimentado e atores de circo contemporâneo girando do teto. No momento, o porão não passava de uma área de armazenamento com luz fluorescente, cheirando levemente a umidade, cheio de móveis esquecidos e caixas de vinho. Mas estava ali. Um espaço vazio, aberto à nossa imaginação.

À medida que as semanas se passaram e a hibernação de inverno transformava-se em reflexão de primavera, alguns temas começaram a se cristalizar: o novo negócio tinha de ser algo que compartilhasse os sabores extraordinários que havíamos descoberto na Provence. Algo que seria engraçado para nós e bom para o vilarejo. Conversamos sobre um bar de coquetéis, conversamos sobre chocolates artesanais reforçados com licor de lavanda. Certa noite, Gwendal disse: – Sabe do que este lugar realmente precisa? Uma bela sorveteria.

Aceitei a ideia sem objeções. Meu marido gosta de pensar em voz alta – colocar-se à prova, experimentar. Imaginei que essa fosse mais uma de muitas ideias ligeiramente malucas que pairaria pela sala antes de se estabelecer junto à lareira para sempre.

Eu tentava me concentrar na redação do meu livro, para garantir que tivéssemos algo com que viver durante a aventura empresarial. Lá estava eu, aperfeiçoando minha receita de linguiça com repolho roxo cozido e, antes que eu levantasse os olhos do meu computador, ele já havia terminado um plano de negócios e marcava encontros com banqueiros. Claro, essa era a parte que ele sabia fazer. Havia obtido vinte milhões de euros para um projeto, de um banqueiro, no outono de 2008 – dois meses depois que a Lehman Brothers virou pó e o crédito em todo o mundo foi congelado como um picolé Popsicle de laranja. – Você tem de contar uma história aos banqueiros – ele disse, entregando-me o primeiro impresso, um logotipo no lado de um cone com três bolas de sorvete coloridas. – Em cinema, foi fácil. Eles querem fazer parte de algo divertido, fascinante. – Às vezes, ele soa tão americano que até me assusta.

Eu não sabia exatamente o que dizer. Um pensamento atravessou a minha mente: *Foi para isso que fiz faculdade?* Parecia romântico, mas ele, nós, gostaríamos de lavar louças o dia todo?

Esta pode ser uma maneira estranha de colocar a questão: fui uma criança de pais divorciados, portanto, quando me casei com Gwendal, prometi a mim mesma que eu seria sua primeira mulher e sua segunda mulher – aquela por quem ele se apaixonou (e foi para a cama) e aquela com quem ele pôde crescer e se modificar. Prometi a mim mesma que eu apoiaria a sua felicidade, em vez de soterrá-lo sob uma pilha de hipotecas e responsabilidades.

De certo modo, ao ir à Provence, ao aprender a amar a vida que partilhamos aqui, a decisão já tinha sido tomada. Abrir mão dos ternos, do título e do salário foi apenas a arrebentação final de uma corda que começara a se esgarçar desde que chegamos. É uma opção de vida muito diferente da que eu imaginara para mim, para minha família – para meu armário de sapatos –, mas ao mesmo tempo é uma extensão perfeitamente lógica do salto no escuro que nos trouxe até aqui.

Um segundo pensamento apressou-se a substituir o primeiro: *sorbet* de figos frescos.

Pensei naqueles primeiros fins de semana que Gwendal e eu passamos em Paris – repletos de paixão e descoberta. Naquele nosso último primeiro encontro, dois cones de sorvete ao pôr do sol na Île Saint-Louis. Tudo se resume no seguinte: amo meu marido e confio nele. E, se vamos ficar atolados até os joelhos em *sorbet* de chocolate amargo, é melhor fazermos isso juntos. Bem-vindos ao negócio familiar.

E ASSIM, CARO LEITOR, foi como eu me vi parada no meio de um campo, mantendo uma conversa amistosa com vacas magras. Era começo de abril. Agora que as vacas e eu já havíamos nos apresentado adequadamente, era hora de falar com o proprietário. Damien estava parado na soleira da porta do prédio branco onde ele processava seus produtos, usando uma touca de papel. Não olhou nem a mim nem a Gwendal nos olhos. Seu olhar estava pousado em algum lugar logo à esquerda dos meus joelhos. Apesar de eu ter escolhido meus trajes naquela manhã pensando em "uma garota que passa boa parte de seu tempo com animais domésticos", era óbvio que aquele sujeito me considerava uma fraude. Qualquer que fosse a versão rural de credibilidade urbana, eu precisava de um pouco dela, e depressa.

– Estamos fazendo o iogurte – ele disse. – Estou exatamente trocando o sabor. Vão dar uma olhada aí pela fazenda.

Ainda bem que eu não havia calçado minhas botas novas. Quando eu e Gwendal entramos no celeiro parcialmente aberto, meus pés afundaram na lama à volta dos currais. Lembrei-me da primeira incursão de minha mãe à zona rural francesa – ela passou boa parte da tarde tentando afagar uma galinha.

Quando Damien saiu de sua "fábrica", nós nos reunimos perto de alguns fardos de feno empilhados. Um bezerro havia sido separado dos demais. Ele esticou o pescoço, tentando espreitar por cima da borda de seu cercado.

– Céreste, *oui* – ele disse, desdenhosamente. – Então, vocês conhecem Madame Gilbert?

– *Oui, bien sûr*, Madame Gilbert. Sua prima tomou conta de nosso filho logo depois que chegamos.

– Ouvimos falar do senhor por toda a região – continuei, talvez um pouco ansiosa demais. – Martine e Didier Caron nos deram seu nome. Fizemos a colheita do açafrão com eles no ano passado.

Sua expressão se amenizou um pouco. Ele finalmente me olhou diretamente nos olhos.

Nem no mais badalado leilão da Christie em Nova York, nem na mais elegante festa no jardim em Londres eu sentira a necessidade de fazer o que eu estava fazendo: mencionar o nome de pessoas famosas como se fôssemos amigos íntimos. Estava desesperada para provar que não éramos absolutos recém-chegados, parisienses pretensiosos apenas de passagem, que estávamos começando a criar raízes na comunidade.

Damien acompanhou-nos ao portão. – Isso é apenas um agrado – ele disse, entregando a Gwendal um pequeno recipiente de nata amarelo-clara. Era tão espessa que tive vontade de virar a vasilha de cabeça para baixo só para ver se ela iria manter a forma. – Não tenho o suficiente para vender a vocês. Uso o que tenho para o meu próprio sorvete.

Quando estávamos saindo, ele finalmente murmurou o preço para Gwendal. Se nós mesmos fôssemos buscar o produto, o leite cru, direto na fazenda, o trabalho de uma vida daquelas esnobes vacas Jersey custaria um *centime* menos por litro do que um leite longa vida UHT industrializado.

―◎―

CLARO, PARA COMEÇAR esse novo negócio, as vacas e eu não éramos as únicas que Gwendal deveria convencer.

– Você tem de fazê-los entender que não se trata de uma *crise de la quarantaine* (o equivalente francês a uma crise da meia-idade) – disse Geneviève, que administra uma agência local que faz empréstimos a juros zero a promissores proprietários de pequenas empresas. Gwendal estava sentado em seu escritório, vestido com uma camisa formal e calça cáqui um pouco amarrotada (Céreste não tem uma lavanderia e eu não passo roupa).

– Você não pode deixá-los pensar que é – ela fez uma pausa, com certa gravidade – o homem do queijo de cabra.

Todos nós já havíamos ouvido as histórias. "O homem do queijo de cabra" era, obviamente, um código para um arquétipo muito temido: o grã-fino da cidade que vem para a Provence e, ansioso para se libertar da tirania de suas abotoaduras, compra uma enorme e grandiosa fazenda com metade de um telhado e uma bela vista (em um dia claro, pode-se avistar os Alpes). Ele sonha em construir um charmoso hotel exclusivo com banheiras de pés e Bellinis feitos com seu champanhe favorito (ele já mandou vir várias caixas) e o néctar dos pêssegos locais. Ele mesmo os preparará todas as manhãs enquanto conversa com sua sofisticada, porém pouco exigente, clientela, que o parabeniza pelos lençóis de fio egípcio e pede conselhos sobre trilhas para caminhadas pela região. Após dois anos de progresso infinitesimal com construtores locais, ainda não há eletricidade para a banheira de hidromassagem, de modo que ele desiste e se muda para o celeiro, que está muito decrépito para receber isolamento térmico e é grande demais para aquecer. Na *boulangerie* local (para onde ele se dirige em suas saudáveis caminhadas matinais), conhece um pitoresco criador de cabras e decide que sua verdadeira vocação é produzir queijo de cabra orgânico para Alain Ducasse. Após seis meses de solitário aprendizado no topo da colina e do cheiro azedo do soro de queijo impregnado em sua caxemira, ele chega à conclusão de que detesta cabras, detesta queijo, detesta fazendas, detesta Bellinis e detesta a Provence. Ele vende a casa com prejuízo para um casal inglês aposentado (acostumados a viver sem aquecimento) e foge, arruinado, sem um tostão, de volta a Paris, para abraçar novamente o mundo das finanças internacionais.

Se não chegávamos a esse grau de ingenuidade, é verdade que Gwendal e eu havíamos passado a maior parte de nossas carreiras, bem, digitando. E, se nossas pesquisas até agora estivessem corretas, sorvete parecia ter mais a ver com química do que com culinária, o que significava que eu não seria de absolutamente nenhuma ajuda.

O RELÓGIO DO SOL está apontando em nossa direção outra vez. Nossos amigos Isabelle e Grégoire e seus três filhos chegaram para o dia primeiro de maio. Todo mundo deveria apresentar e juntar um casal de amigos, e que agora estão casados e felizes. Gwendal e Isabelle conheceram-se durante o serviço militar que ele prestou na Austrália. Grégoire é um amigo dele da escola de engenharia. Quando conheci Gwendal, ele e Grégoire estavam trabalhando em um filme de curta-metragem sobre um palhaço chamado Max, que anda por Paris de bicicleta metendo-se em toda sorte de confusões.

Este verão não iria ser tão despreocupado quanto o verão anterior. Estivemos estudando os números, e era evidente que iríamos ter de apertar os cintos. Usei um espartilho por duas semanas no colégio para a produção de *A importância de ser Ernesto*. Fiquei com manchas roxas. O fato é que Gwendal e eu vínhamos vivendo abastadamente nos últimos anos. Com seu salário de executivo, não nos preocupávamos com gastos diários e, quando eu finalmente comecei a ganhar dinheiro com meu trabalho de escritora, pudemos quitar alguns de nossos empréstimos. A maioria das pessoas que conhecemos e amamos na França vivem com muito menos e ainda conseguem comer alimentos frescos, sair de férias e comemorar ocasiões importantes.

Fiquei em casa com Alexandre, enquanto Gwendal levava nossos convidados para uma excursão a pé e um piquenique. O filho deles de cinco anos fez todo o percurso colina acima até Montjustin. São umas duas horas e meia naquele passo.

– Você devia ver Nicolas – disse Gwendal, quando atravessaram a porta. – Ele caminhou o percurso inteiro.

– Como vocês conseguem isso?

– Nós damos pequenas metas às crianças – disse Grégoire. – Jogos para fazer ao longo do caminho. Caso contrário, a cada cinco minutos você vai ouvir: "Já chegamos, Papai Smurf?"

Na manhã seguinte, fomos ao mercado em Reillanne. Isabelle ficou encarregada do almoço. Quando tenho convidados, a americana dentro de mim ainda tende a comprar comida demais, a cozinhar comida demais. Para quatro adultos e quatro crianças, eu teria comprado dois frangos assados da *rotisserie* (minha mãe teria comprado três; eles são pequenos), um monte de batatas assadas, salada, pão, queijo e ao menos dois quilos dos primeiros morangos da estação para a sobremesa. Mas eu deixei Isabelle assumir o controle. Ela resolveu fazer uma *salade de chèvre chaud* (uma salada com torradas com queijo de cabra aquecido e pedacinhos de bacon).

Quando chegamos a casa, Isabelle encheu a pia e lavou um enorme pé de alface crespa. Ela tostou os cubos de bacon em minha maior frigideira e retirou-os com uma escumadeira. Em seguida – e isso é um toque de gênio –, ela colocou cada uma das fatias de pão na panela para absorver um pouco da gordura salgada. Deixou-as vaporizar um pouco, de modo que o pão não ressecasse no forno enquanto aquecíamos o queijo. Eu nunca havia pensado nisso.

Ela cortou cada rodela do queijo de cabra ao meio, horizontalmente, e colocou as duas rodelas em cima das torradas com apenas um fio de mel. Enquanto as torradas eram aquecidas no forno, ela fez um molho vinagrete simples no fundo da minha maior saladeira.

Quando nos sentamos, fiz um rápido cálculo mental. Por talvez 18 euros, havíamos feito uma refeição incrivelmente gratificante para oito pessoas. Uma pena que o famoso homem do queijo de cabra não pudesse ter almoçado conosco. Talvez ele não tivesse ido embora.

– É SEU ANIVERSÁRIO AMANHÃ? – perguntou Isabelle. – Nós vamos fazer um bolo! – Ela parecia genuinamente animada. Gwendal e eu não somos muito bons com comemorações. Nossos aniversários são em maio, a dez dias um do outro, e estivemos tão ocupados nos últimos anos que o próprio dia às vezes transcorre quase sem nenhuma menção. Não me lembro da última vez em que eu realmente comemorei meu aniversário. Quando fiz 30 anos em Paris, não tinha amigos suficientes para dar uma festa. Saímos para um jantar tranquilo com meus pais, que eu me lembro de ter achado um pouco deprimente na época.

Tenho uma amiga que recentemente completou 40 anos. – Resolvemos viajar para um hotel muito sofisticado na cidade do Cabo – ela me disse. – Pensei em dar uma festa, mas depois verifiquei que iríamos gastar exatamente a mesma quantia de dinheiro e eu iria ter todo o trabalho. Era um lembrete de que, seja fazendo canapés ou garantindo uma reserva no restaurante "certo", nós tornamos as comemorações caras e estressantes. Tem de haver outro modo.

Na manhã do meu aniversário, fui banida da cozinha. Gwendal voltou de uma caminhada – sozinho.

– Onde estão Grégoire e as meninas?

– Ah, eles resolveram voltar pelo caminho mais longo.

Quando finalmente a minha entrada na cozinha foi permitida, a família inteira estava reunida ao redor da mesa. Havia um bolo – um pão de ló simples com recheio de geleia de framboesa e com uma cobertura de chocolate derretido que escorria deliciosamente pelos lados. Havia um buquê de flores do campo que crescem em frente à capela: mostarda amarela, flores roxas de sálvia e delicadas flores brancas que Marion me disse que, na verdade, eram flores de cenouras silvestres.

As lágrimas assomaram aos meus olhos. – Então, foi isso que você quis dizer com voltar pelo caminho mais longo.

Não era sequer um aniversário importante, apenas parte do final da contagem regressiva dos trinta em direção aos importantes quarenta. Foi o melhor de que posso me lembrar.

BOB E JANE, um casal inglês que se aposentara e viera para a região, morava no alto de uma rua tortuosa na periferia de Céreste. É o tipo de caminho de terra que se transforma em atoleiro com a primeira chuva, rapidamente se torna intransponível com a neve do inverno e seca com valas profundas na primavera. No momento, tufos de capim do começo do verão apareceram no meio do caminho. Era época de cerejas (como foi que ela chegou sorrateiramente tão depressa *outra vez*?) e Bob e Jane nos convidaram, como parte de nossas primeiras experiências com sorvete, para ir colher os frutos de sua cerejeira.

A cerejeira de Bob e Jane é linda. Fica ao fundo da horta, logo depois da piscina, junto ao velho barracão de madeira. Galhos de folhas lustrosas sombreiam belos cachos de cerejas amarelas com leves toques de vermelho. Daria uma bela história infantil: uma fada diáfana, as asas brilhando no crepúsculo provençal, encarregada de pintar cada cereja manualmente.

Levamos três baldes, os maiores que pudemos encontrar. Nosso plano era colher depressa, correr de volta para o liquidificador, processar as cerejas até fazer um purê e congelá-lo para fazer *sorbet*. No alto da escada, não pude deixar de prová-las – as cerejas eram ácidas, a doçura era sentida depois, como uma irmãzinha tentando acompanhar os irmãos maiores. Se pudéssemos colocar esse sabor, esse gosto ensolarado, em uma tigela, estaríamos no caminho certo.

Deixe-me dizer em minha própria defesa: a natureza detesta amadores. Os amadores são desrespeitosos. Os amadores morrem tentando. Vale a pena observar que todos os livros escritos por náufragos em uma ilha deserta são escritos por *sobreviventes*, pessoas que sugam o orvalho das folhas e sabem quais frutos silvestres o matarão e quais darão uma excelente torta. Se você e eu naufragássemos juntos, eu poderia lhe dar uma bela versão do *Paraíso perdido*. Outra pessoa terá de reinventar o telefone.

Eu já tinha sido avisada. Quando colhemos cerejas na horta de Jean no verão anterior, ele fez questão que as colhêssemos com os cabinhos junto, girando a penca cuidadosamente logo abaixo do nó semelhante a um carrapicho que a prende ao galho, de modo que uma nova penca cresceria no mesmo lugar no ano seguinte. Mas, como estávamos indo diretamente para a cozinha, decidimos encurtar o processo, arrancando as cerejas maduras diretamente dos cabinhos e jogando-as nos baldes de plástico embaixo. Quando percebi nosso erro, era tarde demais. Uma cereja madura é como um balão de água. Nossa colheita desastrada havia ferido a pele delicada e criado um vazamento. Quando terminamos de encher o primeiro balde, as cerejas já estavam escorregadias do suco açucarado, as camadas superiores pressionando as inferiores como se eu mesma as estivesse esmagando com os pés descalços, como o episódio de *I Love Lucy*, em que Lucille Ball faz vinho com os pés.

Seria uma pena, sem contar que absolutamente indelicado, ir embora sem aceitar o convite de Bob para um *spritzer* de vinho branco à beira da piscina. Durante todo o tempo em que ficamos lá, o suco lentamente escorria de nossas preciosas cerejas. As moscas, ao menos, pareciam aprovar nosso método, zumbindo empolgadamente ao redor dos baldes, esfregando suas pernas pegajosas em deleite. Quando afivelamos Alexandre em seu assento de carro, eu estava quase sufocada com o inebriante perfume de oxidação, o cheiro ligeiramente nauseante de açúcar morno.

O resto da noite foi uma corrida contra o tempo. Não estávamos equipados para tal operação. Um único descaroçador de cerejas estava bom para o *clafoutis* de Jean, mas, quando você tem de descaroçar uma árvore inteira, é algo como esvaziar o oceano com um dedal. Um pouco do suco acumulou-se na vasilha de cerâmica sobre a mesa da cozinha; a maior parte escorreu pelas veias azuis do lado interno do meu pulso diretamente para a curva do meu cotovelo. Em contato com o ar, a cor dourada da polpa das cerejas rapidamente tornou-se um tom marrom-amarelado de mostarda, a cor das calças de veludo cotelê de minha infância. À meia-noite, Gwendal e eu, sem mencionar o liquidificador, a mesa e o chão estavam escorregadios de suco de cereja. Meu anel de casamento estava grudado no lugar por pedacinhos de polpa presos entre a safira azul-clara e os pequenos diamantes. A cozinha cheirava a preparado de bala dura, fervido por muito tempo, uma pilha de compostagem de cereja. Limpei o nariz no ombro da minha camiseta. O suco havia chegado apenas até a altura do meu bíceps.

Lambi um pouco do sumo da palma de minha mão. Senti o gosto de um refrigerante de cereja que alguém tinha entornado em um estacionamento – havia três dias. – Acho que devíamos ir dormir – eu disse, tentando manter um tom otimista.

Quando finalmente fechamos o congelador e apagamos a luz, todo o conteúdo daquela adorável cerejeira fora reduzido a três recipientes de plástico de uma pasta marrom-clara que se parecia com nada menos que... diarreia.

O dia seguinte era um domingo. Liguei para Maya em Los Angeles.

– Desculpe-me – eu disse, bocejando ao telefone. – Passei metade da noite acordada fazendo *sorbet* de cereja.

– Você está grávida?

– Não. – Tentei pensar em como explicar. – Estamos começando a montar uma empresa de sorvete.

Receitas para uma comemoração simples

SALADA DE QUEIJO DE CABRA AQUECIDO
Salade de Chèvre Chaud

Este é um almoço leve favorito das famílias, mas totalmente saciante. Naquele domingo com Isabelle, servimos morangos com creme como sobremesa. As crianças ignoraram o creme, apenas despejaram um pouco de açúcar em seus pratos e, segurando os morangos pelo cabo, os rolavam para envolvê-los no açúcar.

1 pé grande de alface crespa
3 tomates, cortados em cubos
1 colher de sopa de azeite de oliva
400g de toucinho (barriga de porco, pancetta, bacon em pedaço, cortado em cubos de 25mm por 6mm)
6 fatias de pão integral, com cerca de 1,3cm de espessura
6 rodelas individuais de queijo de cabra, de 85g cada
1 fio de mel

Para o molho
½ xícara de azeite de oliva
1 colher de sopa, mais 2 colheres de chá de vinho tinto
  ou vinagre de xerez
1 colher de chá, nivelada, de mostarda Dijon
1 boa pitada de sal grosso
1 pitada de pimenta-do-reino moída na hora

Preaqueça o forno a 200°C.
Lave e enxugue a alface. Reserve. Coloque os tomates em uma tigela pequena.
Em uma frigideira grande, aqueça uma colher de sopa de azeite de oliva e doure o toucinho. Apague o fogo, retire o toucinho com

uma escumadeira e misture-os com os tomates. Pegue cada fatia de pão e pressione na gordura do toucinho, revestindo os dois lados. Deixe as fatias de pão na frigideira, cubra e deixe descansar por alguns minutos. Isso permite que o pão umedeça um pouco, para que seja menos provável que resseque quando você o colocar no forno com o queijo.

Enquanto isso, em um pequeno pote ou recipiente hermético, misture os ingredientes para o molho, sacudindo bem para misturá-los. Esta receita faz o suficiente para várias saladas – não se preocupe, pode ser guardado por semanas na geladeira.

Forre um tabuleiro com papel-alumínio. Corte as rodelas de queijo de cabra ao meio horizontalmente, em dois discos. Coloque os dois discos de queijo em cada fatia de pão. Despeje por cima um fio de mel.

Asse na grade do meio por 12 a 15 minutos, até o queijo de cabra estar completamente aquecido.

Enquanto as torradas estiverem no forno, coloque a alface em uma tigela grande, adicione duas colheres de sopa de molho, misture, prove. Acrescente um pouco mais, se preferir, mas não a inunde de molho. Acrescente os tomates e toucinhos. Divida a salada em seis pratos. Coloque as torradas de queijo de cabra em cima. Sirva imediatamente.

Rendimento: seis porções

UM BOLO DE ANIVERSÁRIO SIMPLES
Gâteau au Yaourt

Meu bolo de aniversário de improviso foi, na realidade, um bolo de iogurte – ainda um dos meus preferidos a sair de uma cozinha francesa. Este é o primeiro bolo que a maioria das crianças francesas aprende a fazer. É incrivelmente fácil e rápido.

1 ½ xícara de farinha de trigo
1 pitada de sal
1 colher de chá de fermento em pó
1 colher de chá de bicarbonato de sódio
1 xícara de iogurte natural, integral
1 xícara de açúcar
½ xícara de óleo vegetal
Casca de 1 limão
3 ovos

Preaqueça o forno a 180°C.
Forre uma forma de bolo de 25 cm de diâmetro com papel-manteiga.
Em uma tigela pequena, peneire juntos a farinha, o sal, o fermento e o bicarbonato de sódio.
Em uma tigela média, bata o iogurte, o açúcar, o óleo e as raspas de casca de limão até o açúcar dissolver. Acrescente os ovos um a um e bata para incorporá-los. Junte a mistura de farinha e mexa bem.
Asse por 40 minutos, até estar firme e dourado. Deixe esfriar em uma grelha, desenforme e deixe esfriar completamente. É excelente assim mesmo, mas, para torná-lo mais festivo, como um bolo de aniversário, corte-o ao meio horizontalmente, em dois discos de igual tamanho. Espalhe na metade inferior meia xícara de geleia de framboesa. Em seguida, delicadamente, recoloque a camada superior no lugar. Polvilhe com açúcar de confeiteiro e pegue as velas.

Dica: Se quiser fazer uma cobertura de chocolate muito simples como Isabelle fez com as crianças, derreta 150 g de chocolate amargo com quatro colheres de sopa de creme de leite e quatro de água. Despeje homogeneamente sobre o bolo, deixando escorrer um pouco pelos lados.

Rendimento: oito porções. Guarde envolvido em papel-alumínio.

CAPÍTULO 15

TAREFA ÁRDUA

—Esta parede precisa sair daqui – disse Rod, batendo no batente acima de sua cabeça. Pouco importa o fato de estar diretamente embaixo da lareira no andar de cima. A viga provavelmente está sustentando o assoalho da sala de estar deles.

Gwendal, Rod e eu estamos no que, em breve, será a sorveteria. O projeto está ganhando forma. Como um grupo de assaltantes de banco, todos têm uma função: Gwendal está encarregado da produção, Rod, da construção, e eu, dos biscoitos – e da estética. Quando terminarmos, o porão de Rod e Angela, de teto abobadado e paredes de pedra exposta, ficará muito aconchegante – e, no verão, muito fresco. Quando minha mãe chegar aqui, ela e eu poderemos perambular pelos mercados das pulgas em busca de bules de chá desencontrados e talvez um suporte de bolo de três andares. Vamos precisar de algumas mesinhas de tampo de mármore. O espaço da cozinha é limitado, mas eu adoraria encontrar um aparador com frente de vidro para guardar os potes de sorvete.

Parece que, afinal, vamos conseguir aqueles empréstimos sem juros. Um dos pedreiros que está trabalhando na loja faz parte da comissão. Ele está sempre passando por ali enquanto Gwendal está coberto da cabeça aos pés de pó de estuque por limpar os velhos rejuntes das rústicas paredes de pedra. Acho que isso melhorou nossas chances. Isso os tranquiliza quanto ao fato de Gwendal não ter medo de sujar as mãos e contraria os aspectos mais diletantes de seu *curriculum vitae*. Acho que o temido homem do queijo de cabra nunca ficou com a cabeça branca de pó de reboco.

Nós ainda não temos um nome. Nunca consigo levar minha escrita em frente enquanto não tenho uma bela frase inicial, e é assim que me sinto em relação à sorveteria. É difícil imaginar o que queremos que nossa empresa de sorvete seja sem primeiro saber como será chamada. Muitos artesãos na França usam os próprios nomes para suas marcas, mas o único Gwendal famoso no país é uma figura olímpica – campeão de skate –, o que não é exatamente o que estamos buscando. Eu estava em cima, no escritório, procurando um talão de cheques, quando o notei, um papel dobrado, pendendo do topo do armário art déco, aquele com a porta de espelho pendurada por um fio (a decoração ali não havia melhorado). Era um pôster de 1,20m por 1,80m de um dos filmes favoritos da infância de Gwendal, uma aventura de espadachim em tecnicolor da década de 1950. Ele havia denominado sua firma de consultoria de *Avanti!*, em alusão a um filme de Billy Wilder da década de 1970. Por que não continuar a tradição? Levei o pôster desdobrado para baixo, segurando-o acima de minha cabeça para que não arrastasse no chão. Era perfeito – estranho apenas o suficiente para as pessoas se lembrarem – *Scaramouche* (*Aventuras em sorvete*).

―⁂―

ENTÃO, É PARA ISSO que pago meus impostos. Hoje, levei Alexandre para ter seu *goûter* – é o lanche da tarde em francês – na nova creche da vila que ele frequentará a partir da próxima semana. Entendi que creche subsidiada pelo Estado (desde a idade de oito semanas) e o direito à pré-escola de tempo integral (para toda criança acima de três anos já treinada para fazer as necessidades em seu vasinho) são os segredos fundamentais de pais franceses menos estressados. Colocado de forma simples, as crianças ficam fora de casa muito mais tempo e muito mais cedo do que nos Estados Unidos. Engraçado, acho que eu estava começando a pegar o jeito de ser mãe (agora que Alexandre e eu podemos ter uma conversa sobre o *Dr. Seuss*), e agora ele vai forjar o próprio caminho na casa de brinquedos de plástico, como deve. Minha mãe se lembra muito bem do meu primeiro dia de escola. Eu descendo o caminho de lajotas, *Mary Janes* nos pés, lancheira de plástico na mão. Agora eu sei por quê. Alexandre está no mundo lá fora agora. Se fizermos bem nosso trabalho – se ele abrir as asas, como espero que ele faça –, exceto pelo arroz-doce, a roupa lavada e, talvez, algum conselho, ele nunca mais voltará.

Depois de encher o copo de Alexandre de água, tentei afastá-lo da mesa de comida. Fora pensamentos de suas futuras namoradas e carreira em esportes radicais, minha preocupação imediata é manter meu filho livre de dar má fama às suas raízes americanas comendo bolo demais. Na verdade, ele pegou esse gosto por bolo de seu pai francês, mas, no que diz respeito a estereótipos culturais, nunca se é cuidadoso o bastante.

É ANO DE ELEIÇÕES PRESIDENCIAIS – tanto na França quanto nos Estados Unidos. Estou sentindo a dissonância cultural. François Hollande, o candidato socialista francês, está propondo uma taxa de imposto de 70% do salário depois do primeiro milhão de euros, o que faz a capitalista que existe em mim querer fugir para Ohio. Mas, quando eu descrevo os serviços disponíveis a mães que trabalham na França, minhas amigas americanas ficam incrédulas, depois furiosas. Meu filho vai a uma instalação novinha em folha com pessoal muito bem qualificado, em uma proporção de cinco crianças por adulto. Ele fica lá das 9 às 18 horas, cinco dias por semana. Custa a gigantesca quantia de 2,80 euros por hora – em uma escala móvel. Estamos no topo da escala.

Eles dizem que toda política é pessoal. Detesto parecer banal, mas o que mais me impressiona na creche é o cardápio do almoço. Eles o afixam no saguão de entrada no começo de toda semana, ao lado da caixa de coberturas plásticas para os pés que nos pedem para calçar, a fim de manter o assoalho limpo. Sinto como se eu estivesse olhando para um dos documentos de fundação da sociedade francesa – o equivalente culinário à Declaração dos Direitos do Homem. Então, é assim que fazem os homenzinhos franceses – eles começam com a salada de lentilha e seguem a partir daí.

Tenho certeza de que existe um método para tudo isso. Percorri a lista: quarta-feira era *macèdoine mayo* (uma salada de cenouras, nabo, vagem e petits pois com maionese), seguida de carne assada com purê de batatas, queijo e compota de frutas para sobremesa. Muitos dos legumes aparecem logo de saída. Será que introduzem novos alimentos na porção de entrada, quando as crianças estão com mais fome? Em meu entusiasmo geral, pedi para ir observar uma refeição para pesquisa. A diretora sorriu da maneira como sorri para as crianças. Em seguida, fui educadamente, mas misteriosamente, dissuadida.

– Eles não disseram que não – expliquei a Gwendal naquela noite. – Mas também não disseram que sim.

– É claro que não querem que você os visite durante o dia, não quando Alexandre está lá. Não é justo com as outras crianças. Tem a ver com igualdade. A creche é um lugar onde os pais não estão. Eles fazem todas as crianças aceitarem isso e, então, você chega, e de repente todo mundo quer saber onde está sua mãe, e por que ela não pode participar do almoço.

Às vezes, eu me esqueço: *Liberté, Égalité, Fraternité*. *Égalité* está bem ali no meio, igualando tudo, enquanto, ao mesmo tempo, mantém tudo o mais unido.

Quando converso com minhas amigas americanas sobre a creche, metade delas acha que estou inventando, metade quer emigrar. Na minha última viagem aos Estados Unidos, almocei com uma amiga, também escritora. Ela e eu vivemos uma espécie de vidas paralelas. Ela é casada com um artista francês e eles têm um filho com a mesma idade de Alexandre. Mas moram no Brooklyn, e ela começou a preencher pedidos de inscrição para a pré-escola.

– É um pesadelo – ela disse, dando uma mordida em seu sashimi de salmão. (Sempre que volto a Nova York, tento fazer com que a maior parte das minhas excursões fora de casa incluam sushi.)
– Estamos examinando três escolas. Uma custa 12 mil dólares e a outra, 18 mil. – Eu quase cuspi a sopa de missô por cima da mesa. – Por metade do dia. Há apenas seis vagas e eles têm essa política de irmãos, em que irmãos e irmãs de alunos atuais têm prioridade. E isso se ele conseguir entrar. – Ele não conseguiu.
Também tive essa conversa com amigas americanas na França.
– Não há a menor possibilidade de voltarmos aos Estados Unidos agora – disse Michelle. Seu marido é francês, eles têm dois filhos e um bom salário com isenção de impostos de uma ONG com sede em Paris. – Como iríamos pagar a faculdade? Esse tipo de cálculo educacional se dá entre todo casal internacional que conhecemos.
Os números são assustadores. A anuidade da universidade onde eu estudei custa agora mais de 47 mil dólares. Acrescente casa, comida, livros e cerveja e chega-se quase a um quarto de milhão de dólares por um curso de graduação – só Deus sabe quanto custará dentro de 15 anos. O salário médio mensal na França é entre 25 mil e 30 mil euros. Mesmo quando Gwendal ganhava o que os franceses consideram um substancial salário de executivo, ele não estava recebendo o que um analista da Goldman Sachs fatura no primeiro ano depois que termina a Faculdade de Administração nos Estados Unidos. Não poderíamos ter economizado para a faculdade ainda que quiséssemos. Não existe algo como um plano de investimento para a faculdade na França.

Mais uma vez, essa é uma conversa que os pais franceses não estão tendo – ao menos, não nesse grau. A anuidade na Sorbonne este ano custa entre duzentos e quinhentos euros, mais duzentos euros para o seguro de saúde obrigatório. Gwendal ganhava o salário de um empregado em tempo integral enquanto fazia seu doutorado. As supercompetitivas Grandes Écoles – a Ivy League da França – são inteiramente gratuitas.

Claro, meu filho está apenas começando sua educação escolar na França. Mas já ouvi a conversa – os franceses ensinam para o aluno mediano, reprimem a criatividade e recompensam a conformidade. Se eu quiser ser honesta comigo mesma, gostaria que Alexandre passasse uma parte de sua educação nos Estados Unidos. Gostaria que seus clássicos fossem Shakespeare e Steinbeck, assim como Racine e Proust. Gostaria que ele fosse capaz de escrever uma monografia de fim de curso sobre *Rei Lear*, não apenas um rápido e-mail, em inglês. Quero que Alexandre acredite que suas opiniões têm valor, que o trabalho pode ser apaixonante e que seus melhores esforços o levarão a um bom lugar na vida. Não quero que seu lado americano seja uma espécie de apêndice. Parece ser minha função, e apenas minha, promover tudo isso. Começo devagar. Ele gosta de massa crua de biscoitos, portanto deve haver um americano lá dentro em algum lugar.

E se não pudermos pagar por Stanford? (Uma mãe tem de sonhar.) E se Alexandre estiver com 200 mil dólares de dívida quando fizer 21 anos? Que opções de vida isso realmente lhe dá: médico, advogado, banqueiro, milionário da internet? Ele certamente não será capaz de trabalhar em um arquivo de museu ou de cinema como fizemos.

Em um ano de eleição, essas questões parecem particularmente urgentes. Que tipo de opções queremos para nossos filhos e quanto estamos dispostos a pagar por elas?

——

– DEZOITO E MEIO POR CENTO. É aterrador. – Estávamos na cozinha ouvindo o rádio. Os franceses têm dois turnos nas eleições presidenciais. Todos têm o mesmo tempo na TV durante o mês de campanha e os dois candidatos com as maiores porcentagens no *premier tour* concorrem entre si na eleição final. A Frente Nacional, o partido de extrema-direita, chegou em terceiro, a apenas alguns pontos percentuais atrás do Partido Socialista e do partido de centro-direita UMP. A imigração é uma questão de palanque para a Frente Nacional – eles têm um modo sinistro de equacionar questões de imigração e segurança, deliberadamente amontoando imigrantes ilegais e qualquer pessoa de origem cigana, africana e norte-africana – ainda que tenham nascido na França.

– É melhor eu começar a ver esse pedido de cidadania – eu disse a Gwendal, enquanto espalhava geleia de framboesa em minha torrada. – Não se esqueça, ainda sou uma imigrante. Se Marine Le Pen conseguir o que pretende, logo ninguém mais terá o direito de ser francês.

Solicitar a cidadania francesa não é uma formalidade, mas uma admissão. Aceitação de uma visão do mundo. A verdade é que eu vinha adiando essa providência. Embora já esteja vivendo na França há dez anos, pagando impostos e fazendo maionese caseira, eu ainda praticamente não existo aqui.

Meu status legal, minha licença de trabalho, meu seguro de saúde – minha própria presença na França depende inteiramente de estar casada com Gwendal. Eu pago um plano de aposentadoria, mas não posso votar. Tenho o direito de trabalhar na França, mas não no resto da União Europeia. Alexandre tem dupla cidadania desde que nasceu, mas se amanhã Gwendal quisesse aceitar um emprego em Londres, ou em Cracóvia, ou em Roma, eu seria transformada em uma dessas "cônjuges de executivos expatriados". Que termo terrível! Faz seu companheiro de vida parecer um pedaço de papel higiênico preso na sola de seu sapato.

O pedido de cidadania agora exige um teste de língua francesa, e uma mulher que conheço na vila ouviu dizer que estão pensando em acrescentar uma parte cultural ao exame. Como seria isso? Eu deveria decorar os nomes dos presidentes franceses ou as letras das canções de Edith Piaf? Esse é o mito da cultura, de que há um conjunto de fatos ou opiniões comum a todos que, de algum modo, formam um país. Você diria que o que aconteceu na Argélia de 1954 a 1962 foi uma guerra ou uma ação policial? As perguntas dizem tanto quanto as respostas.

Os americanos têm sorte: podemos manter uma cidadania dupla. Não serei obrigada a optar. Por mais que eu ame minha vida na França, não posso imaginar renunciar ao meu país natal. Quanto mais tempo eu passo fora dos Estados Unidos, mais apegada eu me torno ao Sonho Americano. A Europa é extraordinária em celebrar o passado e desfrutar o presente, mas, em se lançar no futuro, nem tanto. Isso dito, pode-se afirmar que os franceses detestam o risco e desencorajam o empreendedorismo, mas sem a segurança dos dezoito meses de seguro-desemprego de Gwendal – a 50% de seu antigo salário – não haveria a menor possibilidade de darmos o salto para o nosso novo negócio de sorvetes.

Se eu quiser dar entrada em meu pedido antes do fim do ano, há uma montanha de papéis a serem reunidos: impressões digitais, um documento de "nada consta" – Certidão de Antecedentes Criminais da polícia, certidão de casamento, traduções juramentadas. Mas está na hora, já passou da hora. Minha vida é aqui, minha família está aqui. Eu devo ter um passaporte igual ao do meu marido e do meu filho. No caso de um apocalipse bíblico, deveremos ir todos correndo para a mesma embaixada. Isso e também seria bom estar na mesma fila no aeroporto.

—⊙—

EU ESTAVA VOLTANDO do açougueiro ao meio-dia, quando me encontrei com nossa vizinha Josette com sua bolsa de palha enfiada debaixo do braço.

– Como Alexandre está indo na creche?

– Ele está adorando. *Merci*.

– *Alors, c'est pour quand la princesse*. Então, a princesa é para quando?

Não entendo. Os franceses nunca fazem perguntas pessoais. Podem levar meses de conversas preliminares para descobrir como alguém ganha a vida, para saber se seus pais estão vivos ou mortos. Mas, agora que Alexandre está firmemente instalado na creche, as pessoas estão sempre me abordando na rua e me perguntando quando vamos ter outro filho. O Estado torna tudo tão fácil; não podem imaginar que alguém tenha um só filho por escolha. Ou minha barriguinha americana já lhes parece grávida? Blerg.

Uma refeição inspirada pela creche da vila

SALADA DE CENOURA RALADA
Salade de Carottes Râpées

A creche faz maravilhas. Eu nem sabia que isso havia entrado na dieta do meu filho até que ele me pediu para comprar uma versão dela no aeroporto em nossa viagem aos Estados Unidos. Essa salada usa o truque francês de servir legumes como tira-gostos, quando as crianças estão com mais fome e, portanto, mais abertas a novos sabores. Minha família gosta de suco de limão, mas, se seus filhos não gostam, você pode facilmente usar apenas azeite de oliva.

2 xícaras de cenouras raladas
Suco de limão
1 colher de sopa de azeite de oliva
1 pitada de sal grosso
⅛ de xícara de passas brancas

Rale as cenouras (uma das tarefas da cozinha que menos me agrada – compro já ralada). Misture-as aos outros ingredientes.

Rendimento: quatro porções, como aperitivo. Também é ótima com alface em um sanduíche de carne de porco assada.

LINGUIÇA COM FEIJÃO *FLAGEOLET* E ABOBRINHA
Saucisses aux Flageolets e Courgettes Fondues

O feijão é um alimento básico da mesa francesa tradicional e, portanto, também está presente na mesa da creche. Esses feijões, verdes, leves e delicados, são em geral servidos com carneiro, mas eu prefiro cozinhá-los lentamente com linguiça e abobrinha, de modo que todo o sabor ligeiramente salgado da carne tenha tempo para permear os feijões. Isso é comida caseira reconfortante – excelente após uma caminhada ou um dia de esqui. Geralmente gosto das minhas abobrinhas *al dente*, mas nessa receita elas devem ficar bem macias – como comida de bebê.

1 colher de sopa de azeite de oliva
6 saucisses fraîches, linguiças de carne de porco da melhor qualidade
1 cebola, picada
0,5 kg de feijões flageolet secos ou congelados
¼ de xícara de xerez ou conhaque
½ colher de chá de ervas da Provence
2 pitadas de canela em pó
1 boa pitada de pimenta-do-reino moída na hora
1 folha de louro
4 xícaras de água fervente
3 abobrinhas pequenas, cortadas em cubos de 2,5 cm de lado

Em sua maior caçarola, aqueça o azeite e doure um dos lados das linguiças. Vire as linguiças e acrescente a cebola. Deixe a cebola refogar enquanto a linguiça tosta do outro lado. Quando as linguiças estiverem douradas, e a cebola começando a ganhar cor, acrescente o feijão congelado (ou o feijão seco que você deixou de molho de um dia para o outro). Mexa bem. Adicione o xerez ou conhaque e os temperos, depois mexa bem. Cubra com quatro xícaras de água fervente.

Acomode os cubos de abobrinha no meio dos feijões. Deixe ferver, em seguida desligue o fogo e deixe descansar por meia hora, se possível. Os feijões e a abobrinha vão continuar a absorver o líquido. Requente delicadamente e sirva com mostarda Dijon e salsinha.

Rendimento: seis porções

Dica: Se não conseguir encontrar feijão flageolet congelado, use o seco. Será necessário deixá-lo de molho de um dia para o outro em uma grande quantidade de água fria, depois enxaguar. Se estiver começando com feijões que já ficaram de molho, o tempo de cozimento provavelmente será de mais de 40 minutos, provavelmente uma hora ou uma hora e meia, até ficarem macios. Se estiver usando feijões que ficaram de molho previamente, talvez venha a precisar de mais água fervente. Os feijões devem ficar cobertos com cerca de 3 centímetros no início do cozimento. Pode acrescentar mais água se ela reduzir. Não posso, em sã consciência, recomendar feijões enlatados para esta receita – eles simplesmente viram um mingau.

MUSSE DE CHOCOLATE AMARGO
Mousse au Chocolat

Sobremesa na creche, em geral, é fruta fresca, iogurte ou compota de frutas, mas ocasionalmente surge um pouco de chocolate. As crianças francesas são iniciadas em chocolate amargo desde o começo – pensem no maravilhoso pedaço derretido no meio de um *pain au chocolat*. Esta é uma indulgente musse para depois do jantar, a que a mãe de Gwendal faz todo ano para o Natal. É tão boa que levei muitos anos para descobrir que, na verdade, ela faz parte de seu livro de dietas favorito, *Je mange, donc je maigris*, de Michel Montignac (Editions J'ai Lu, 1994). Se isto é comida de dieta, estou dentro!

8 ovos caipira
400g do melhor chocolate amargo, 65-70% de cacau (eu usei
    chocolate especial para cozinhar Lindt com 70% de cacau)
⅓ de xícara de café forte ou expresso
1 colher de sopa de rum escuro de boa qualidade
1 pitada de sal

Em duas tigelas de bom tamanho, separe os ovos. Coloque as claras na geladeira. Pique o chocolate. Misture o café, o rum e o chocolate em banho-maria. Derreta-o *muito delicadamente* apenas sobre a água quente – não vai querer correr o risco de queimar o chocolate. Eu desligo o fogo quando a água já está quente; o vapor geralmente é suficiente para derreter o chocolate.

Bata levemente as gemas. Acrescente a mistura de chocolate ligeiramente fria às gemas e bata imediatamente (caso contrário, vai acabar com ovos mexidos de chocolate). Tire as claras da geladeira e bata com uma pitada de sal até ficar em ponto de neve. Misture delicadamente um terço das claras em neve até ficarem bem incorporadas.

Coloque a mistura em recipientes individuais ou em uma bonita tigela de vidro. Cubra com papel-filme. Deixe na geladeira por, no mínimo, seis horas, preferencialmente de um dia para o outro. A musse é forte, mas não excessivamente doce. Sirva com um delicado biscoito amanteigado, como *langue de chat* ou *tuiles* de amêndoas.

Rendimento: oito a dez porções

Dica: Como acontece com qualquer receita que se restringe a alguns ingredientes essenciais, compre os de melhor qualidade possível.

CAPÍTULO 16

HORA DA VAGEM

Tudo começou com um pedaço de bolo. Ou talvez tenha começado antes. Muito antes. Quando Gwendal e eu pegamos Alexandre na creche hoje, ele passou correndo por mim e atirou-se nos braços do pai. Como sempre, como sempre. Tentei arrancar um abraço quando ele passou correndo, mas era evidente que meus braços eram uma espécie de barricada para ele, uma barreira que ele precisava transpor. O menino estava esfomeado, seu *goûter* das 15:30 da creche era uma lembrança remota. Mas 18 horas é um horário engraçado na França. Tarde demais para um lanchinho, cedo demais para o jantar da família. Ainda não havíamos encontrado uma solução consistente.

Quando chegamos a casa, Alexandre encontrou o resto do meu *palmier* na mesa da cozinha. Um *palmier* é a versão francesa do biscoito "orelha de elefante", de massa folhada, envolvido em açúcar e manteiga apenas o suficiente para torná-lo crocante e caramelizado. Quebrei um pedaço e dei a ele o restante. Mas em seguida eu voltei e, como diria uma das histórias do *Dr. Seuss* favoritas de Alexandre, "Foi aí que meus problemas começaram". Tirei uma minúscula ponta de sua metade, uma ponta queimada e coloquei na boca.

Alexandre ergueu os olhos para mim, horrorizado.

– Quebrado, não, *pas* quebrado – ele disse, olhando os farelos sobre a mesa. Lágrimas quentes e brilhantes rolaram pelo seu rosto. Ele tem quase três anos e entende tanto inglês quanto francês, mas ainda não diz *meu* – quando está se sentindo possessivo, ele usa o francês: *à moi*.

– *Gâteau à moi. À moi* – lastimou-se. Apontou para a minha boca, depois se arremessou sobre mim e tentou enfiar o dedo na minha garganta, como se pudesse extrair o pedaço ainda não totalmente digerido do meu estômago. – *À moi. À moi!*

– Desculpe-me, Alexandre, pensei que fosse para dividir. – Na verdade, eu só estava sendo gulosa. Eu sabia que ele ficava aborrecido se eu quebrava a crosta de sua torrada ou pegava um pouco do brócolis de seu prato. Sua reação piorou: ele arranhava meus lábios, ainda buscando seu pedaço perdido de biscoito. – *Gâteau à moi! Gâteau à moi!*

Alexandre não costuma berrar. Posso contar nos dedos de uma das mãos as explosões de raiva que ele teve desde que nasceu, em geral por estar com fome ou extremo cansaço. Mas ele estava inconsolável. Fizemos o que normalmente fazemos em situações assim: nós o levamos para cima, para o seu quarto, para chorar o quanto quiser. Nos quinze minutos seguintes, eu fiz três incursões ao andar de cima. Ele não me deixava transpor o portãozinho de segurança na porta. Ele tinha uma espécie de ataque, ficava arquejante, com uma raiva irracional que fazia todo o seu corpo tremer.

Desci novamente e apoiei as costas contra a parede. Sentia-me muito fraca. *Como eu podia ter esse efeito sobre ele? Por que estava com tanta raiva de mim?*

Quando Gwendal finalmente subiu, Alexandre agarrou-se ao pai como um filhote de macaco, a cabecinha loura grudada em seu ombro. Fiquei observando da porta. Gwendal conversou com ele baixinho, suas testas uma contra a outra. Ouvi aquele som fungado que marca o fim de uma crise.

Cinco minutos depois, estávamos à mesa de jantar. Ele começou a sorrir e pediu seu próprio prato, depois começou a espetar com o garfo pedacinhos de carne de porco assada, abóbora e cuscuz. Em algum momento entre uma garfada e outra ele comeu o resto de seu *palmier*. Eu não ousara tocar nele. Resolvi que não era hora de criar confusão sobre comer a sobremesa antes do jantar.

Peguei um aspargo – do meu prato. – Quer um?

Ele abriu a boca como um passarinho e cuidadosamente mordeu a ponta. Dei uma mordida e dei o restante de volta a ele. Comemos todo o aspargo dessa forma, uma mordida para ele, uma para mim.

– Viu – eu disse, um pouco timidamente –, dividir não é tão mau assim.

Até a hora de dormir, eu tinha certeza de que o pior havia passado. Coloquei a louça na máquina e limpei a mesa, enquanto Gwendal lia uma história para ele. Senti as pernas pesadas. De algum modo, aquilo havia se tornado nossa rotina. Eu aqui embaixo, eles lá em cima.

Quando Gwendal desceu, resolvi tentar a sorte. Subi ao quarto de Alexandre, afastei seus cabelos da testa.

– Sinto muito que a gente tenha brigado por causa do biscoito. Podemos fazer as pazes e dar um abraço?

Ele olhou para mim e assentiu, muito solenemente. Aquilo me fascinou. Sempre me perguntei como seu pequeno cérebro bilíngue sabe o que significa "fazer as pazes". Como ele compreende esses conceitos emocionais abstratos se, às vezes, olha para mim sem expressão quando lhe peço para fazer algo concreto, como colocar as meias?

Eu o envolvi em meus braços e enfiei o nariz em seu pescoço. Mas, em vez de atirar os braços à minha volta e descansar a cabeça em meu ombro, ele deu uns tapinhas em minhas costas, meio desajeitadamente, da maneira como faz quando reconforta uma criança mais nova, e se afastou. Prendi a respiração. *Que droga. Acabo de receber um abraço pífio do meu filho.*

Quando conheci Gwendal, achei que estava vivendo a última grande história de amor da minha vida. Que toda a dor, rejeição e insegurança haviam acabado. Mas há momentos em que Alexandre simplesmente... me desmonta. Lembro-me do meu primeiro caso de coração partido. Nunca imaginei que alguém iria me fazer sentir assim outra vez.

―⊚―

ALEXANDRE FINALMENTE ADORMECEU. Cuidadosamente, ajeitei a coberta sobre seus pés nus. Um dos braços estava atirado para trás da cabeça, descuidadamente. A outra mão agarrava o elefante de pelúcia que ele usa como travesseiro. Nos últimos meses, suas formas gorduchas de bebê desapareceram. Seus joelhos são pontudos e magros, seu cabelo louro agita-se em filetes irregulares, crescendo depois de um corte malfeito. Sentei-me na borda da cama. Seus brinquedos e livros estavam espalhados aos meus pés: *Os Sneetches* e uma casa de bonecas *pop-up* de *Cachinhos Dourados e os três ursos*, os ursinhos de papelão e suas tigelinhas de aveia há muito perdidos no fundo do baú de brinquedos. Havia uma espada de plástico em miniatura e, há alguns centímetros de distância, um cavaleiro em paramentos de batalha completos. Sempre gostei de ver Alexandre dormir. É o único momento em que meu relacionamento com meu filho é exatamente como imaginei que seria. O único momento em que ele me deixa passar a mão pelo seu rosto sem bater os braços para me afastar. Quando posso roubar um beijo sem que ele se esquive.

Gwendal me encontrou sentada na borda da cama. Quando ele entrou para me dar sua mão, comecei a choramingar. Ele me conduziu sem uma palavra para fora do quarto e para cima dos quatro ou cinco degraus de madeira rangente para a nossa cama. Depois do que parecera horas ouvindo Alexandre chorar, era minha vez agora. Comecei a soluçar, grandes e sentidos soluços, como uma criança pequena. As lágrimas rolavam pelos cantos dos meus olhos para dentro dos meus ouvidos. Levei quase tanto tempo quanto Alexandre para me acalmar. – Ele só quer, às vezes, sentar no seu colo. E logo não vai mais querer sentar no colo de ninguém.

Eu não conseguia falar, minha voz presa na boca do estômago, e tudo que consegui produzir foi um murmúrio sussurrante. Nem sei se consegui dizer em voz alta: – *E terei perdido tudo.*

―⊙―

DEUS SABE QUE EU não queria discutir isso com minha mãe. Mas o fiz de qualquer modo, por reflexo, instintivamente. Creio que ela seja a única pessoa que tem de me amar mesmo quando eu fracasso, e esse era um fracasso dos grandes. Eu estava confusa, humilhada. Não queria admitir para ela que eu, de alguma forma, havia metido os pés pelas mãos em algo tão básico, tão importante. Pior ainda, que eu havia feito isso quase sem notar. Pior ainda, que ela havia previsto isso, previsto desde o começo. Eu passara uma boa parte dos primeiros anos do meu filho do lado de fora, olhando para dentro, sem saber ao certo como participar.

Minha mãe ficou limpando a garganta, o que ela não faz, a menos que esteja prestes a dizer algo que sabe que não vou gostar. – Só estou tentando encontrar uma maneira de dizer isso. – *Ótimo.* – Acho que você está finalmente percebendo que vai ter de dedicar algum tempo a isso. – *Lá vem.* – Vamos ser sinceras: você prefere sentar em sua cama e ler por uma hora.

Permaneci em silêncio no outro lado da linha. *E daí se for verdade? Para onde nosso outro eu, nosso eu egoísta, deve ir quando temos um filho? Todo mundo se torna uma pessoa inteiramente diferente da noite para o dia? Não é possível que seja apenas eu quem esteja tendo dificuldades. Todo mundo está mentindo, ou ninguém está falando?* Eu ia começar a chorar outra vez se tentasse dizer alguma coisa.

– Descubra uma atividade – ela disse. – Uma por dia. Talvez possa cozinhar com ele. Você ainda tem aqueles cortadores de biscoitos? – Eu tinha. – Abra uma massa com o rolo. Faça um bolo de carne. Não me importo se você coloca salsinha no umbigo. – Havia anos eu não pensava nisso. Quando eu era pequena, e nem tão pequena, minha mãe e eu fazíamos bolo de carne no formato de um "homem de gengibre", como os biscoitos. Ela me dava as rodelas de cenoura para os olhos, passas pretas para os botões e salsa crespa para os cabelos. – Mas você tem de se divertir – ela continuou, acelerando –, e não sentir como se estivesse fazendo algo penoso. Eu não sei o que eu faria se isso não fosse algo natural para mim, mas eu faria. O que quer que fosse, eu faria.

– Acho que vou conversar com alguém – eu disse.

– Acho isso ótimo – ela respondeu, parecendo aliviada. – Você vai encontrar alguém para ajudá-la. Talvez um terapeuta de brincadeiras.

Para ele ou para mim? Essa é a minha mãe, sempre buscando soluções práticas. Mas e se o problema for mais profundo do que isso? Eu não estava disposta a lhe dizer que, enquanto ela estava me dando animadas estratégias para hoje, qualquer bom psicanalista francês provavelmente começaria a investigar o que deu errado na minha própria infância.

– Não se preocupe – ela disse.

– Não estou preocupada – extravasei. – Estou magoada. Sinto-me rejeitada. Nem sei como descrever o que estou sentindo. É quase uma dor física. Como levar uma bofetada. É como se eu estivesse fracassando nessa ligação que todos no mundo dizem que é completamente natural. Acho que quero algo dele que nunca vou ter.

Quando expresso essas ansiedades aos que estão ao meu redor, cada um tem uma opinião diferente. Meu marido diz para eu ir a um analista. Minha mãe diz que tenho de tentar mais. E a amável senhora que coordena a creche simplesmente diz: – Você é quem você é. – Qual é a resposta? A? B? C? Todas acima?

– Por favor, não desista – minha mãe disse suavemente. – Se desistir agora, estará dizendo que a culpa é dele. Você é o adulto. É você quem pode consertar isso. – De repente, senti um baque de reconhecimento. Ela tem razão: eu não reajo como um adulto nessas situações. Alexandre encontrou um modo de fazer vir à tona a criança que existe em mim – ela tem medo e é egoísta, e muito mais frágil do que eu gostaria de admitir.

Quando saí do telefone, fiquei muito ressentida com minha mãe. A única pessoa com quem eu estava ainda mais ressentida era meu filho. Como eu poderia, afinal, lutar contra aquilo? Minha mãe tinha um dom natural. Meu marido tinha um dom natural. Por que não eu?

Desci e sentei-me à mesa da cozinha, o mármore frio sob minhas mãos. Pensei em minha própria mãe. Quanto eu realmente sabia a respeito da pessoa que ela era antes de se tornar minha mãe? Vi fotos de uma criancinha dentuça; uma adolescente inexperiente em um vestido de tafetá azul do baile de formatura; uma bela mulher jovem e casada em um vestido de gala vermelho, os cabelos negros caindo sobre os ombros. Mas não sei em que aquela mulher estava pensando, sentindo. Tudo que sei é o que ela foi para mim. Tudo. Alexandre não se importa se eu me sinto realizada, deprimida ou confusa. Tudo que ele sabe sobre mim é o que eu sou para ele, e o que eu sou no momento não está disponível.

Durante minha vida inteira, fugi de tudo que não vinha fácil. De tudo para o que eu não tivesse um dom natural – somar frações, ler música, dirigir carros –, eu simplesmente me afastava. Tenho uma vida inteira, uma vida adorável, construída evitando tudo em que eu não sou boa. É uma estratégia sórdida, e é surpreendente por quanto tempo você pode levar isso adiante. Mas eu não podia, não iria, esquivar-me de meu filho.

—⁂—

EU PRECISAVA DE UM PLANO.

A primeira medida que resolvemos tomar foi encurtar seu dia na creche. Ficar lá das 9 às 18 horas era tempo demais. Ele estava exausto, com fome, o tempo entre a escola e a hora de dormir, comprimido demais. Eu o pegaria às 17 horas, e essa hora seria nossa para preencher como ele quisesse. Como preencher uma hora, somente nós dois? Percebi como eu tinha poucos recursos à minha disposição. Talvez eu devesse ter lido alguns livros, afinal. Eu não sabia o que estava se passando na cabeça do meu filho. Meu único pensamento foi perguntar a ele se queria fazer o jantar comigo.

– Quer que eu vá com você? – Gwendal perguntou no primeiro dia. Meu amor, meu amável marido.

– Não – eu disse enfaticamente. – Eu vou.

Quando cheguei à creche, Alexandre estava sentado em um triciclo lendo um livro sobre bananas. Quando finalmente consegui que ele olhasse para mim, a primeira coisa que ele fez foi perguntar pelo pai. – Papá? – ele disse. Respirei fundo.

– Papai está trabalhando – respondi. Gwendal e Rod estavam limpando a adega, montando o local de fabricação dos sorvetes onde as garrafas de vinho costumavam ficar.

– Papá?

– Alexandre, vamos à *boulangerie* comprar pão? – propus, buscando desviar sua atenção.

– *Oui*.

Ele tomou minha mão enquanto atravessávamos o estacionamento e depois a rua, até a padaria.

Lá dentro, eu o levantei no colo para ele poder vasculhar a vitrine de pães e doces. – Do que você gostaria para o seu *goûter*? – Ele apontou para um *brioche au sucre*. Saiu agarrando a ponta do saco de papel impermeável em uma das mãos. Parecia relaxado. A saída mais cedo o tornara mais calmo, menos histérico para comer.

Conversamos um pouco no caminho de volta da creche.

– Alexandre – eu disse, reunindo coragem. – Você gostaria se mamãe o pegasse mais cedo na creche todo dia e nós fôssemos para casa e cozinhássemos juntos? Você gostaria de ajudar mamãe a cozinhar?

– *Yah* – ele disse com um sorriso. *Yah* era sua combinação "alemã" de "yes" e "yeah" que ultimamente ele vinha usando para expressar um entusiasmo descontraído quando alguma coisa o agradava. Encorajada, continuei:
– Mamãe está escrevendo um novo livro e há um monte de receitas para testar. Quer ser meu *chef* assistente – parei, buscando, lutando para localizar a palavra infantil, divertida –, quer ser meu pequeno ajudante?

Atrás da agência dos correios, Alexandre se abaixou para examinar o cascalho aos pés da figueira. Mesmo depois de dois anos de vida na vila, eu achava difícil diminuir meu passo. *Não temos de ir a lugar nenhum*, eu disse devagar para mim mesma, flexionando os dedos, *a lugar nenhum*. Subimos lentamente a colina. Ele se escondeu quando dobrou a esquina. Eu o segui na ponta dos pés e de repente apareci com um gigantesco "Buuu!".

Esses eram os dias mais longos do ano. O sol ainda estava alto e as 17 horas ainda pareciam meio-dia. – Você gostaria de se sentar do lado de fora? – perguntei, empoleirando-me nos degraus de pedra em frente a casa. Entrei para pegar um guardanapo para Alexandre e, quando voltei, parecia que o brioche tinha sido atacado por pequenos ratos. Ele tinha dado minúsculas mordidas em todo o açúcar de cima e começava a mordiscar as laterais. Sorri, pensando no meu método especial de criança para desgrudar as partes de um biscoito Oreo recheado. Por que eu nunca havia notado esses detalhes antes?

Para o jantar, removemos as pontas de vagens finas. Ele quebrou algumas ao meio até pegar o jeito. Mim *goûter*. Mim provar. Contamos enquanto ele fazia as vagens marcharem, como soldados de brinquedo, pela mesa. Um, dois, três, quatro. *Un, deux, trois, quatre*.

Eu lhe dei o garfo e deixei que ele espetasse as batatas-doces, guiando sua mão quando se aproximava perigosamente da minha.

Admito, foi uma longa hora. Antes de sair para a creche, eu havia colocado um bolo no forno e o verifiquei três vezes. Uma vez às 17:23, outra às 17:44 e novamente às 17:50. O jantar foi normal naquela noite, sem incidentes.

—☙—

NA SEGUNDA-FEIRA DEPOIS DA ESCOLA, retomei de onde eu havia parado. Quando entrei na creche, ele disse: – Mamã. – E correu para mim com um largo sorriso. Deixou que eu o pegasse no colo antes de perguntar pelo pai. – Papai está trabalhando, querido – eu disse. – Nós o veremos mais tarde.

Eu lhe havia prometido que hoje faríamos um bolo juntos. Ele pegou uma cestinha vermelha do lado de fora da mercearia e deixou os iogurtes caírem no fundo da cesta com um baque. Tentei evitar o mesmo tratamento com os ovos. Alexandre quis carregar a sacola. – Pesada demais, *maman*. Ele segurou uma das alças e eu, a outra.

Voltamos para casa pelo capim alto do terreno dos varais públicos de roupas até à amoreira. O campo de lavanda abaixo estava começando a ganhar cor, as fileiras perfeitas de cor violeta arredondadas como pompons. – Vamos ver se tem alguma amora na árvore? – *Nossa, eis uma frase que eu nunca pensei que sairia de minha boca urbana.* – Veja bem, você só pode pegar as pretas.

O chão estava coberto de amoras esmagadas. – Estamos um pouco atrasados, Buuu.

Que pena – eu disse. – Pena – ele repetiu, enquanto saltava uma pilha de amoras caídas no chão.

Ele escalou o terreno até o jardim medieval, atirou pedrinhas, galgou os degraus, caminhou ao longo da parede. Depois repetiu tudo. E outra vez. Marchamos como os elefantes em *Mogli – o menino lobo*. Coloquei a mão em concha para soar como uma trombeta: – Atacar!

Levamos uma hora para chegar em casa. Cem metros em linha reta. Mas, como eu não tinha nada a fazer senão estar com ele, em vez de ser irritante, até que era bom.

Por causa da nossa caminhada sem pressa, ficamos um pouco atrasados para começar o bolo. Alexandre cacarejava toda vez que quebrávamos um ovo. Ele tem essa gostosa risada do Coiote do desenho animado. Eu gostaria de poder engarrafá-la, o melhor remédio de todos, a própria fonte da juventude.

– Mim *tourne*. Mim *tourne* – ele disse orgulhosamente.

– Sim, querido, você mexe.

Toda vez que eu tentava retirar a espátula de sua mão, ele começava um rosnado baixo. Assim, toda vez que eu precisava do utensílio, tinha de fazer uma troca, uma espátula por um limão e um ralador.

Tirei alguns abricós, lisos e maduros, da geladeira. – Vamos fazer uma carinha – eu disse, pensando no homem do bolo de carne de minha mãe. – *Pas abricots* (abricós, não). Ele mudou de ideia quando mordeu um deles.

Por fim, o bolo com a carinha de abricó foi para o forno. A massa parecia um pouco pesada. Acho que usei a farinha errada. Certamente, retirei o bolo do forno antes da hora – havia alguns pontos empapados ao redor da fruta. – Este é o melhor bolo que eu já comi – eu disse, enquanto cortava uma segunda fatia para ele. E realmente era.

Durante o jantar naquela noite, Alexandre sempre encostava sua cabeça na minha. Acariciava meu ombro. – *Gâteau, maman, gâteau, maman.* Mim, *tourne.*

Sim, querido, você mexeu a massa sozinho.

Eu me senti muito melhor. Ele era a mesma criança feliz, mas de repente, de forma quase mágica, eu fazia parte dessa felicidade. Senti-me tão agradecida que poderia começar a chorar outra vez. Fiquei admirada com sua facilidade de perdoar, sua disposição em se lançar em algo melhor. Ele me deixou entrar, como se eu fosse a nova menina na escola, sem fanfarras ou recriminações. Ele me deixou entrar, suponho, porque eu finalmente me dispus a bater na porta.

Naquela noite, deixei Gwendal colocar a louça na máquina para lavar enquanto eu subia para ler uma história para Alexandre antes de dormir. Ele apontou para o enorme livro do *Dr. Seuss*. Eu o peguei. Ele o empurrou da minha mão, esticou-se acima de minhas pernas, agarrou meu ombro. Eu não conseguia entender o que ele estava fazendo. *Oh, querido.* Ele estava tentando subir no meu colo.

Três receitas que ajudam a fazer as pazes

BISCOITOS CROCANTES "BORBOLETA"
Palmiers

Nos Estados Unidos, chamamos esses biscoitos de "orelhas de elefante", mas acho que se assemelham mais a borboletas. *Palmiers* são um grande projeto para depois da escola. Depois de cortar as tiras de massa, as crianças podem ajudar a enrolá-las em forma de asas de borboletas.

2 colheres de sopa de manteiga
1 folha de massa folhada
⅔ de xícara de açúcar
1 boa pitada de sal grosso

Preaqueça o forno a 230°C. Em uma caçarola pequena ou no micro-ondas, derreta a manteiga.

Coloque duas folhas grandes de papel-manteiga uma em cima da outra. Coloque a massa folhada em cima e polvilhe uniformemente com ⅓ de xícara de açúcar. Pressione levemente o açúcar na massa com um rolo. A massa folhada na França é redonda e nos Estados Unidos ela vem em retângulos, mas de qualquer forma é preciso abrir a massa o mais próximo possível de um quadrado.

Levante a folha de cima do papel-manteiga e delicadamente vire a massa sobre a folha de baixo. Polvilhe o outro lado da massa com ⅓ de xícara de açúcar, pressionando-o na massa com um rolo. Corte a massa em tiras de 1,3cm. Pegue uma tira de massa e enrole as duas pontas na direção do meio. Vire o biscoito de lado e você terá algo que se assemelha ao desenho de asas de borboleta feito por uma criança.

Transfira os biscoitos enrolados para um tabuleiro de assar forrado com sua primeira folha de papel-manteiga. Deixe um espaço de cerca de 4cm entre eles. Com um pincel de cozinha, pincele a parte de cima dos biscoitos com a manteiga derretida. Salpique o sal e um pouco do açúcar que restou na outra folha de papel-manteiga. Asse de dez a 11 minutos de um lado, até ficar ligeiramente dourado embaixo. Vire os biscoitos e asse por mais quatro ou cinco minutos. Vigie-os atentamente – o que se quer é que os *palmiers* caramelizem, mas não queimem quando o lado com manteiga estiver para baixo. Deixe-os descansar por cinco minutos no tabuleiro, em seguida transfira-os para uma grelha para esfriarem.

Sirva com expresso ou sorvete (ou ambos)!

Rendimento: cerca de 25 biscoitos

BOLO DE PERA DA MEIA-NOITE
Gâteau Maman

Juntamente com o tradicional bolo de iogurte (veja p. 263), este é o nosso mais frequente projeto de culinária mãe-filho. Ele o chama de "bolo mamãe", e não posso deixar de ficar lisonjeada por ter uma sobremesa nomeada em minha homenagem, como uma *pavlova* de framboesa. Esta receita foi criada pela colisão de desejo e restrição. Desejo: Pão de abobrinha às 22 horas em uma noite de quinta-feira. Restrição: Nenhuma abobrinha, apenas meia xícara de óleo de canola e uma cidadezinha sem nenhuma loja aberta depois das 19:30. O resultado foi um bolo rápido de pera e azeite de oliva que ultrapassou inteiramente minhas intenções originais. É ótimo para levar na lancheira, para a hora do chá ou para o café da manhã no dia seguinte, com uma colher de sopa de *fromage frais* (nos Estados Unidos, experimente iogurte grego ou cream cheese batido) e um pouco de geleia de maçã e kiwi.

3 xícaras de farinha integral
2 ½ colheres de chá de especiarias para torta de abóbora
  (gengibre, cravo, canela, noz-moscada)

⅛ de colher de chá de noz-moscada ralada na hora
½ colher de chá de fermento
1 colher de chá de bicarbonato de sódio
½ colher de chá de sal
1 bom punhado de passas brancas
3 ovos
½ xícara de óleo
½ xícara de azeite de oliva
½ xícara de açúcar
½ xícara de açúcar mascavo
2 xícaras de pera ralada (muito madura)
1 colher de chá de extrato de baunilha
(ou 1 colher de chá de baunilha em pó)

Preaqueça o forno a 180°C.
Misture os ingredientes secos em uma tigela média.
Em uma tigela grande, bata os ovos, adicione os óleos e açúcares e bata bem. Acrescente a pera e a baunilha. Bata novamente.
Adicione a mistura de farinha em duas adições. Misture apenas levemente.
Unte duas formas de pão. Divida a massa entre as duas. Asse por 45 minutos ou até que o palito saia limpo. Deixe esfriar por dez minutos. Vire-os em uma grade para esfriarem completamente. Sirva morno ou em temperatura ambiente. Também é excelente tostado, com iogurte natural e geleia.

Rendimento: dois bolos (cada um serve seis pessoas). Geralmente, congelo o segundo bolo e o asso diretamente do congelador. Comece a verificar aos 50 minutos.

Dica: Baunilha em pó é apenas isso mesmo – um pó feito de vagens de baunilha. Confere ao bolo um sabor inconfundível de baunilha, e o bonito efeito visual de pequenos pontos negros assemelha-se ao uso das sementes de uma fava de baunilha. Certifique-se de adquirir baunilha em pó pura e sem açúcar – sem adição de açúcar. Talvez seja necessário ir a um supermercado muito bom para encontrá-la ou encomendar pela internet. É mais cara que extrato de baunilha, mas uso uma quantidade menor. Sempre substituo uma colher de chá de baunilha em pó por duas colheres de chá de extrato de baunilha.

VAGENS COM BACON
Haricots Verts aux Lardons

Este é, sem sombra de dúvida, o jantar favorito de Alexandre. E com toda razão: cores vivas, contrastes doces e salgados e, é claro, bacon. Sirvo as batatas-doces cortadas ao meio com uma colherada de iogurte natural. Alexandre gosta de usar a pinça de aspargos de prata de minha mãe para ele mesmo servir as vagens.

4 batatas-doces médias (eu prefiro as longas, relativamente finas)
750g de vagens finas (pode-se substituir por vagens comuns)
2 colheres de sopa de azeite de oliva
200g de bacon (barriga de porco ou toucinho, em cubos);
 se a marca que usar for muito salgada, use menor quantidade
1 generosa pitada de pimenta-do-reino moída na hora

Preaqueça o forno a 180°C.
　Lave as batatas-doces e faça um corte raso de 5cm na parte de cima de cada uma. Asse no forno por 60 a 90 minutos, até estarem perfeitamente macias.
　Lave as vagens; deixe-as na peneira, molhadas. (Se estiver usando as vagens mais grossas, do tipo americano, passe-as em água fervente por um minuto, depois as enxágue com água fria e prossiga. Se estiver usando as vagens francesas mais finas, não há necessidade de fazer isso.)

Em sua maior caçarola, aqueça o azeite de oliva. Acrescente o bacon e refogue até ficarem bem tostados e terem soltado a maior parte de sua gordura, por cerca de cinco minutos. Retire o bacon com uma escumadeira; seque em um papel-toalha. Acrescente as vagens à gordura quente, e mexa. Tampe e deixe em fogo médio a alto por cinco minutos. Remova a tampa e agite as vagens. Tampe e cozinhe por mais três minutos. Remova a tampa e agite novamente. Nesse ponto, algumas das vagens terão começado a chamuscar – o que eu adoro. Recoloque a tampa e cozinhe por mais três minutos. Adicione a pimenta-do-reino. Transfira para uma travessa e coloque o bacon em cima. Sirva com as batatas-doces. Às vezes, acrescento uma salada de grãos integrais e grão-de-bico (veja p. 158), se estiver com vontade de uma refeição mais substancial.

Rendimento: serve dois adultos e duas crianças muito felizes

CAPÍTULO 17

DIÁRIOS DA BAUNILHA

Neste verão, estou vendo o mercado – tudo, na verdade – com novos olhos. Todos os meus favoritos estão de volta, em pleno esplendor. Talvez eu e Alexandre possamos fazer uma torta de framboesa no fim de semana. Deveríamos certamente testar um *sorbet* de tomate para a sorveteria. Um dos restaurantes da cidade perguntou se faríamos um *sorbet* de tomate e manjericão, mas isso soa um pouco repugnante para mim, como comer molho de espaguete congelado.

    Meu relacionamento com Alexandre também desabrochou. Parece loucura, mas, com o esforço extra, em questão de semanas nosso relacionamento parece transformado. Cada passo à frente que eu dou, ele dá dois. Finalmente encontrei um lugar para mim mesma em nossa pequena família. Já não me sinto uma intrusa.

    Alexandre e eu continuamos nossas experiências culinárias juntos. Adoro a proximidade, ele adora os biscoitos. Adora tirar as ervilhas e feijões-brancos das vagens e cortar abobrinhas. (Para uma criança às vésperas dos três anos, ele não é mau com uma faca.) Eu ensinei a ele a maneira certa de andar enquanto segura uma tesoura, e ainda bem, porque ontem ele quase tropeçou em seu caminhão dos bombeiros enquanto se dirigia à horta para cortar um pouco de tomilho. Enquanto eu picava a cebolinha, pedi a ele para transferir os feijões de um saco plástico para uma tigela, achando que iria levar quase uma hora. Mas Alexandre não é nenhum bobo, e esvaziou todo o saco de uma só vez, deixando cair apenas três feijões no chão. Ele ainda usa feijões para praticar contas, arrumando-os como cobras ao lado da tábua de cortar.

Há uma barraca nova no mercado de Reillanne. O dono vende uma mistura de verduras de salada com flores comestíveis: malmequeres, borragens, capuchinhas. Ficariam lindas em cima de um sundae.

Gwendal e eu temos conversado bastante sobre como queremos que a loja seja. Gostaríamos que ela refletisse nossas personalidades, que fosse uma contribuição positiva para a comunidade – e, é claro, gostaríamos de compartilhar todos os fabulosos produtos locais ao alcance da mão. A professora de música de Alexandre em Reillanne teve de suspender suas aulas; era muito caro contratar um assistente para ajudá-la a supervisionar as crianças. Pergunto-me se há espaço suficiente para ela fazer isso na Scaramouche. Poderíamos obter um compromisso dos pais, um adulto extra toda semana para ajudar.

Na cidade onde cresci, há uma sorveteria chamada Bischoff's, pertencente à mesma família desde 1934. Era para onde íamos com nossos tutus após os recitais de balé; onde comprávamos balas jellybeans de Páscoa e comemorávamos a formatura da escola primária. Os empregados, jovens e idosos, usavam pequenos chapéus de papel como barquinhos de cabeça para baixo. Eles ainda fazem um maravilhoso sorvete de cereja e baunilha e sua própria cobertura de nozes. Eu venho trabalhando em uma receita para calda de chocolate quente caseira.

Em vez das cabines de fórmica marrom do Bischoff's, eu gostaria de cadeiras de jardim de ferro batido e um balcão de tampo de mármore com um pote de vidro para doces. Não sei o que faríamos sem Rod; ele não é apenas nosso sócio nos negócios, mas é como um Leonardo de nossa própria cidade, encontrando soluções peculiares para os problemas à medida que surgem. No momento, ele está projetando um banco curvo que abraça a parede dos fundos da adega, de modo que possamos esconder a imprescindível bomba de água – e assim um casal possa sentar-se lado a lado *en amoureux*, compartilhando uma banana split. Embora não seja muito francês, resolvemos colocar banana split no cardápio. Eu costumava dividir uma com meu pai na Dairy Queen local. Escolhi meio litro de morangos. Claro, para suprir a loja, vamos precisar de quantidades maiores do que podemos encontrar no mercado de domingo. Queremos que nossos *sorbets* sejam o mostruário do melhor de nossas fazendas locais. Para isso, precisamos de Marion.

———

MARION VIVE EM UMA TENDA *YURT*; isso lhe dá acesso fácil aos seus campos de cultivo. Para aqueles que nunca tiveram um amigo que mora em um *yurt*, é como visitar a tenda de um minicirco, com um piso de madeira elevado e uma claraboia no centro do teto para proporcionar luz e ventilação. As paredes de lona enrolam-se para cima e desenrolam-se, dependendo de quanto ar você queira – e com quantas criaturas da floresta você esteja disposto a dormir. Marion possui um chuveiro do lado de fora, cercado de moitas de zimbro para privacidade. Ela pega uma carona no acesso wifi de sua mãe na casa principal usando um poste de metal, um pedaço de fio e uma lata de café vazia.

Sentamo-nos à mesa de piquenique do lado de fora enquanto Marion fazia chá com um espresso mel local. Alexandre adora o lugar. É o mato, a vida selvagem. Ele pensa que vamos caçar ursos.

Marion só precisou olhar a lista uma vez. Ela é, atualmente, a presidente da cooperativa agrícola no Parc du Luberon – e conhece todo mundo. Não creio que Marion apreciasse a comparação, mas ela possui o instinto de *networking* de um executivo da Fortune 500.

Ouvi-la falar sobre onde poderíamos encontrar alcaçuz selvagem ou os mais doces abricós era equivalente a ter um mapa imaginário da Provence aberto na mesa diante de nós. Como Churchill movendo miniaturas de navios de guerra, ela podia localizar os melhores produtores para cada fruta – às vezes, chegando até a árvore. Para as cerejas ácidas: – Vou lhes dar o telefone celular dele. Digam-lhe que vocês querem as últimas duas árvores à esquerda, apenas elas. São as melhores.

Para a lavanda: – Meu vizinho tem uma plantação. Na verdade, é do tamanho de um lenço, mas ele não usa produtos químicos. Todo mundo usa, não importa o que digam.

Para a verbena-limão: – Vocês devem subir a serra até Saint-Martin-de-Castillon. Como é que nunca conheceram Manon? A mãe dela é americana, sabe?

―――

– ESPERO QUE VOCÊS PASSEM logo para o chocolate – disse Paul, descansando a colher com um suspiro.

Mamãe e Paul estão de volta a Céreste e eles têm sido as vítimas (se assim podemos dizer) de nossos infindáveis testes de sorvete de baunilha. Antes de podermos deslumbrar quem quer que seja com nosso *sorbet* de cenoura-laranja-cardamomo, os clássicos têm de estar impecáveis, a melhor versão possível deles mesmos.

Um excelente sorvete de baunilha é como o Santo Graal: simples, impossível e em grande parte depende do gosto de cada um. Nós raspamos as favas de baunilha e as fervemos, impregnamos o leite por um dia, dois dias, três dias. Tentamos baunilha em pó, o que inclui as vagens trituradas, assim como as sementes do interior. Eu gostei do sabor mais áspero; fui rapidamente derrotada na votação. Todos os dias, Gwendal voltava para casa com um novo galão de sorvete para nós testarmos – espesso demais, ralo demais, tem gosto de manteiga, parece água, arenoso, parece gelo, não é lá essas coisas.

Se eu achava que entrar no negócio de sorvetes iria congelar o intelectual em meu marido, eu estava enganada. Gwendal passou a primavera lendo tudo em que conseguia colocar as mãos a respeito de receitas e técnicas. Essa forma de atacar uma curva de aprendizado parece ser de família. O pai de Gwendal era um marinheiro e aprendeu tudo que sabia de navegação em livros antes de jamais se lançar na água.

Esta noite, Gwendal está com o nariz enterrado em um volume do *Culinary Institute of America* que poderia facilmente substituir uma temporada inteira de levantamento de peso.

– Não é de admirar que seja bom – ele disse. – Eles colocam 60 gramas de favas de baunilha por litro de sorvete. É uma quantidade enorme. Jamais poderíamos arcar com a despesa.

As receitas variam loucamente, não só entre os *chefs*, mas entre culturas. Na semana passada, tentamos uma receita de uma empresa americana moderna que mandava colocar uma colher de chá inteira de sal – era impossível de tomar. Eu estava lendo um artigo em *Bon Appétit* sobre outro produtor de sorvete artesanal e, como prova da qualidade do sorvete, a revista citava os 19% de gordura de manteiga. O sorvete francês tem 8% a 9% de gordura de manteiga, no máximo. As receitas americanas são dois terços de creme de leite, as receitas francesas, dois terços de leite. Não conseguimos descobrir por quê. Isso significa que deveríamos dizer aos turistas que nosso sorvete é de baixa caloria?

―◦―

MINHA MÃE COSTUMAVA BRINCAR que adoraria ter uma loja de antiguidades, mas nunca teria coragem de vender nada. Agora temos uma sorveteria inteira para decorar com um orçamento muito limitado – o tipo de compras preferido de minha mãe.

Há diversos mercados de pulgas todo fim de semana de verão na Provence. Alguns são grandes, com comerciantes estabelecidos e preços para turista, mas os melhores estão nos vilarejos onde ninguém pode alugar um espaço por seis euros e esvaziar o sótão da avó. Naturalmente, você tem de gostar do que estiver saindo do

sótão de sua avó – coisas de 80 a 90 anos atrás. Atualmente, isso significa terrinas de sopa *art déco* e garrafas de vidro cor-de-rosa com minúsculos copinhos de licor para depois do jantar.
Foi uma manhã bem-sucedida. Encontramos seis taças de sorvete de vidro fosco (três euros o lote), oito pratinhos de borda dourada com ilustrações de carros *vintage* (um euro), mais uma bolsa *vintage* (não foi uma despesa profissional). Encontramos um velho quadro-negro infantil, com um ábaco – poderíamos colocá-lo do lado de fora para anunciar sabores novos ou especiais. Quase não tínhamos mais espaço no porta-malas, mas não resisti aos dois latões de leite de metal; se Rod fizesse alguns furos no fundo, poderíamos usá-los como jarros de plantas. O verdadeiro achado do dia foi um grupo de potes de louça para mantimentos em ordem decrescente de tamanho – farinha, açúcar, café, chá, pimenta. É raro encontrar um conjunto completo com todas as tampas intactas. Não sei bem onde os colocaremos, mas me apaixonei por eles – assim, encontrarei um lugar.

CREIO QUE MAMÃE E PAUL estão finalmente pegando o jeito da vida em uma cidadezinha. Depois do mercado das pulgas de domingo em Mane, acabamos em Revest-des-Brousses, comendo uma *blanquette de veau*, fora da estação, mas deliciosa.
– O que é isso de novo? – perguntou minha mãe, enxugando o molho com um pedaço de pão.
– Carne de vitela.
– Você poderia colocar papelão embaixo deste molho que ele ficaria gostoso. Pode perguntar a eles como se prepara?
– Acho que vou ter de voltar aqui por mais uns anos antes de poder fazer isso.
– Por quê? Não pode dizer que estamos voltando para os Estados Unidos e gostaríamos de fazer este prato lá?

Eu sabia que não iria conseguir chegar a lugar algum, mas fiz o melhor possível. – *Ça fait plusiers fois qu'on vient* – comecei a dizer, fazendo crer à garçonete que éramos clientes regulares. – Posso sentir o sabor da noz-moscada, mas há um adocicado no molho que o torna excepcional. – Talvez eu pudesse convencê-la com um elogio ao fazer uma confissão.

– Ah – ela disse, sorrindo timidamente –, meu marido carameliza as cebolas. Mas ele cortaria meus dedos se eu lhe contasse o resto.

Alexandre voltou para a mesa para a sua sobremesa.

Ergui as sobrancelhas para minha mãe.

– Viu?

COM MAMÃE E PAUL AQUI, Alexandre adquiriu uma mistura de novas palavras em inglês: *boat, red, turtle, moo, plum*.

De volta de uma temporada de dez dias na praia, Jean encontrou sua ameixeira carregada de frutas, vários baldes das quais ele generosamente doou para nossa produção de sorvetes.

Não quero parecer ingrata, mas tenho certa ojeriza por ameixas. Algo a ver com a textura áspera, a densidade ligeiramente ácida, que me faz sentir como se eu estivesse mordendo uma suculenta bola de beisebol. Mas a abundância do verão da Provence não deixa muito espaço para discussão. Assim, vamos às ameixas.

Temos um freezer horizontal novo na adega. Considerei rapidamente a possibilidade de atirar tudo dentro de um saco Ziploc e empurrar a questão para dali a alguns meses. Mas outra ideia me ocorreu, inspirada, por incrível que pareça, pelas viagens que eu e minha mãe fazíamos a um mercado de venda por atacado em Nova Jersey. Comprávamos caixotes de ameixas e pêssegos maduros demais e levávamos para casa para fazer compota. Onde ficava aquele lugar? Os detalhes estão um pouco confusos para nós duas. Minha mãe nunca foi uma narradora confiável e, agora que minha avó se foi, começo a perceber o quanto ela corre o sério risco de se perder. Como escritora, isso me aterroriza. Eu devia ter começado a manter registros há muito tempo. Por que eu não sabia que a minha bisavó Rose era uma chapeleira? Ou que meu bisavô Eddie entrou para a máfia judaica por meio de um caminhão de leite da era da Depressão?

A avó paterna de Gwendal faleceu esta semana. Não havia muitas lembranças boas. Ela e seu avô eram pessoas severas, não muito abertas a maiores aspirações de seus filhos ou netos. Mas Gwendal ainda a associa a determinados sabores. Ela passava horas penosamente tirando a carne de caranguejos para fazer para ele uma *tartine* de pão e manteiga com carne de caranguejo em cima. O trabalho de uma manhã inteira devorado em questão de minutos. Ele se lembra de colher amoras-pretas para sua geleia – duas para ele, uma para o pote –, e o cheiro de café queimado, que ficava o dia todo em fogo muito baixo no fogão. Também se lembra das fileiras meticulosas de sua horta (como Jean, os avós de Gwendal exigiam precisão de seus feijões), e as minúsculas, duras como pedra, maçãs amarelas da macieira deles.

Ao contrário de mim, minha mãe adora ameixas. Isso, conjugado a uma pequena sobra de vinho tinto, leva a um evento frutífero. Assei as ameixas em forno médio com o vinho, acrescentei uma vagem de baunilha aberta ao longo do comprimento, um pau de canela e uma minúscula quantidade de açúcar. As ameixas cederam, perdendo sua elasticidade e afundando confortavelmente. O vinho borbulhou e se transformou em um xarope vermelho-escuro e condimentado, espesso e lustroso. Eu as servi com *faisselle*, um queijo suave, que se pode pegar com colher, embora eu ache que creme de leite azedo, iogurte grego ou mascarpone também combinem muito bem.

Este verão parece encantado: temos um novo projeto em andamento, nosso filho ainda é bastante pequeno para que eu possa protegê-lo simplesmente fechando o portão da frente, meus pais estão bastante bem para se sentar para o almoço em um terraço ensolarado e ficar vendo Alexandre comer profiteroles de chocolate e sujar o rosto todo e seus cabelos louros de creme chantilly. Não sei que tipo de comida deve marcar essa dádiva tão simples. Algo doce e reconfortante é um bom começo.

Receitas para algo doce e reconfortante

AMEIXAS ASSADAS NO VINHO
Prunes Rôties au Vin Chaud

750g de ameixas roxas Sugar Plum
½ xícara de vinho tinto encorpado
1 colher de sopa de açúcar demerara ou mascavo
1 pau de canela
1 fava de baunilha, pequena, ou ½ fava grande, aberta no comprimento

Preaqueça o forno a 180°C.
 Corte as ameixas ao meio e retire os caroços. Em um recipiente refratário de 23cm x 33cm, misture as ameixas e todos os demais ingredientes. Asse por 35 a 45 minutos, até ficarem macias. Remova o pau de canela e a fava de baunilha.
 Sirva morno ou em temperatura ambiente com creme de leite azedo, iogurte ou mascarpone ligeiramente adoçado.

Rendimento: seis porções

CALDA DE CHOCOLATE QUENTE CASEIRA

Eu queria uma cobertura de chocolate quente, espessa e saborosa, ao estilo americano (*hot fudge*), para a sorveteria – daquele tipo em que você poderia se afogar. Esta receita é adaptada de colegas expatriados, também fabricantes de sorvete artesanal, Seán e Kieran Murphy, da Murphy's Ice Cream, em Dingle, Irlanda. Você pode encontrar mais inspiração em seu livro *Murphy's Ice Cream Book of Sweet Things* (Mercier Press, 2008). Sorvete de Guinness? Sim, por favor.

150g de chocolate amargo com 70% de cacau
1 colher de sopa de manteiga
1 xícara de cacau em pó sem açúcar
⅓ de xícara de leite
½ xícara, mais 2 colheres de sopa de creme de leite
1 ⅓ xícara de açúcar

Derreta delicadamente em banho-maria o chocolate com a manteiga. Acrescente o cacau em pó e mexa bem.

Em uma caçarola média, aqueça o leite, o creme e o açúcar, mexendo sempre até a mistura ferver.

Acrescente a mistura de leite quente ao chocolate aos poucos – no começo, parecerá grumoso e pegajoso, mas simplesmente continue a mexer com confiança que, por fim, a calda ficará lisa e brilhante.

A calda de chocolate quente pode ser guardada na geladeira por várias semanas; também pode ser congelada. Reaqueça no micro-ondas ou em banho-maria.

CAPÍTULO 18

LA RENTRÉE

O outono chegou, repentinamente, com todo vigor. Nuvens varridas pelo vento lançavam sombras gigantescas pelas colinas. O vento dispersou a névoa seca do verão. Os ângulos dos telhados inclinados contra o céu são nítidos, límpidos. Castanhas caem dos pés, perigosamente (como em um desenho animado do Pernalonga). Alexandre fez uma coleção das bolotas lisas e escuras, do tamanho perfeito para a sua mão. O ar é revigorante, do tipo faça-algo-novo. É *la rentrée*.

Como o Dia da Bastilha, e talvez o começo das liquidações de janeiro, *la rentrée* – o começo oficial do ano letivo francês – é um daqueles dias em que a maioria dos franceses está fazendo exatamente a mesma coisa. Há uma expectativa, uma eletricidade no ar. Uma nação inteira se conectando outra vez, depois de três ou quatro semanas de férias.

Na descida da ladeira, Alexandre pegou uma folha maior do que seu rosto. Hoje é seu último dia na creche. Amanhã ele começa a pré-escola em tempo integral, logo do outro lado da rua, em frente à *la maternelle*. Abri o portão da creche e acenei para a equipe, ainda aplicando protetor solar nos rostinhos apesar do frio da manhã. Alexandre já nem se despede mais e simplesmente corre para dentro. Nem olha para trás.

Para o último dia das crianças, Charles trouxe um fazedor de bolhas de sabão improvisado – na verdade, apenas dois pauzinhos compridos e um pedaço de barbante. Eu fiquei do outro lado da rua, observando o sol se refletindo nas bolhas gigantes conforme oscilavam pelo ar. Alexandre corria com os braços levantados para o céu, o sol brilhando pelos seus cabelos louros. Ele não vai se lembrar dessa parte de sua infância, mas eu me lembrarei. Suas calças estão curtas demais; ele cresceu muito durante o verão.

Na noite anterior, decorei seu *classeur*, a pasta de cada aluno, em que o novo professor guardará todos os seus desenhos, colagens e pequenos poemas para nos dar ao final do período letivo. Fiz um bom trabalho com adesivos de piratas. Há inclusive um pequeno papagaio empoleirado no A de seu nome. Há dias em que acho que minha mãe e eu vivemos em planetas diferentes, e há dias, como este, em que acho que somos uma só pessoa. Lembro-me dela sentada à mesa da cozinha encapando os livros de matemática em papel pardo de sacolas de compras, desenhando meu nome em letras garrafais na capa. Isso é o que era conhecido em nossa casa como trabalhos manuais. Ela costumava desenhar bonequinhos em meu saquinho de lanche quando tinha algum passeio da escola, de modo que eu pudesse facilmente achar meu lanche na pilha de sacos de papel pardo amassados. Ela me mandou para o internato com uma caixa de papelão para eu colocar embaixo de minha cama que estava cheia de peludos limpadores de cachimbo, cartolina, cola e um tubo antigo de purpurina magenta que parecia nunca acabar, por mais cintilantes corações do Dia dos Namorados que eu distribuísse.

Uma vez bem-comportado, sempre bem-comportado: para o primeiro dia de escola de Alexandre, chegamos às 8:36 para o início às 9 horas. Eu queria tirar algumas fotos ao longo do caminho. Imagino que o tumulto seja o mesmo em toda pré-escola no mundo, entre a escolha de cabides e pendurar as mochilas. Apesar de Alexandre ter visitado a escola duas vezes com o pessoal da creche, eu mal havia visto a sala de aula, e nunca havia apertado a mão da professora. Ela era uma figura permanente na escola, muito estimada. Havia pelo menos uma ou duas mães na vila que a tiveram como professora vinte e tantos anos antes.

Os pais estavam sendo conduzidos rapidamente para fora, nada de apresentações, nada de explicações. A educação francesa, como a gravidez francesa, é um sistema abrangente; os professores não precisam, nem desejam informações fornecidas pelos pais. Ficou claro que eu devia deixá-lo e educadamente sair do caminho. (Gwendal e eu temos nossos truques para nos mantermos envolvidos: eu me apresentei como voluntária para dar curtas noções de inglês para os alunos do jardim de infância por meio dos que estavam no quarto ano. Gwendal ofereceu-se para dar uma aula de história e técnica de cinema – os professores estão planejando um festival de filme estudantil para o final do ano.)

Alexandre entrou e disse *"Bonjour"* para o professor (um ponto para a importantíssima *politesse*), em seguida colocou um estetoscópio de plástico no pescoço e foi mexer alguma coisa na cozinha de brinquedo. Era evidente que eu estava mais nervosa do que ele. Afastei-me. Ele já estava cercado por mãozinhas e rabinhos de cavalo. Há uma expressão que os pais franceses usam muito para descrever esse tipo de independência precoce. *Il vie sa vie.* Ele está vivendo a sua vida.

O dia na pré-escola francesa é longo – das 9 horas às 16:30 – e inteiramente gratuito para todas as crianças acima de três anos, com a condição de que a criança já esteja adequadamente treinada a usar o vasinho sanitário. Você pode enviá-las por metade do dia ou levá-las para casa para almoçar, mas tanto Gwendal quanto eu trabalhamos em tempo integral, e Gwendal acha que é importante que Alexandre coma na *cantine* com as outras crianças. Além do mais, não é provável que ele tenha o equivalente a uma refeição de quatro pratos todo dia em casa comigo.

Ao fim do dia, quando fui buscá-lo, já havia um bando ruidoso de pais esperando ao portão. Havia inúmeros rostos familiares, mas mesmo assim eu me vi lutando contra o instinto remanescente dos meus próprios e desajeitados primeiros dias na escola, de me deixar ficar para trás do grupo, de me esconder por trás de um livro. *La maîtresse* os mantinha calmamente sentados junto à porta. Ela entregava as crianças uma por uma, fazendo-as descer a rampa ao encontro dos pais à espera. Não pude deixar de pensar em gado descendo o corredor no matadouro. Quando Alexandre agarrou minha mão, sua cabeça estava baixa; ele parecia muito triste.

– Foi bom? – perguntei. Ele hesitou, sacudiu a cabeça de um lado para o outro e depois a balançou afirmativamente, como se estivesse confuso.

– *Gâteau. Gâteau* – ele implorou, enquanto atravessávamos o estacionamento em direção à *boulangerie*. Ele parecia um minúsculo prisioneiro de guerra, ofuscado com a luz do dia.

– Vamos comprar um biscoito, e então você poderá me contar tudo. – Ele ainda não olhava para mim.

– Alexandre, você está triste? Por que está triste, querido? – Isso é que me enlouquece. Ele já é tão reservado. Pode-se ver que está decidindo o quanto deve me contar, o quanto deve me deixar preocupada.

Quando chegamos a casa, ele começou a choramingar quando tentei abrir o saco de *madeleines* para ele. Enfiou-as na boca, uma atrás da outra, com uma feroz concentração.

– *Laisse-moi* – ele disse. Eu estava sentada perto demais. Ele só queria comer em silêncio. Ajustei minha postura para longe dele, tentando lhe dar mais espaço. Tenho uma vaga lembrança desse sentimento, como me parecia invasivo e desnecessário quando minha própria mãe voltava cedo do trabalho e ficava me interrogando sobre meu dia. Eu só queria relaxar na frente da TV. Enquanto Alexandre comia, sua estrutura óssea parecia retornar, assim como seu sorriso. Ele se inclinou para frente e colocou a testa contra a minha. O que tomei como um primeiro dia catastrófico na escola estava começando a parecer mais com um caso leve de hipoglicemia.

GWENDAL TAMBÉM ESTÁ começando na escola esta semana: a escola de sorvetes. A fim de produzir seu próprio sorvete na França, você precisa de um diploma do Estado, um *CAP Pâtissier/Glacier*. O curso leva um ano, uma semana por mês, e fica a duas horas de distância, em Toulon. Em geral, esses cursos são um caminho pré-profissional para estudantes que resolvem não terminar *le bac*, o segundo grau francês tradicional. Há um diploma para açougueiros, *chocolatiers*, até mesmo cabeleireiros. Assim, dez anos após terminar seu doutorado, Gwendal estará de volta aos bancos escolares com um grupo de adolescentes de 16 anos com os cabelos cobertos com uma rede de plástico. Sorri ao vê-lo empacotar suas roupas brancas de *chef* perfeitamente dobradas, com seu conjunto de facas e seus sacos de confeiteiro. Enquanto ele foi procurar seus sapatos de plástico antiderrapantes, enfiei uns bilhetes em sua *nécessaire*. Eu costumava fazer isso quando ele começou com suas primeiras viagens de negócios. Pequenos cartões-postais de odaliscas e prostitutas de Degas secando-se com uma perna apoiada provocativamente sobre a cama. Esses cartões-postais desejavam-lhe sorte, coragem, diziam-lhe que eu o amava. Há muito tempo eu não fazia isso. Toda essa preocupação, partir para uma nova aventura juntos, está fazendo bem para nossa *vie de couple*. Há uma sensação de renovação, de construir algo juntos, que eu sempre achei a melhor parte de um casamento. Você e eu contra o mundo.

Quando chegou a Toulon, ele me enviou um instantâneo de si mesmo de uniforme em uma reluzente cozinha industrial. Parecia-se um pouco com o *chef* sueco dos Muppets.

DROGA. QUERO DIZER, feliz Ano-Novo. Como todo ano desde que estou morando na França, os feriados judaicos como que me tomam de assalto. Como vivemos no meio do nada agora e como Gwendal já não trabalha na indústria do cinema, onde tinha todas as suas reuniões em estúdios de LA canceladas para os feriados do

Ano-Novo judaico e do Dia do Perdão, eu esqueci que era *Rosh Hashanah*. Voltei de minha aula na autoescola (eu também voltei à escola) com um queijo Morbier para a janta e cinco barras do difícil de encontrar chocolate amargo com flocos de cacau. Ao menos, comprei maçãs ontem no mercado. Além disso, também comprei meu pernil de porco de toda noite de segunda-feira. – Por que maçãs e mel? – Gwendal perguntou, enquanto eu cortava em quatro uma maçã amarela pequena. Quando não consegui lhe dar uma explicação melhor do que "para um doce Ano-Novo", fui forçada a digitar *por que maçãs e mel + rosh hashanah* no Google. O quarto site de cima para baixo era judaism.about.com, que devia ser seguido por um site chamado judeuesquecido.com/culpa.

Esses lapsos atingiam-me de uma forma diferente desde que Alexandre nasceu. Durante o jantar (guardei a carne de porco para outro dia), tentei explicar a ele o que estava acontecendo. – Hoje é um dia especial – hesitei –, porque a família da mamãe é judia e, portanto, você também. *Rosh Hashanah*. Consegue dizer isso?

– Wosh Yahyahyah – ele disse, tocando a imagem da gigantesca maçã Red Delicious na tela do computador. Ele já tem tantas identidades para absorver, por que não mais uma?

Já que é *la rentrée*, talvez eu devesse começar a pensar em sua educação religiosa? Nesse ritmo, não sei se Alexandre sentirá a menor identificação com o judaísmo. Ele não frequentará uma escola hebraica tradicional, nem pertencerá a um templo (nem eu). Frequentei uma escola de iídiche aos domingos. Meus avós falavam em iídiche quando não queriam que eu compreendesse o que estavam dizendo – um incentivo perfeito para aprender. Em vez de um *bat mitzvah*, escrevi um artigo acadêmico sobre as tensões entre as comunidades judaicas ortodoxa, conservadora e reformista em Teaneck, onde cresci.

Se permanecermos em Céreste, Alexandre provavelmente conhecerá muito poucas, talvez nenhuma, crianças judias. Vivendo em Nova York, em uma área de três estados, eu não tinha sentimentos profundos sobre ser judia, da mesma forma que não tinha sentimentos profundos sobre ser branca. Esses eram os fatos, questões de uma visão descontraída e identidade cultural generalizada, como *bagels* e salmão defumado. Ser judeu não exigia coragem especial, inconveniência ou decisões difíceis. Não é fácil explicar por que algo deveria ser importante para o meu filho, quando eu nunca realmente perguntei, ou respondi, essa pergunta para mim mesma.

Explicar para Alexandre como eu sou judia é como explicar como sou americana – tem mais a ver com o biscoito de amêndoas *mandelbrodt* da vovó Elsie do que com Deus. Eu amava minha Bíblia infantil, mas eu a li juntamente com mitos gregos e contos de fadas clássicos. Eu me pergunto se minha mãe ainda tem aquelas fitas cassete de *Davi e Golias* e *Daniel na cova dos leões*. Será possível sequer comprar um toca-fitas hoje em dia?

Como sempre, o mais fácil para eu transmitir é comida. Telefonei para tia Joyce, guardiã das receitas da família. Ela acabara de fazer o bolo *bundt* de maçã de minha avó Elsie, que é um bolo de maçã feito em forma redonda com furo central. Engraçado, quando nos mudamos para a Provence, eu jurei conseguir a receita do bolo de maçã caseiro de madame N. da *boulangerie* local. Na realidade, o bolo de vovó Elsie se parece muito com ele. Tia Joyce o mostrou para mim pelo Skype. Bolo de maçã de *Rosh Hashanah* pela internet. Esse é um milagre dos tempos modernos que qualquer profeta bíblico teria orgulho de chamar de seu.

Há dois anos, Nicole me deu os livros de receitas de Natal de sua avó, escritas à mão. Tenho certeza de que vi ali uma receita de *gâteau aux pommes*. Por que eu nunca o fiz? A vida é assim. Estamos sempre correndo atrás do próprio rabo, procurando coisas que estavam ali o tempo todo. Alexandre e eu o faríamos juntos.

Claro, Alexandre não pode comer bolo pelo Skype, assim eu trouxe as maçãs e um pouco de mel de lavanda do mercado de Reillanne. Alexandre não tirou sua soneca na escola hoje, de modo que no começo ele queria uma maçã inteira e fez beicinho quando lhe dei apenas uma fatia. Finalmete me deixou dar-lhe um pedaço depois que a descasquei e prometi que ele poderia lamber o mel de cima depois. Ele pareceu gostar. Não sei se ele compreende o que é ser judeu, mas entende de sobremesa.

Após o jantar, olhei minha página no Facebook pela primeira vez em meses. Eu não havia mandado nem uma única saudação de Ano-Novo. Um sentimento de solidão se apoderou de mim. Ali estava eu, naquela cidadezinha minúscula, a um milhão de quilômetros de casa. Eu me sentia como um astronauta olhando para o planeta Terra, uma bola de gude, lá embaixo. *"ET, telefone, casa."*

Não sei se me sinto longe de minha religião, mas sinto-me longe de minha família, o que pode, na verdade, ser igual.

―⬥―

CONFORME A TEMPERATURA CAI, começo a entrar em um leve pânico culinário. Nós mal tivemos tempo de começar nossas experiências com *sorbet* de pêssego e agora já era tarde demais. Os últimos figos e as profusas ameixas em setembro estão desaparecendo – o marmelo, arauto de um longo e prolongado inverno, está amadurecendo nas sebes nas bordas dos campos. Essas abruptas mudanças de estação me deixam de luto. (Quem poderia dizer que se pode chorar por um tomate?) Também me fazem ver que passei mais um atarefado verão na Provence sem aprender a fazer conservas.

Posso já ter mencionado isso, mas frutas e legumes na Provence não deixam muito espaço para o livre-arbítrio. Quando os abricós estão maduros, são perfeitos. Quando se vão, é *hasta la vista, baby*. Eu costumava ficar pensando o que as mulheres daqui faziam o dia inteiro, antes da televisão a cabo. Agora eu sei: estavam ocupadas colhendo, cozinhando e fazendo conservas durante todo o verão para poder estocá-las para o longo inverno.

Achei que um livro poderia ser útil, mas todos os livros fazem a mesma suposição – que sua mãe, sua avó e a avó de sua avó têm feito geleias e compotas desde tempos imemoriais. Um livro é apenas um *aide-memoire* para algo já em seu sangue. Claro, a avó de minha avó provavelmente sabia fazer geleia, mas, em algum lugar na jornada da *shtetl* para o subúrbio de Nova Jersey, adquirimos a Smucker's. As receitas francesas são, obviamente, inúteis. "Coloque um quilo de fruta e um quilo de açúcar em uma panela. Ferva. Guarde em frascos de vidro." Nunca dizem muito sobre tempo, temperatura – ou botulismo.

O que realmente preciso é da aula de um mestre. Quando em dúvida, eu digo, "ligue para um britânico". Mollie e David há anos fazem suas próprias geleias e chutneys, e as selam em potes perfeitamente etiquetados. Eu vinha educadamente incomodando-os sobre isso desde junho. Como uma tarde com Maria Callas, é preciso marcar com antecedência.

Quando atravessei a porta, fui envolvida no vapor que vinha do fogão, o toque acre de vinagre e gengibre fresco suavizado pela canela e pela lenta dissolução dos açúcares dos figos. David estava junto a um panelão de ferro medindo o nível de calda com um utensílio de madeira em forma de T que possuía três entalhes distintos. – É um antigo espalhador de crepe – ele disse. David possui os cabelos um pouco longos, brancos e cacheados, de um poeta que trabalha à luz de velas, e grandes sobrancelhas peludas que poderiam inventar coisas por si mesmas. Comecei a me perguntar se para dominar adequadamente a técnica de fazer conservas seria necessário ser o tipo de pessoa prática, mas criativa, que pensaria em improvisar uma vareta para medir com um antigo espalhador de crepe.

A cozinha de Mollie e David é um sonho. Há uma cozinha rústica com vigas pesadas, bancadas de madeira muito bem esfregadas e um fogão vermelho e rangente com espaço para seis panelas borbulhantes. Há armários de portas de vidro, com copos de cristal e uma prateleira de especiarias cuidadosamente etiquetadas em potinhos de vidro bojudos. Discretamente escondida atrás do fogão, há uma porta para um cômodo menor – uma despensa completa, coberta do chão ao teto de armários brancos, um freezer extra e uma pia funda para lavar louças. É como *Upstairs, Downstairs*, só que sem os criados. Quando cheguei, eles já tinham tudo arrumado como se fossem gravar um programa de culinária. Havia uma panela quase pronta em fogo baixo no fogão. Os potes de vidro estavam à mão, arranjados em um grande tabuleiro, ligeiramente cobertos com papel-toalha para impedir a entrada de poeira ou de algum inseto perdido. Ao lado dos potes, estavam todos os ingredientes para o próximo lote: vinagre de vinho tinto, cebolas bem picadas, gengibre fresco, bagas de pimenta-da-jamaica – tudo pronto para reiniciar todo o processo. Exatamente como Nigella Lawson lhes mostrando como fazer um bolo de chocolate e, em seguida, em nome da gratificação instantânea e um lapso de tempo de meia hora, retirando um bolo pronto do forno exatamente quando o outro entra para assar.

    Eles obviamente haviam transformado o processo em uma ciência. Cerca de dez minutos antes de despejar o chutney, Mollie colocava a assadeira cheia de potes no forno quente por dez minutos. Usando uma luva de silicone para forno, ela transferiu os potes quentes para uma bandeja forrada com papel-alumínio e preparou-se para enchê-los. – Geralmente, há uma série de imprecações durante essa parte. Mas talvez o fato de vocês estarem aqui nos mantenha na linha.

    O chutney era grosso, como o mutante em um filme B de horror. Grandes pedaços de figo deslizavam pelo florido funil de cerâmica em uma massa grudenta e disforme. De vez em quando, um pingo escapava. – Ah, droga! – Mollie começava, mas logo se continha. Vi uma das sobrancelhas *à la* Dickens de David levantar-se e assentar-se novamente.

    – O pote fica selado ao esfriar, sabe – Mollie disse. – Tentei abrir um pote do ano passado na despensa. Não consegui soltar a tampa.

Enquanto Mollie tirava uma cópia da receita, olhei pela janela do escritório. O aroma de um pinheiro próximo entrou pela janela aberta. Deixei a casa com um pote de chutney morno na mão, já sonhando com grossas fatias de pão e o *jambon aux herbes* do açougueiro. – Se você puder suportar o suspense – disse David –, deixe-o no fundo do armário por alguns meses. Será muito melhor no Natal.

Não sei se vou conseguir esperar tanto.

Receitas de volta à escola

BOLO DE MAÇÃ DA VOVÓ
Gâteau aux Pommes

Creio que a maioria das famílias francesas possui uma receita como esta – um bolo simples que tem sabor de lar. Esta vem da avó de Nicole. Eu o faço com a fruta no fundo, de modo que ele se transforma em um bolo forrado de maçã, deliciosamente amanteigado.

10 ½ *colheres de sopa de manteiga sem sal, derretida*
1 *xícara de farinha de trigo*
1 *colher de chá de fermento em pó ou 1 pacotinho de fermento alsaciano francês*
1 *pitada de sal*
2 *ovos*
¾ *de xícara, mais ½ colher de sopa, de açúcar*
3 *peras ou maçãs pequenas, firmes, mas maduras*
 (duas maçãs de tamanho médio podem servir)
Um pouco de suco de limão

Preaqueça o forno a 180°C.

Derreta a manteiga e reserve-a. Em uma tigela pequena, misture a farinha, o fermento e o sal.

Em uma tigela média, bata os ovos e ¾ de xícara de açúcar até virar um creme claro. Lave e retire o centro das maçãs ou peras – nunca me dou ao trabalho de descascar. Corte-as em cubos pequenos. Misture a fruta com um pouco de suco de limão e ½ colher de sopa de açúcar para evitar a oxidação.

Adicione a mistura de farinha aos ovos. Mexa rapidamente. Adicione a manteiga derretida, então misture.

Forre uma forma de 25cm de diâmetro com papel-manteiga. Espalhe as maçãs no fundo da forma e despeje a massa por cima. Asse por 45 a 50 minutos, até que o meio esteja firme e bem dourado e um palito saia limpo. Deixe esfriar por dez minutos. Vire sobre uma grelha. Retire o papel-manteiga. Deixe esfriar completamente. Armazene a mistura coberta com papel-alumínio. Um recipiente hermético vai deixá-lo empapado. Sirva com uma xícara de seu chá da tarde favorito.

Rendimento: oito porções

CHUTNEY DE FIGOS DE MOLLIE E DAVID
Chutney aux Figues

Embora os figos sejam uma paixão minha, creio que esta conserva ficaria igualmente boa se feita com peras, marmelos ou mesmo ameixas. Meus agradecimentos a Mollie e David por compartilharem esta receita.

13 ½ xícaras de vinagre de vinho tinto
1,13kg de açúcar mascavo claro
5 cebolas, bem picadas
140g de gengibre fresco, bem picado
4 colheres de chá de mostarda Colman's em pó
Casca de 1 ½ limão
2 ½ paus de canela
2 colheres de sopa rasas de sal grosso
1 ¼ colher de chá de pimenta-da-jamaica em pó
½ colher de chá de cravo em pó
3,2kg de figos frescos e firmes, cortados em quatro

Em um panelão não reativo (aço inoxidável ou esmaltado), misture o vinagre, açúcar, cebolas, gengibre, mostarda em pó, casca de limão ralada, paus de canela, sal, pimenta-da-jamaica e cravos, e deixe ferver. Reduza a chama e cozinhe em fogo baixo até a mistura engrossar e ficar reduzida a dois terços, formando um xarope grosso. Isso levará em torno de duas horas e meia. (Em geral, não sou partidária de receitas que requerem equipamentos especiais, mas vale a pena adquirir uma daquelas tampas de panela que são uma tela de metal plana, próprias para fazer geleia – minimiza os espirros e chamuscados.) Quando a calda tiver atingido a consistência certa, adicione os figos e cozinhe em fogo brando até os figos ficarem bem macios e começarem a se desmanchar, e a maior parte do líquido que soltarem tiver evaporado, o que pode durar de duas horas e meia a mais.

O chutney pode ser guardado em um recipiente não reativo na geladeira por até três semanas. Opcionalmente, o chutney quente pode ser distribuído em potes de conserva esterilizados e processados de acordo com as instruções do fabricante.

Rendimento: cerca de uma dúzia de potes de 350ml

Dica: Apenas uma pequena nota para os cozinheiros com falta de tempo. O chutney requer paciência, embora não precise de supervisão permanente. Certifique-se de ter de quatro a cinco horas livres antes de começar. É uma excelente atividade para um dia de chuva.

CAPÍTULO 19

EU GRITO, VOCÊ GRITA

Não conseguimos parar de falar de sorvete. É uma espécie de síndrome de Tourette coberta de açúcar. Estamos constantemente soltando comentários sobre *sorbet* de marmelo em contextos inadequados.

Já é outubro. Pretendemos abrir a sorveteria na Páscoa. As ideias vêm mais depressa do que nosso trabalho. Certamente mais depressa do que nosso orçamento.

– Que tal *petits fours*? – perguntou Rod certa manhã, sentado no sofá com uma xícara de chá.

Comecei a pensar em minúsculas xícaras de chocolate, do tamanho de pinos de golfe, cada uma com uma colherinha de sorvete com cobertura de *nougatine*, grãos de pimenta vermelha, gengibre cristalizado, figos secos.

– Podíamos vendê-los como chocolates antigos – eu disse, já me adiantando –, em caixas baixas com pequenos guardanapos rendados de papel e uma minúscula espátula para servir.

– Faz ideia do trabalho que isso daria? – Gwendal perguntou, com uma veia na testa que parecia prestes a explodir. Como eu disse, estou encarregada da fantasia. Ele está encarregado das planilhas.

Se *la rentrée* é a estação dos recomeços, também é a estação dos gastos inesperados. É como o Natal ao contrário. Todos os dias, fazemos acréscimos à longa lista de coisas essenciais, mas maçantes, com as quais temos que gastar dinheiro. Como um purificador de água profissional. Aparentemente, se não fizermos algo para reduzir o nível de cálcio na água, nosso *sorbet* vai ter gosto de ralo de banheira.

Enquanto isso, nossa sala de jantar começa a parecer uma empoeirada loja de antiguidades. Tudo que mamãe e eu compramos no verão está empilhado em cima da mesa, no aparador, em todos os cantos. Eu quero fazer sanduíches caseiros de sorvete para a loja, mas estamos preparados para pagar taxas de bagagens extras pelos sacos de 2 quilos de açúcar mascavo Domino para fazer cookies americanos verdadeiros? Isso estará incluído no plano de negócios?

Ainda era bastante agradável trabalhar ao ar livre, de modo que eu estava a caminho do café com meu computador e um croissant quando encontrei Tim e Bridget, membros prósperos da comunidade inglesa. Um croissant é a minha guloseima quando estou com dificuldades de começar a escrever. Descobri que a manteiga ajuda a dispersar o medo da página em branco.

– É muito estimulante – comentou Bridget, me dando um beijo em cada bochecha. Eles devem ter tomado conhecimento do empréstimo bancário.

– Qual é o seu sabor preferido? – perguntei, sempre em busca de novas ideias.

– Creme de ruibarbo – Tim disse.

– Oh. Adoro ruibarbo. – Mais lenha para a fogueira.

Naquela tarde, liguei para Marion. – *Non, non, non.* Aqui não dá ruibarbo. O ruibarbo precisa de muita água. E as folhas são tóxicas. Sempre tenho medo de não ter tirado bem todas elas e acabar envenenando alguém.

Sem problemas. Nada mais de ruibarbo!

―☙―

HOJE COMPRAMOS um caminhão de sorvete. Não um caminhão de sorvete qualquer, mas um *triporteur* italiano amarelo da cor de uma banana. Se você nunca viu um, um *triporteur* é um caminhãozinho de três rodas, essencialmente uma Vespa coberta, com espaço na frente para um homem e um cachorro e espaço atrás para vários caixotes de laranja e pouco mais. Sempre quis um desses, desde que vi um modelo antigo e sujo, com faróis parecendo olhos de desenho animado, sacolejando com barulhos explosivos do escapamento na subida de uma colina em Capri. Serve para mostrar que, se você souber esperar, a vida apresenta uma desculpa para se comprar praticamente tudo.

Nós o encontramos na internet. Há um website na França chamado Leboncoin, que na verdade é uma venda de garagem online, de alcance nacional.

– Posso ir na quinta-feira – Gwendal dissera assim que vimos o anúncio, ampliando a imagem para termos uma visão melhor.

– Não. Você tem de ir amanhã.

– Mas...

Não o deixei terminar. – Amanhã. Ligue para ela agora mesmo e diga-lhe que você pode estar lá a qualquer hora depois das nove.

– Já procurei um apartamento em Manhattan, de modo que sei que não se deixa uma boa oferta parada esperando mais do que o estritamente necessário.

A proprietária hesitava em abrir mão do veículo. Ele pertencera ao seu avô, que o comprara na Itália no começo da década de 1960. Ela o pintara de amarelo-vivo pensando em criar um negócio de sucos, mas o empreendimento não chegou realmente a funcionar.

Cheguei ao estacionamento exatamente quando Gwendal e Rod surgiram no topo da colina. O Piaggio – é a marca italiana do *triporteur* – foi colocado em cima de um reboque de plataforma atrelado ao carro. Admito: comecei a bater palmas espontaneamente. Jamais vira um objeto tão alegre em toda a minha vida. Acho que esse foi o dia em que percebi que estávamos entrando em um negócio que faria muita gente sorrir.

– Foi incrível – Rod disse. – As pessoas buzinavam e acenavam para nós durante todo o trajeto.

Sentei-me atrás do volante. *Vruuuuuuummmmmm, vruuummm.* Finalmente encontrei uma razão de ser para todas aquelas aulas de direção. Deve ser assim que os homens se sentem a respeito de Lamborghinis. Quero fazer uma viagem só de garotas no meu caminhão de sorvete.

Eu mal podia esperar para mostrar a Alexandre. – Papai comprou a coisa mais linda do mundo hoje – eu disse, quando o peguei na escola. – Espere até você ver.

Ele olhou para o veículo, entrou na cabine, empurrou três alavancas e apertou um botão, em seguida colocou a cabeça para fora da janela. – Não funciona.

Detalhes.

– Pode nos servir um pouco de sorvete – Angela disse.

– Mais? – disse Alexandre, após dez minutos entregando pretensos cones de sorvete pela janela.

Angela colocou a mão no estômago. – Mais um?

– Sou americana – eu disse animadamente. – Vou tomar mais um.

– Bem – eu disse, dando uma grande lambida na minha invisível casquinha de chocolate triplo, com chantilly extra e confeitos coloridos. – Temos de marcar uma noite para você e Rod virem jantar e verem um filme, quando possamos falar de qualquer coisa, exceto sorvete.

– Vocês falam sobre isso na cama? – ela perguntou.

– Realmente, falamos.

Angela deu uma última mordida em seu imaginário cone de café duplo.

– Nós também.

NAQUELA NOITE, enviei uma foto do Piaggio para meus amigos e família nos Estados Unidos.

Tia Lynn foi a primeira a responder:

Re: O veículo amarelo.

O conteúdo da mensagem resumia-se a três palavrinhas.

Deus, dê-nos forças.

Minha mãe não conseguia parar de rir quando liguei para ela. – Com você, nunca há um momento de tédio – ela disse. – Vai colocar um sino? Essa é a maior qualidade de minha mãe, uma inabalável confiança em minhas – e, desde o meu casamento, nossas – ideias malucas. Entre uma risada e outra, ela me defende dos que são "do contra" e dos fracassados. – As pessoas realmente mandam seus filhos para uma universidade da Ivy League para que acabem dirigindo um caminhão de sorvete?
– Agora, sim.

EMBALO DE SÁBADO à noite *chez nous*. Parece que uma bomba explodiu na cozinha. Duas panelas de compota de marmelo e minha Le Creuset de sopa de ervilha não cabem no fogão ao mesmo tempo.

Está esfriando, portanto estou estocando sopa no freezer – grandes potes de sopa, todos os tipos de sopa. Na semana passada, fiz *soupe d'épeautre*. *Épeautre* é espelta e, apesar de nos Estados Unidos ainda estar confinada às lojas de alimentos naturais, na Provence, grãos integrais de espelta são usados como cevada, para fazer sopa, risoto e saladas frias. Minha *soupe d'épeautre* é uma invocação da sopa de carne e cevada do Kiev, um restaurante popular de comida russa, já extinto, que ficava aberto a noite toda na Second Avenue. Meu pai e eu costumávamos ir lá para comer panquecas de queijo depois do cinema. Sempre nos sentávamos no estreito aposento aos fundos do restaurante, de paredes de tijolos, ligado ao restaurante principal por uma pesada porta de aço. Creio que ali costumava ser o lugar onde se guardavam as carnes. A sopa era tão densa que era possível deixar uma colher em pé dentro da tigela.

Esta noite, nossa casa cheira a uma fábrica de doces com um departamento de bacon (ouvi dizer que essa é uma tendência). Enquanto estou fritando a barriga de porco para a minha sopa de ervilha, Gwendal está na sala de jantar descascando e picando marmelo para experimentar um *sorbet*. O marmelo é uma fruta entre uma maçã muito ácida e uma pera aveludada. Alguns estudiosos acreditam que seja o fruto proibido do Jardim do Éden. As pessoas na Provence crescem com *pâte de coing* – uma gelatina de marmelo concentrada. É o tipo de doce que as avós fazem para o Natal. Apesar da textura ligeiramente arenosa, cremos que daria um excelente *sorbet*.

Apesar de eu ter escrito um livro de culinária, nada poderia estar mais longe de uma cozinha profissional do que a minha. Só agora aprendi a encaixar e trancar a vasilha do meu processador de alimentos. Eu teria ajudado Gwendal com o marmelo, mas temos apenas um descascador, e eu certamente teria me ferido tirando o centro das frutas duras com uma das minhas muitas facas cegas. Sei que bons cozinheiros devem ter facas amoladas – todos dizem que é mais provável você se cortar com uma faca cega. Minhas desculpas a Escoffier e aos outros, mas isso simplesmente não parece correto. Não é que eu não vá cortar o dedo com uma faca afiada, é só que o corte será mais limpo.

Alexandre, usando seu pijama de caminhões favorito, brincava com seus blocos embaixo da mesa da sala de jantar. De vez em quando, ele vinha à tona, lambia a metade do limão que Gwendal estava usando para impedir que o marmelo ficasse escuro, e desaparecia novamente embaixo da mesa. Nenhum juiz acreditaria em mim: *Meritíssimo, meu filho tem eczema no queixo porque prefere chupar a metade de um limão do que comer um* pain au chocolat.

Prince era a trilha sonora da noite. – "Pu-pu wain, pu-pu rain" – repetia Alexandre, observando-nos dançar em volta da pia. Ele deve pensar que seus pais são loucos. Nenhum de nós dois é um Fred Astaire. Mas quem precisa ser Fred Astaire quando está dançando em sua cozinha?

Eram quase 22 horas quando finalmente nos sentamos para jantar. Alexandre insistia em cortar com as mãos pedaços de pão e mergulhá-los em sua sopa.

– *Un vrai paysan.* Meu avô costumava fazer exatamente isso.

– Gwendal estava radiante. Somente na França a palavra *paysan* – camponês – é usada com tanto orgulho.

Pensei em outras noites de sábado. Noites em trajes de gala, noites lendo, ou chorando, ou estudando, noites bebendo margaritas ou comendo massa de biscoitos com pedacinhos de chocolate diretamente da tigela. A gente pode não sair muito no momento, mas, se eu pudesse ser tão feliz assim toda noite de sábado pelo resto de minha vida, teria muita sorte.

PELA MANHÃ, GWENDAL estará partindo para sua segunda semana na escola de sorvete.

Ele estava esquentando a cama havia uns dez minutos, quando eu entrei debaixo das cobertas. – Bem, acho que não podemos trocar os lençóis esta noite – ele disse, virando a página de seu livro –, ou você vai "pirar".

– Ei, não ria de mim. Sou uma nova-iorquina judia. Eu poderia ser muito mais neurótica do que sou.

A neurose em questão é simples: eu não gosto de deixar Gwendal partir em viagem a menos que tenhamos dormido, preferencialmente dormido *mesmo,* nos lençóis que estão em nossa cama.

Meu raciocínio é claro, e um pouco mórbido. Se Gwendal morresse em um acidente de carro, fosse atacado por lobos ou abduzido por alienígenas, meu primeiro instinto seria passar vários anos em um vestido de casamento, do tipo Miss Havaí, cheirando sua velha fronha enquanto as paredes da casa desmoronavam ao redor dos meus ouvidos. Não é um autorretrato particularmente lisonjeiro, mas vamos lá. Em alguma parte do meu cérebro ancestral, entulhado de talismãs, nossos lençóis usados o mantêm a salvo. O que posso lhes dizer? Todos nós temos nossas pequenas idiossincrasias.

ENQUANTO GWENDAL ESTÁ FORA, Alexandre e eu seguimos nossa rotina. Eu toco concertos de piano em meu computador. A música parece acalmar tudo. Alexandre alinha seus cavaleiros para a batalha no chão da cozinha enquanto faço o jantar.

Esta noite, depois que eu li uma história para ele, ele subiu no meu colo. – *Tu me berces comme un bébé*. Enquanto eu o segurava nos meus braços, balançando-o para frente e para trás, ele enfiou o dedo na boca, algo que faz somente quando está "brincando de bebê". Ele tem apenas três anos, mas está crescendo e, às vezes, precisa retroceder. Eu me pergunto se ele sabe o quanto gosto dessas regressões. É como uma repetição para mim. A chance de saborear algo pelo qual passei às pressas da primeira vez.

– Ontem – ele disse – *mamie* Nicole cortou meu cabelo.Ultimamente, Alexandre tem condensado o tempo. Tudo que aconteceu no passado ele comenta como se tivesse acontecido "ontem". Talvez ele esteja certo. Li uma peça de teatro na faculdade, *I Have Been Here Before*, de J. B. Priestley. Na peça, o tempo não é linear, é enrolado, os episódios são empilhados como fichas de pôquer. O passado está muito perto. Você pode tirar uma experiência da base da pilha e recolocá-la de volta em cima. Você pode revivê-la inúmeras vezes, até entendê-la bem.

É uma percepção filosófica bastante ágil para uma criança de três anos.

O INVERNO ESTÁ DE VOLTA, juntamente com meu instinto de hibernação, uma desaceleração do biorritmo. Em Paris, o tráfego, os postes de luz nas ruas e sessões das 22 horas do novo filme de James Bond no cinema ao lado do Canal mantinham essa sensação ao largo. Na vila, não há tais distrações. Às 18 horas, as ruas estão desertas; às vinte, parece que são três horas.

Sinto frio o tempo todo. A cada verão, eu me esqueço, e a cada novembro fico surpresa novamente ao descobrir que não quero sair da cama porque está frio demais para colocar a ponta dos meus pés no chão de ladrilhos. Descobri os chinelos, item que nunca achei que faria parte do meu repertório *fashion*. Os meus são forrados de pelos com laços e uma espécie de botinhas de lã tricotada, brancas e marrons, que, se eu estiver meio despida, Gwendal diz que me faz parecer uma atriz pornô sueca. Nunca vi filme pornô sueco, mas, se eu fosse fazer sexo na Escandinávia no meio do inverno, entendo o mérito de ficar de botas.

HOJE ALCANCEI UMA META. Finalmente, dei entrada no meu pedido de nacionalidade francesa. Fui carimbada, grampeada, traduzida e tive as impressões digitais tiradas. Certamente foi muito mais fácil completar esse processo na Provence do que teria sido em Paris. Havia um único funcionário em um único escritório a quem eu podia telefonar para tirar minhas dúvidas. Se eu estava obtendo as respostas erradas, ao menos estava obtendo sempre as mesmas.

Minha entrevista estava marcada para as dez horas na quarta-feira. Mas na semana anterior, quando telefonei para a tradutora juramentada para ir pegar meus documentos, ela disse que estaria fora na segunda e na terça-feira. Teríamos de pegar meus documentos na manhã do dia da entrevista.

Praguejei contra mim mesma quando entrávamos no carro. São somente 40 dias de chuva por ano na Provence, mas, quando chove, *realmente* chove. Chove canivetes. Chove como se a arca de Noé estivesse prestes a passar flutuando pela correnteza atrás de nossa casa. Teríamos sorte se pudéssemos nos arrastar pela estrada a 30 quilômetros por hora.

Eu devo estar louca. Uma década na França é tempo suficiente para saber que deixar tudo para o último minuto é sinônimo de desastre. Não deviam lhe dar um passaporte francês se você não for bastante pessimista para deixar um pouco de tempo extra para as coisas darem mortalmente, catastroficamente, errado. Mas ali estava eu, eu e minhas expectativas americanas, prestes a mandar pelos ares o mais importante processo francês que já enfrentei. Por alguma razão, a situação me fez querer gritar expressões que eu havia aprendido nas aulas de francês do colégio e nunca mais ouvira. Vamos chegar atrasados para a entrevista com a funcionária da imigração! *Sacré bleu!*

A razão para a minha arrogância era simples: tenho sido a beneficiária da mais pura sorte. Tomem, por exemplo, meu pedido para estudar no exterior. Era final do meu segundo ano na faculdade. Eu estava no Kinko's às dez horas do dia anterior da data em que devia ser feita a solicitação, preenchendo um formulário para o FedEx. Quando o entreguei ao homem atrás do balcão, ele sacudiu a cabeça. – Isto é uma caixa postal. O FedEx não faz entregas de um dia para o outro a uma caixa postal. – Eu estava prestes a entrar em pânico, quando o sujeito atrás de mim na fila disse: – Minha mãe mora lá. Aposto que ela o conhece. Deixe-me ligar para ela. Talvez você possa mandar para ela, e ela levará ao destinatário. – Sentei no chão do Kinko's enquanto o simpático sujeito atrás do balcão deixava meu suposto salvador usar o telefone. – Claro – ele disse ao desligar. – Ela levará para ele. Mas, de qualquer modo, ele não vai partir antes de domingo. Seu filho tem um jogo de basquete. – Quase o beijei. Há 20 mil estudantes em Cornell, e naquela manhã, naquela fila, estava o rapaz cuja mãe era vizinha do diretor de admissão no exterior, que aliás partiria com um dia de atraso por causa do jogo de basquete de seu filho. É a própria definição de pura sorte e me deixou para sempre atrevida.

Depois de quase me afogar na estrada e atravessar correndo um campo lamacento para pegar meus documentos com a tradutora, às 9:52 entramos no estacionamento da prefeitura.

A funcionária da imigração não parecia muito amistosa. De cinquenta e poucos anos, loura, com um corte de cabelo de duende, volumosos braceletes e botas pretas altas, ela não retribuiu meu sorriso. Abri meu caderno de anotações. Seu rosto se iluminou quando ela viu minha nota na prova de francês. – *Très bien* – ela disse, desaparecendo para fazer uma fotocópia. Pensei no argelino que fez o exame comigo e que nunca tinha visto um teste de múltipla escolha em "bolhas" antes e que obviamente precisava de óculos. Sem dúvida seu francês era melhor que o meu. Sem dúvida sua nota não foi.

Seu humor melhorou novamente quando ela viu que eu tinha todos os meus documentos em ordem. Ela até mesmo pediu desculpas por nós termos que voltar lá outra vez na semana seguinte para a entrevista oficial.

O QUE EU DEVERIA USAR? Sei que eles não vão me negar a cidadania se meu cachecol não estiver amarrado corretamente, mas mesmo assim...

Sinto que preciso de um parente comigo hoje. Não consigo decidir qual das minhas avós deveria me acompanhar. Por fim, optei pela mãe do meu pai, colocando um par de seus brincos – uma espiral de ouro (na verdade, folheada, com minúsculas pedras verdes encravadas). Ela própria era uma imigrante e acho que compreenderia como estou me sentindo hoje. Ambos os meus avós paternos vieram pela Ellis Island. A certidão de nascimento russa de minha avó está em exibição no museu da Ellis Island. Quando Gwendal e eu levamos seus pais a Nova York para o nosso casamento, esse foi um dos primeiros lugares aonde os levei.

Quando chegamos à prefeitura (com tempo de sobra), havia outra americana na sala de espera com seus três filhos. Ela ralhava em voz cadenciada conforme eles se metiam embaixo das cadeiras ou chutavam o balcão. – Eles *nunca* darão os documentos franceses à mamãe se vocês continuarem a correr por aí assim.

Gwendal levou Alexandre ao banheiro – e à máquina automática de vendas.

– Oh, meu *Deus*! O que é isso? – Olhei horrorizada enquanto Alexandre rasgava a embalagem de uma barra Twix.

– Eles não tinham mais nada – Gwendal disse, encolhendo os ombros. – Ele estava com fome.

Fiquei vendo Alexandre enfiar o chocolate alegremente na boca. Ergui os olhos para a outra mãe americana e sorri timidamente. – Eles nunca me darão *meus* documentos se virem meu filho comendo uma barra Twix às dez horas.

Fora a barra de chocolate industrial como café da manhã, a funcionária abrandou-se ao ver Alexandre. Acho que ele é a prova viva de minha assimilação. Ele representou seu papel atravessando o corredor profusamente iluminado com lâmpadas fluorescentes para o escritório dela e dizendo: – Oh, *c'est beau ici.*

Você faz parte de alguma associação? Essa é uma pergunta importante na vida francesa. Não basta ter um emprego ou pagar seus impostos. Você precisa ter *hobbies*, estar envolvida na comunidade local.

– Dou aulas de inglês na escola da vila.

– *Bénévole?* – ela perguntou.

– *Oui, bénévole.* – Também é importante que você faça isso de graça.

– Há algum filho de uma união anterior?

Gwendal ergueu os olhos do dinossauro que estava desenhando para Alexandre e sorriu. – Não que eu saiba.
Olhei para ele, horrorizada. *Não que eu saiba?* Ficou maluco? Minha telepatia mental emitia raios em sua direção. *Esta parece uma boa hora para fazer piadinhas? Minha vida está em jogo aqui e você está bancando o engraçadinho com uma funcionária da imigração francesa.* Se isso não fosse provocar um ganido estranho, eu o teria chutado por baixo da mesa.
O rosto da mulher parecia feito de pedra.
– Não – eu disse. – Nenhum filho de uma união prévia.
Fomos a um café quando a entrevista terminou. Pedi café, apesar de estar precisando de uma dose dupla de vodca com gelo. Comi *chouquettes*, enfiando o doce na boca até minha frequência cardíaca diminuir. (*Ainda* não sou francesa e tenho mais um ano para me livrar do meu hábito de comer em função de razões emocionais...) De repente, percebi: estava feito. A menos que eu assassinasse alguém nos próximos doze meses, no próximo Natal eu seria francesa.

Receitas para sopas de inverno

SOPA DE ERVILHAS SECAS COM BARRIGA DE PORCO E CONHAQUE
Soupe aux Pois Cassés

Se eu ficasse presa no alto de uma montanha durante todo o inverno, esta é a receita que levaria comigo. Pode ser uma refeição sozinha, com um pão rústico e queijo, ou servida em uma tigelinha, com *crème fraîche* e bacon torrado em cima, como entrada de uma refeição de vários pratos.

1 cenoura grande, picada
1 cebola grande, picada
½ bulbo de funcho (inclusive folhas e talos) ou 2 talos de aipo com folhas, picados
1 pau de canela, pequeno
3 cravos (ou 1 boa pitada de cravo em pó)
1 pedaço de perna de porco ou uma fatia de 350g de barriga de porco, toucinho ou pancetta
3 colheres de sopa de azeite de oliva
½ xícara de vinho branco
2 colheres de sopa de conhaque
1kg de ervilhas secas
1 folha de louro
2 cubos de caldo de galinha
14 xícaras de água fervente

Em uma panela grande, refogue os vegetais, a canela, os cravos e o toucinho em azeite de oliva até a carne ficar dourada e as cebolas, translúcidas, cerca de dez a 12 minutos. (Vale a pena enfiar os cravos inteiros na superfície da carne, para que não se percam.)

Acrescente o vinho branco e deixe ferver. Adicione o conhaque. Adicione as ervilhas secas e mexa. Acrescente a folha de louro. Dissolva os cubos de caldo de galinha em uma xícara de água fervente. Adicione à panela. Acrescente a água restante. Deixe ferver, abaixe o fogo e deixe cozinhar em fogo brando com a tampa ligeiramente aberta, mexendo de vez em quando, até as ervilhas ficarem macias, cerca de uma hora e meia.

Remova a carne, a folha de louro, o pau de canela e os cravos. (Se os cravos tiverem se perdido, pesque-os com uma escumadeira.) Processe a sopa com um processador manual. Sirva com a carne de porco desfiada ou fatias da barriga de porco em cima, ou com uma colherada de iogurte simples e uma pitada de pimenta-do-reino em pó.

Não vale a pena fazer uma pequena porção desta sopa – sempre haverá uma nova nevasca, e ela resiste perfeitamente ao congelamento. Para reaquecer, dilua com um pouco de vinho branco. Às vezes, refogo um pouco de bacon extra para esfarelar na sopa quando a sirvo pela segunda vez.

Observação: Não adicione sal à sopa, uma vez que a carne de porco/ bacon e os cubos de caldo de carne já têm sal.

Rendimento: oito porções

SOPA DE CARNE E GRÃOS INTEGRAIS DE ESPELTA
Soupe d'Épeautre

Grãos integrais de espelta (bagas de espelta), um antigo ancestral do trigo, constituem um alimento básico da cozinha provençal. Você também encontra a espelta à venda com o nome italiano de *farro*. Adoro o sabor de nozes e a maneira como os grãos mantêm a sua pungência depois de um longo cozimento de inverno. Minha *soupe d'épeautre* assemelha-se muito

PIQUENIQUE NA PROVENCE   335

à tradicional sopa de cevada e carne bovina, com pedaços de carne cozidos lentamente e um caldo espesso e rico em amido. Eu o incentivo a experimentar – esta sopa irá se tornar um alimento essencial para os seus dias de neve.

3 colheres de sopa de azeite de oliva
1 kg de carne para ensopado (escolha um corte de "segunda",
    com um pouco de gordura e tutano), cortada em cubos de 2,5 cm
Pimenta-do-reino
4 cenouras, picadas
2 talos grandes de aipo com folhas, picados
2 alhos-porós, aparados (partes verde e branca), cortados em rodelas
    de 1,3 cm, ou 2 cebolas médias, picadas
½ kg de grãos integrais de espelta (também denominada farro
    ou petit épeautre)
15 xícaras de caldo de galinha de baixo teor de sódio (como não há
    caldo enlatado na França, eu uso água com 3 cubos de caldo)
1 folha de louro
Alguns raminhos de tomilho fresco (ou ½ colher de chá rasa
    de tomilho seco)

Em uma panela grande, aqueça uma colher de sopa de azeite. Doure a carne em dois lotes – adicione uma boa pitada de pimenta-do-reino moída na hora.

Remova a carne e reserve. Adicione as duas colheres de sopa de azeite de oliva remanescentes e raspe o fundo da panela para aproveitar todos os sucos maravilhosos da carne. Acrescente os legumes e refogue até ficarem amaciados e começarem a ganhar cor, cerca de sete a dez minutos.

Adicione a carne e a espelta, e misture bem. Adicione o caldo, a folha de louro e o tomilho. Deixe ferver. Em seguida, abaixe o fogo, tampe a panela e deixe cozinhar em fogo brando por uma hora e 45 minutos, misturando de vez em quando até que os grãos de espelta e a carne estejam macios.

Rendimento: oito porções. Pode ser congelada. Reaqueça com um pouco de vinho branco.

Dica: Se não conseguir encontrar espelta ou farro, pode fazer esta mesma receita com cevada – mas não cevada pré-cozida. A sopa precisa cozinhar em fogo brando por muito tempo para a carne amaciar. Se quiser uma versão rápida – e vegetariana – desta sopa, pode usar cevada pré-cozida e refogar 500g de cogumelos fatiados no lugar da carne.

ENSOPADO DE LENTILHAS E LINGUIÇA
Lentilles aux Saucisses Fumées

Este é um prato apreciado em nossa casa o ano inteiro – quente e reconfortante como um grande abraço apertado.

2 colheres de sopa de azeite de oliva
1,25 kg de linguiça defumada de excelente qualidade, como, por exemplo, Jésu de Morteau, cortada em rodelas de 2,5 cm (ou use Toulouse ou linguiças italianas, deixadas inteiras)
2 cenouras médias, bem picadas
2 cebolas médias, cortadas em cubos
½ bulbo de funcho pequeno, bem picado
2 talos de aipo, com as folhas
3 tomates secos, picados
1 bom punhado de salsinha, picada (use alguns talos também)
2 dentes de alho, inteiros
1 kg de lentilhas Puy
1 xícara de vinho branco
1 folha de louro

Pimenta-do-reino moída na hora
12 xícaras de água fervente

Em uma panela grande, aqueça o azeite de oliva e doure as linguiças. Acrescente os legumes e o alho, mexa bem e refogue até amaciarem, cerca de dez minutos. Acrescente as lentilhas e mexa bem. Acrescente o vinho. Ele vai ferver um pouco. Acrescente a folha de louro e uma boa pitada de pimenta-do-reino moída na hora. Adicione as 12 xícaras de água fervente ou muito quente. Deixe ferver, abaixe o fogo e deixe cozinhar em fogo brando, com a panela parcialmente tampada, até as lentilhas ficarem macias e a maior parte do líquido ter sido absorvida – de 50 minutos a uma hora.
    Sirva uma substancial tigela de lentilhas com a linguiça em cima. Acompanhe com mostarda Dijon e mais salsa picada.

Rendimento: seis a oito porções

Dica: Quase sempre eu obtenho duas refeições para quatro pessoas com esta receita. Ela congela bem. Reaqueça com um pouco de vinho branco. Se ainda houver sobra de lentilhas depois que toda a linguiça tiver acabado, bata-as até formar um purê com um pouco de vinho branco e caldo de galinha para fazer uma sopa espessa. Sirva a sopa com um pouco de limão e uma colherada de crème fraîche (ou creme de leite azedo) e muito coentro picado.

CAPÍTULO 20

PRESENTE DE NATAL

– Não, você não vai sozinho, nem pensar.
– Ótimo – disse Gwendal com um suspiro, enquanto eu tropeçava no degrau da frente com minhas botas de salto plataforma.
– Eu vou com você.
– Não é necessário.
– Não quero que você quebre o bolo.
– Não quero que você quebre o tornozelo.

Eram os dias mais escuros de dezembro, e Gwendal estava praticando seus bolos de sorvete. De certo modo, eu tinha dificuldade em imaginar aquilo como uma forma de arte. Os bolos de sorvete de minha juventude não eram criações sofisticadas, mas camadas de sorvete tipo *soft* de baunilha e chocolate separadas por pelotinhas crocantes de chocolate e encimadas por meu nome escrito em gelatina cor-de-rosa transparente. Como aniversariante, eu tinha direito à maior rosa de glacê.

Os franceses levam o seu *bûche de Noël*, o tradicional bolo de Natal em forma de tronco de árvore, muito mais a sério. Gwendal andara treinando na escola e voltou com fotos de seu branco e brilhante *glaçage*, escorregadio como aquela camada de gelo que se forma nas calçadas, decorado com uma floresta de minúsculos pinheiros de algodão doce e salpicado de cogumelos de suspiro. Quem poderia dizer que meu marido possuía tais talentos? Eu já estava quase com inveja, quando ele voltou para casa com uma receita à prova de ignorantes para fazer *macaroons* parisienses verdadeiros. Decidimos usar um de nossos sabores especiais, mel e tomilho fresco, para a parte externa de nosso *bûche*, com uma camada de musse de cumaru e um miolo de *sorbet* de abricó pela acidez e vigor. Embora nada fosse inteiramente oficial, já tínhamos encomendas para o Natal e o Ano-Novo – alguns amigos, alguns donos de restaurante que eram clientes em potencial –, mas Gwendal continuava sem ter um forno em sua cozinha experimental, de modo que tínhamos de ficar levando e trazendo tabuleiros da luxuriante e amanteigada base *pâte sablée* de nossa casa até o local em obras no meio da noite.

Descemos de carro e estacionamos perto das latas de lixo, próximo à saída para a casa da antiga babá de Alexandre. O novo prédio onde seriam nossas instalações de produção não passava de um esqueleto, de modo que nosso novo senhorio gentilmente nos emprestara um cômodo perto do local para ser usado como laboratório experimental temporário. Agora, tudo que precisávamos fazer era atravessar a Route Nationale com nossa bandeja de massa. Caminhões, caminhões grandes, trafegam por essa estrada à noite. A única vantagem da escuridão era que nós veríamos de longe a aproximação de um veículo de dezoito rodas.

– Como é que vocês foram escolher um lugar sem nenhuma faixa de pedestre, nenhuma luz e uma subida de mais de quatro metros? – perguntei.

– Tem um muro de proteção.

Isso deve servir de consolo?

Ajudando-nos mutuamente, conseguimos descer sacolejando pela muralha de aterro com o tabuleiro mantido razoavelmente equilibrado. Para qualquer um que olhasse por uma brecha nas cortinas, devíamos parecer uma dupla de atrapalhados gatunos. Eu ficava esperando a polícia aparecer e nos deter por invasão de propriedade.

Gwendal destrancou a porta do laboratório experimental temporário e acendeu as luzes fluorescentes.

Fui tirar o casaco, depois pensei melhor. – Você percebeu que a temperatura aqui dentro é a mesma de lá de fora, não?

— *Mer-de* — resmungou Gwendal, a cabeça dentro do freezer. Quando meu marido está particularmente frustrado, a palavra *merda* é pronunciada em duas sílabas distintas. Nosso tabuleiro era um centímetro maior e não cabia ali dentro. Quando tentamos uma transferência, o *sablée* começou a rachar, falhas aparecendo nas delicadas camadas da massa. Por fim, usando um sistema de cantoneiras e papel impermeável, conseguimos colocar tudo no freezer.

De volta ao aterro, Gwendal me deu uma ajuda para subir, e minhas botas se afundaram ainda mais na lama.

— Isso deve estar nos pormenores do contrato, com aquelas letrinhas bem pequenas — eu disse, espreitando na noite para ver se não havia veículos se aproximando. Em situações como essa, eu costumo evocar nosso contrato de casamento francês, o documento legal de vinte páginas que eu assinei na cerimônia do nosso casamento civil e que, na época, eu não sabia ler.

— Sabe o que descobri hoje? — Gwendal perguntou, depois de entrarmos no carro. — O sujeito da empresa de máquinas de sorvete, o fundador, Hubert Cloix, foi membro da Resistência. Eu pesquisei e encontrei seu nome.

Limpei minhas mãos sujas de lama na minha calça jeans. — Você acha que, se disséssemos a ele que René Char escreveu poesia em nossa sala de estar, ele nos daria um desconto?

DEPOIS DE TERMOS PASSADO nossos crachás pela barreira eletrônica, fomos confrontados com um cone de plástico de 6 metros de altura, encimado por redemoinhos de sorvete em todas as cores do arco-íris. Ao menos, sabíamos que estávamos no lugar certo.

Era nossa primeira viagem de negócios de sorvete — um fim de semana em Rimini, Itália, na SIGEP, a maior feira empresarial de sorvete e café do mundo. Por sermos cronicamente desorganizados, tivemos de voar para Milão, alugar um carro, dirigir por três horas até Rimini e em seguida, depois de percorrer a feira, dar meia-volta e fazer tudo de novo na direção oposta na manhã seguinte. Nossa partida às quatro horas foi apenas o começo de um dia muito longo. Havia uma cacofonia à frente, com aplausos e gritos de torcida. Havíamos nos deparado com um concurso internacional de baristas. Projetado em um telão, viam-se em close duas mãos peludas fazendo o que me pareceu um retrato de Leonardo da Vinci em espuma de cappuccino. Andamos até ficar com os pés cheios de bolhas. É fascinante como uma única indústria pode lançar tentáculos em tantas áreas: cones e copos de plástico, invólucros para cones e copos de plástico, grandes letreiros de neon de cones e copos de plástico, lixeiras de metal para tocos de cigarro e cones e copos de plástico, sem mencionar os pós, pastas e purês para encher os cones e copos de plástico com sorvete artificial de morango. E, sendo a Itália, as mais magníficas máquinas de expresso cromadas, brilhantes como uma Ferrari, para acompanhar seus cones e copos de plástico.

Não havia tantas mulheres com pouca roupa como eu esperava. Sempre tive uma ponta de inveja pela pitada de vulgaridade italiana e pela excepcional capacidade das mulheres de andar por ruas de calçamento de pedra em salto agulha. (Eles devem ensinar isso no colégio, logo depois de Dante.) Um estande para mistura industrializada de sorvete tinha esculturas de 2,5 metros de *macaroons* efusivamente coloridos. Ao lado de cada um, havia uma jovem com uma minissaia preta preguueada, meias de listras verdes e brancas até os joelhos e sapatos de plataforma. Enviamos uma foto para Rod: *Queríamos que você estivesse aqui.*

Nossa principal missão em Rimini era procurar uma vitrine de exposição de sorvetes. Imagino que seja como comprar um carro esporte, considerando as linhas e a cor, o estilo moderno ou retrô. Seria nosso investimento mais visível (e o mais caro). Muito pequenininho e ninguém nos levaria a sério. Muito grandioso e poderíamos estourar o orçamento operacional de um ano em curvas e acrílico sob medida. Localizamos um modelo que já havíamos visto antes, branco reluzente e curvo em cima como uma cápsula espacial. Um homem de trinta e poucos anos, com a cabeça raspada, um terno de corte excelente, chique e óculos pesados de armação preta aproximou-se para nos cumprimentar.

Rapidamente esgotamos nossas saudações em italiano e passamos para o inglês. Quando ele ouviu meu sotaque americano, logo se animou.

– De onde você é?

– Nova York– eu disse.

– Eu também. Fui para o French Culinary Institute. Em outra vida, eu era um *chef*, de modo que tenho muita simpatia pelas pessoas que se aventuram sozinhas.

– Este é um belo modelo – ele disse, dando umas batidinhas na vitrine como se fosse um *schnauzer* de estimação. – Mas nosso principal produto é esse aqui. – Apontou para o que parecia uma caixa registradora embutida na parede. – É de sorvete *soft*.

– Oh, eu sou americana, mas ele é francês, de modo que não sabe o que é TCBY.

– Claro, já imaginava.

– É a nova moda nos Estados Unidos. – Seu tom de voz mudou, passando a uma conversa de vendedor já preparada. – Desse modo, você só precisa de uma pessoa na loja, e seu empregado não precisa saber nada sobre o preparo de sorvete. O cliente paga por peso...

– E assim ele se sente bem – disse Gwendal, interrompendo-o – ao escolher um copo pequeno e depois o enchendo com exatamente a mesma quantidade de um copo grande.

O homem balançou a cabeça em silêncio (ligeiramente constrangido?), concordando.

Era, a seu modo, o mais moderno modelo de negócios americano – liberdade absoluta, escolha infindável, eficiência máxima alcançada com um mínimo de capacitação, e tudo de uma alavanca na parede e um bufê cheio de M&M's e Reese's Peanut Butter Cups esfarelados. Nenhum ritual. Nenhuma excelência. Nenhuma interação. Nenhuma poesia. Era a antítese absoluta do que estávamos tentando fazer.

— Funciona — ele disse, um pouco embaraçado. O que estava um antigo *chef* fazendo vendendo máquinas automáticas de sorvete? — Todo mundo tem os olhos maiores do que o estômago.

Bem, nem todo mundo.

Não conseguimos explicar que estávamos preocupados com o problema exatamente oposto. Como iríamos fazer com que franceses muito tradicionais aceitassem degustações gratuitas de sabores inusitados como sorvete de *ras-el-hanout,* uma mistura de especiarias marroquinas, e *sorbet* de beterraba? Como iríamos fazer as mulheres francesas, que passam a vida inteira vigiando sua silhueta, pedir três bolas de qualquer sabor? Como iríamos fazer sorvete de produtos locais de alta qualidade e ainda assim poder determinar um preço que não parecesse punitivo para famílias locais de três filhos? Toda a ideia de um francês aproximar-se de uma parede, puxar uma alavanca e sair descendo a rua comendo um tubo transbordante de sorvete *soft* repleto de coberturas coloridas me parecia inimaginável.

À hora do almoço, já estávamos de pé há doze horas. Estávamos exaustos. Eu estava morrendo por algo saboroso para contrabalançar todas as amostras de pálidos sorvetes de pistache. Proget, um dos maiores fabricantes de balcões de sorvete, tivera uma ideia muito inteligente. A empresa montara um enorme estande com um *chef* fazendo *focaccia* com legumes recém-grelhados e cortando nacos irregulares de um gigantesco queijo parmesão redondo. Sentamo-nos a uma mesa e esperamos um representante de vendas se aproximar.

Meia hora e um excelente sanduíche depois, compramos nossa vitrine de sorvetes. Era elegante, mas não extravagante, com a tampa do balcão reta para eu poder colocar meu suporte de bolo de três andares. O preço de tabela para esse modelo na França era de vinte e três mil euros. Nós pagamos pouco menos de nove mil. Ainda assim, um sanduíche bastante caro.

—⚬—

NOTÍCIAS BOAS, ou ao menos malucas, viajam depressa. Lisa e Johann, um casal franco-americano que promove caça a trufas e degustações em sua propriedade, ouviram falar de nossa aventura com sorvetes e entraram em contato conosco para ver se podíamos nos associar em um sorvete de trufa negra para seus clientes. Havia algo discordante em comprar trufas com o último cheque do seguro-desemprego de Gwendal, mas, ora bolas, às vezes temos que gastar dinheiro para ganhar dinheiro. Sei que li isso em algum lugar.

Era um radiante dia de fevereiro. Quando partimos para Cadenet, havia uma neblina baixa cobrindo o vale. O sol surgiu aos poucos, conforme galgávamos as colinas por trás de Saignon.

A estrada para Lourmarin é uma das mais assustadoras – e mais bonitas – estradas em que já estive. Você basicamente dirige em uma fenda entre dois penhascos, espremendo-se contra o lado da montanha e esperando que não haja um habitante do local dobrando a curva a toda a velocidade na direção oposta. Vinha chovendo sem parar, e esse era o primeiro dia de sol no que pareciam ter sido semanas. Os raios de sol penetravam no desfiladeiro, fazendo as folhas molhadas cintilarem. Havia água para todos os lados. Córregos que normalmente estão reduzidos a um fio de água quando os turistas chegam em maio agora eram verdadeiras torrentes aceleradas.

Disseram-nos para usar nossas botas mais enlameadas. (Depois de viver em Céreste por algum tempo, eu de fato tenho um par de botas enlameadas.) Podíamos ver a casa do pé da colina, empoleirada acima de uma plantação de oliveiras em terraços, uma bela casa de fazenda de dois andares com venezianas vermelhas.

Johann e Lisa compartilhavam a casa com os avós dele. Eu sabia que seu avô fizera parte da Resistência durante a Guerra. Perguntei-me se ele teria conhecido Char.

Gwendal, Alexandre e eu, juntamente com outra família, reunimo-nos ao portão. A manhã começara com uma pequena decepção.

– Quando os cães vierem – Johann disse a Alexandre, enquanto ele empilhava bolotas de carvalho em um canto do quintal –, você não deve brincar com eles.– Meu filho pareceu um pouco confuso. – Eles vão trabalhar. Assim, você fica conosco e vamos seguir os cachorros e vê-los fazer seu trabalho.

Alexandre aceitou as regras com relativo bom humor e continuou sua coleção de bolotas.

Os cachorros chegaram com Jean-Marc, um amigo de infância de Johann que é um caçador de trufas nas horas vagas. Mirabelle e Pupuce circulavam alvoroçados em torno dos pés de Jean-Marc, sem dúvida tão felizes de ver o sol quanto nós estávamos. Eles são em parte da raça *shih tzu*, com pelos desgrenhados e pernas curtas – uma versão mais lamacenta dos cachorros que você vê acompanhando mulheres idosas na rua Saint-Honoré em Paris. – Você pode usar qualquer raça de cachorro – disse Johann, enquanto caminhávamos para os campos –, desde que não tenham a caça em seu DNA. *Sinon*, eles vão se distrair e sair correndo atrás de um faisão. Se você tiver um labrador, é muito bom, porque eles sempre querem agradar aos donos.

Paramos à sombra de um carvalho branco. – Os cachorros começam quando ainda são filhotes bem pequenos. Jean-Marc coloca uma trufa dentro de uma bola de tênis. Eles aprendem a identificar o cheiro. Fiquei observando os dois cachorros, a cerca de 6 metros à nossa frente, cheirando e fungando em círculos, às vezes retrocedendo pelo caminho antes de se concentrar em determinado ponto.

– Também é possível caçar trufas com porcos. O problema é que eles adoram o gosto. Sempre se pode saber quando um fazen-

deiro caça trufas com porcos – disse Johann com um sorriso largo.
– Sempre falta um pedaço de seu dedo indicador. Pensei no abominável porco engordado de Didier e Martine, aquele que vimos no dia da colheita de açafrão. Aposto como poderia perder a mão tentando tirar uma trufa de sua boca. Está muito longe de *A teia da Carlota*.

Toda vez que os cachorros começavam a escavar sofregamente, Jean-Marc ajoelhava e delicadamente revirava a terra com as mãos e a ponta de uma grande chave de fenda. Quando achava uma trufa, ele a extraía. Os cachorros ficavam de prontidão, esperando sua recompensa. Quando Jean-Marc entregou a primeira trufa a Johann, ele a examinou, rolando-a nas mãos, levando-a ao nariz, inalando profundamente. Passou-a a cada um de nós, acostumando-nos ao cheiro doce de terra úmida.

– O tamanho não importa. Para mim, é o cheiro. – Johann pressionou a trufa delicadamente entre o polegar e o indicador. – E tem de ser firme. – Ele cortou-a ao meio na palma da mão. Por dentro, ela se parecia a um minúsculo cérebro, uma densa massa preta entremeada de veios brancos finos como fios de cabelo.

– Se as veias forem bem finas, então você sabe que tem uma verdadeira trufa negra, *Tuber melanosporum*.

De repente, pelo canto do olho, Johann notou um jipe verde subindo a estrada sinuosa devagar. Ele franziu a testa. – Não olhem para o carro – ele disse, como se fôssemos agentes disfarçados, em uma missão secreta. – Toda esta terra é nossa. Temos apenas dois vizinhos, e eu conheço os carros deles. Na maioria das vezes, fingimos estar olhando as árvores. Mas, quando veem os cachorros, eles sabem o que estamos realmente fazendo.

Há razões suficientes para ser paranoico. Caçadores de trufas ilegais geralmente vasculham terras particulares. O roubo é comum, e lucrativo. Dependendo do ano, um quilo de trufas é vendido por seiscentos ou setecentos euros. Pode chegar a mil ou 12 mil perto do Natal, quando a demanda é alta. É impossível fechar a propriedade sem que alguém apareça, queixando-se de que o avô de seu avô costumava caçar javali selvagem naquelas terras. E, quando falo em *queixa*, quero dizer jogar o jipe contra sua cerca de arame farpado recém-construída.

Os cachorros seguiram em frente, em uma corrida bastante bem-sucedida. Após vinte minutos, eles já tinham encontrado um pequeno punhado de trufas. Elas eram irregulares na forma, como pepitas de ouro negro.

– Vejam aquele trecho lá, sem grama. Não sabemos exatamente por que, talvez a trufa produza alguma substância química ou simplesmente acabe com todos os nutrientes do solo, mas frequentemente se encontram trufas em áreas onde *deveria* haver capim, mas não há. É o que *les anciens* chamavam de círculo da bruxa. Eles associavam trufas à bruxaria, magia negra.

No caminho de volta para a casa, Johann nos levou ao seu pequeno vinhedo e a outro bosque de oliveiras. Ele parou para nos mostrar um ninho de passarinho que encontrara em uma das árvores.

Quando entramos na casa, Lisa, com as botas realmente muito limpas, assumiu o controle. Eu estava aguardando ansiosamente a parte de degustação do passeio, porque minha única experiência prévia cozinhando trufas havia sido decepcionante.

Em nosso primeiro inverno em Céreste, fui com uma amiga irlandesa a um festival de trufas local. Em seguida, com muita pompa e circunstância, organizei um jantar em que todos os pratos tinham algo a ver com trufas. Meus coquetéis de champanhe com calda de açúcar e trufa foram uma boa surpresa, mas meu peito de coelho recheado com espinafre e ricota com trufa não tinha absolutamente nenhum gosto de trufa, e meu purê de batatas com trufa nada apresentou de especial – talvez eu não tenha colocado uma quantidade suficiente. O único sucesso real da noite foram as peras *pochées* com *crème anglaise* de trufa. Deixei a trufa raspada impregnar o creme por um dia antes de servi-lo. Na manhã seguinte à festa, encontrei Gwendal, em uma flagrante violação do protocolo francês, comendo as sobras diretamente da geladeira.

— As trufas ficam melhores com um pouco de sal e um pouco de gordura — Lisa disse, passando uma bandeja de prata com torradinhas de pão branco untadas com manteiga salgada e cobertas com generosas fatias de trufas. — A primeira vez que provamos trufas dessa forma foi na festa de aniversário de Jean-Marc. Um conselho: se algum dia você for convidado para a festa de aniversário de um caçador de trufas, *vá*.

Dei uma pequena mordida. A trufa tinha pungência, densidade. Fiquei surpresa — talvez eu nunca tivesse provado uma fatia tão grossa. Talvez eu tenha tornado a minha refeição à base de trufas desnecessariamente complicada.

— Você pode cozinhar as trufas — disse Johann —, mas o melhor é escondê-las, protegê-las. Eu já as coloquei em massa fofa, como um pastel de maçã, mas com presunto e queijo, e a trufa no meio.

Depois que o outro casal foi embora, fomos convidados a ficar para hambúrgueres e fritas — um convite impossível de rejeitar. A receita de Lisa é uma versão caseira da criação do restaurante de 140 dólares de Daniel Boulud: um centro de trufa e *foie gras* envolto em carne moída. Ela e eu sentimos uma afinidade fácil, instantânea. Aquele agradável *clique* americano que nos faz sentir tão bem depois do cuidadoso esforço para fazer amizades francesas.

Enquanto Lisa preparava o almoço, fiz questão de sentir o aroma de cada trufa que havíamos encontrado naquela manhã. Algumas eram adocicadas e firmes, e outras cheiravam mais a vinagre — talvez não estivessem bem maduras. Algumas cheiravam a capim, como uma erva. Havia elementos minerais — quartzo e ardósia. Conforme eu cheirava cada trufa da pilha, as associações se acumulavam. Seria o cheiro de agulhas de pinheiro? Mirtilos? Quanto mais eu as cheirava, mais estranhos os cheiros se tornavam. Do que aquele cheiro doce e rico em amido me lembrava? *Era isto:* o começo de um bom arroz doce.

Lisa estava limpando as trufas com o que parecia uma escova de botas, e, conforme ela as massageava delicadamente, a terra cor de chocolate dava lugar a um preto geológico de crateras – a trufa parecia um minúsculo meteoro. Teríamos que escolher algumas para levar para casa para nossos testes com sorvete. Se conseguíssemos que as trufas realmente impregnassem o leite cru, talvez até conseguíssemos fazer uma edição limitada para a loja.

– Você pode guardá-las por uns dois dias na geladeira se as colocar em um recipiente com papel-toalha no fundo para absorver a condensação. Você também pode guardar ovos com as trufas; o cheiro atravessa a casca. Ou arroz, que absorve a umidade e faz o mais incrível *risotto* que possa imaginar.

– Vou experimentar isso assim que chegar em casa.

Enquanto Lisa limpava mais trufas para colocar em nossos hambúrgueres, ela me contou um pouco da história da família. – O avô de Johann uniu-se à Resistência em Paris. Ele fugiu e foi até os Alpes em uma bicicleta com banco de madeira. Isso me pareceu um ato de resistência patriótica em si mesmo e por si só.

– Sua mãe atrasou a polícia com sopa. Os policiais sentaram-se à mesa para esperar e, após algum tempo, começaram a perder a paciência. "Onde estão seus filhos?"

"Estarão aqui a qualquer momento", ela disse, arrumando a mesa com o número apropriado de pratos. "*C'est la guerre*. Acha que eu estaria servindo sopa para gente que não viria comer?" Enquanto isso, seu marido e seus dois filhos fugiam da cidade.

Há pessoas por toda a França vivendo com essa história, com esses pequenos incidentes que tornaram o futuro possível. Para Johann, é apenas uma história de família. Para mim, parece mágica.

Receitas para um jantar de trufas

COQUETÉIS DE CHAMPANHE COM RASPAS DE TRUFA
Cocktail de Champagne aux Truffes

Champanhe é como uma lente de aumento para trufas, evocando suas melhores qualidades. Primeiro, fiz esta receita com xarope de trufa, que encontrei em um mercado de trufas local em uma gélida manhã de fevereiro. Você pode recriar o efeito usando raspas de trufa com um pequeno cubo de açúcar.

1 pequena trufa negra de inverno (você não vai usar toda ela para esta receita, mas vai precisar do resto para seu crème anglaise *trufado)*
6 cubos de açúcar
1 garrafa de champanhe

Um ou dois dias antes: Armazene sua trufa em um recipiente de plástico ou pote de vidro com papel-toalha no fundo para absorver a umidade. Coloque seis pequenos cubos de açúcar no recipiente com a trufa. Deixe de um dia para o outro (até três dias) – o açúcar assimilará o aroma da trufa. Pouco antes de servir, rale bem fino um pouco de sua trufa; você vai precisar de uma pequena porção para cada coquetel. Coloque um cubo de açúcar no fundo de cada taça e coloque por cima uma porção da trufa. Leve as taças para os convidados, despeje o champanhe por cima. Misture e sirva.

Rendimento: seis coquetéis

Dica: Para o melhor resultado, use trufas negras de inverno, disponíveis de novembro a fevereiro. Para fazer as três receitas deste capítulo, eu investiria em duas trufas, uma pequena para ralar nos seus coque-

téis de champanhe e no crème anglaise, e uma maior para fatiar e servir em suas torradas untadas com manteiga com sal. Procure trufas frescas em lojas especializadas ou online.

TORRADAS COM TRUFAS E MANTEIGA SALGADA
Toasts aux Truffes et au Beurre Salé

A maior lição que aprendemos na degustação que fizemos na casa de Lisa e Johann: Se você quiser que seu convidado realmente *prove* uma trufa, mantenha a simplicidade, com um pouco de sal, um pouco de gordura e indulgentes fatias de trufas suficientemente grossas apenas para estalar sob seus dentes.

1 pão brioche denso, cortado em fatias de 6mm de espessura e depois em quadrados de 5cm
Manteiga com sal da melhor qualidade (se puder encontrar manteiga com cristais de sal, melhor ainda), em temperatura ambiente
1 trufa negra de inverno, em fatias muito finas (se possível, mais finas do que uma moeda americana de dez centavos)

Prepare os quadrados de brioche com uma fina camada da manteiga salgada. Coloque duas a três fatias de trufas sobre cada torrada. Sirva com champanhe ou seus coquetéis de champanhe e trufa.

Rendimento: seis porções, como *hors d'oeuvre*

PERAS POCHÉES COM CRÈME ANGLAISE TRUFADO
Poires Pochées et Crème Anglaise à la Truffle

Não sou fã de receitas que usam trufas apenas para se exibir, mas esta é, sem dúvida, uma das melhores sobremesas que já fiz. A trufa confere ao crème anglaise um toque terroso que é uma combinação perfeita para a doçura suave das peras *pochées*. A trufa precisa de tempo para impregnar o creme – ao menos 24 horas, para o melhor efeito –, de modo que você pode fazer esta sobremesa com antecedência e ficar completamente livre de estresse no dia de seu importante jantar.

Para as peras
8 peras Bosc, maduras, mas firmes
1 ½ xícaras de vinho do Porto
Metade de uma bonita e gorda fava de baunilha

Para o crème anglaise
5 gemas
⅓ de xícara de açúcar
3 xícaras de leite integral
Metade de 1 bonita e gorda fava de baunilha
¼ a ⅓ de uma trufa negra de inverno, finamente ralada

Preaqueça o forno a 180°C.

Descasque as peras, deixando os cabos intactos. Coloque as peras em uma assadeira grande, despeje o vinho do Porto sobre elas. Abra a fava de baunilha, raspe as sementes e misture-as ao vinho da melhor forma possível. Ajeite a fava de baunilha entre as peras de modo que também absorva o Porto.

Asse por uma hora e meia, regando-as e virando-as a cada meia hora. Retire as peras do forno e continue a regá-las enquanto esfriam, para que absorvam o máximo possível da calda. Guarde as peras na geladeira com a calda de vinho do Porto.

Enquanto isso, prepare o *crème anglaise*.

Em uma tigela média, bata as gemas com o açúcar até formar um creme claro. Reserve.

Despeje o leite em uma panela média. Abra a fava de baunilha, raspando as sementes para dentro do leite com a ponta da faca, e jogue a fava dentro do leite também. Aqueça em fogo baixo, até que comece a ferver.

Retire a fava de baunilha. Aos poucos, adicione o leite quente às gemas, batendo continuamente. Despeje a mistura de volta à panela e cozinhe em fogo brando, mexendo sem parar com uma colher de pau, até que o *crème anglaise* cubra as costas da colher, cerca de dez minutos.

Transfira o creme de volta para a tigela e o resfrie rapidamente em banho de gelo (uma grande tigela de cubos de gelo por baixo resolve o problema). Enquanto o creme está esfriando no banho de gelo, rale a trufa dentro dele – o creme deve ficar lindamente salpicado de preto. Guarde em um recipiente hermético na geladeira. Deixe por 24 horas, de modo que o sabor de trufa tenha tempo para se desenvolver.

No dia: Deixe as peras em temperatura ambiente (eu gosto de aquecê-las) antes de servir. Sirvo esta sobremesa em tigelinhas rasas, mas também poderia usar taças de *parfait*. Coloque uma pera em cada tigelinha. Circunde a pera com uma generosa porção de *crème anglaise*. Finja não estar vendo se seus hóspedes quiserem lamber o prato.

Rendimento: oito porções

CAPÍTULO 21

OPERAÇÃO *SCARAMOUCHE*

Caracóis para o café da manhã. Barcelona é meu tipo de cidade. Algumas semanas antes da inauguração, Gwendal e eu decidimos fugir para um fim de semana juntos. Precisávamos de tempo. Tempo para conversar. Tempo para fazer o que os adultos fazem em quartos de hotéis quando não há uma criança de três anos no quarto ao lado. Nenhum de nós dois é explosivo. Quando altero levemente meu tom de voz, Gwendal se fecha como uma ostra. Nós dois nos magoamos muito facilmente. Mas não havia como negar que nas últimas semanas vinha ocorrendo uma ou outra alfinetada sarcástica. Gwendal estava pensando em mandar imprimir cartões de visita novos para mim: Crítica-chefe. Eu já ouvira falar disso muitas e muitas vezes: abrir um negócio com o cônjuge é confusão na certa. Juntamente com telefonemas sobre entregas e pasta de avelã, havíamos recebido vários telefonemas preocupantes nos últimos meses. Um grande amigo estava removendo um tumor. Outro estava passando o fim de semana em Paris "dando um tempo" de sua companheira de muitos anos e da filha recém-nascida. Outro chegara do trabalho e descobrira que sua mulher havia alugado um apartamento na cidade vizinha e se mudara para lá, sem dizer nada a ele, nem aos três filhos.

Alexandre, Gwendal e eu pegamos um trem para Paris juntos. Alexandre iria passar o fim de semana com Nicole. Depois do almoço e de uma verificação de última hora dos passaportes, estávamos prontos para ir para o aeroporto.

— Eu amo você, Boo — eu disse, inclinando-me para lhe dar um abraço e um beijo.

— Eu *não* amo você também.— Ele franziu a testa, voltando sua atenção de novo para o livro de colorir. Esse tipo de comentário já não me deixa mais em pânico. Ao menos, ele estava sendo claro a respeito de seus sentimentos. Eu sabia que não se tratava de uma pena capital sem liberdade condicional. Acho que ele podia sentir que mamãe e papai precisavam de algum tempo a sós — e não estava concordando com nada disso.

Gwendal e eu viajamos bem juntos. Sempre achei curioso que a lua de mel venha depois do casamento, porque a maneira como uma pessoa viaja lhe dá informações para a vida inteira. Você está casada com alguém que faz uma lista por escrito de todos os pontos turísticos que ele precisa ver e vai assinalando-os um a um com uma satisfação macabra? Dez anos mais tarde, briga se você chegou do supermercado com a marca errada de papel higiênico.

Nossa filosofia de viagem consiste principalmente em caminhar e comer. Entramos e saímos de igrejas e jardins, paramos em cafés, tomamos muito café, examinamos os doces locais.

Em nossa última noite em Barcelona, comemos na área do porto: diferentes tipos de moluscos, lulas pequenas, lagostins e *paella*. Lambi o azeite de oliva e alho dos meus dedos e guardei uma das conchas pontiagudas dos caracóis marinhos para Alexandre. Levantamo-nos para ir embora. Nosso garçom me ajudou com o casaco e em seguida segurou minhas mãos entre as suas. Aquele era obviamente o trabalho de sua vida, quase uma missão sagrada, surpreender e deliciar, e depois enviar seus clientes, mais saciados e sábios, de volta para dentro da noite.

O mundo estava ligeiramente indistinto por causa do vinho, um Luis Cañas Rioja 2003. Meu marido não é de gastar muito em um encontro. Posso me lembrar nitidamente de apenas duas ocasiões em que juntos conseguimos terminar uma garrafa de vinho, e essa era uma delas. Eu adoro isso nele – ele fica tolo e amoroso. Caminhamos de volta pelas ruas vazias. Depois de uma refeição como essa, sinto que podemos conquistar o mundo. Sinto-me pronta para qualquer coisa.

QUANDO PARAMOS na casa de Angela e Rod na manhã de segunda-feira, o pátio normalmente tranquilo do B&B parecia um depósito de armazenamento da Ikea. Paletes de madeira empilhavam-se com caixas embaladas em plástico na altura do caminhão de sorvete – para o qual ainda não havíamos encontrado um lugar apropriado. Mais duas semanas e Angela plantaria gerânios no banco da frente. Olhei para as fatias de presunto cru embaladas a vácuo que havíamos trazido da Espanha. De repente, parecia um presente muito pequeno para o santo tratamento da confusão. Talvez devêssemos ter trazido dois daqueles halos de plástico com as luzes piscantes, do tipo que usam nas procissões religiosas.

Angela desceu a escada em espiral de jeans, botas de couro bem engraxadas, uma blusa branca engomada e um suéter de caxemira turquesa.

– Eu vi o pátio – eu disse, com um leve sorriso de desculpas.

– É mesmo? – ela respondeu, com perfeita tranquilidade. – Há semanas que não o vejo.

É possível que Rod e Angela estejam perdendo a paciência com os filhos. Particularmente porque somos filhos de outras pessoas e, tecnicamente, não somos problema deles. Ainda assim, de algum modo, aqui estamos nós, fazendo a maior confusão em seu porão, "acampando" em seu sofá, usando abusivamente sua máquina de café, telefonando a qualquer hora do dia ou da noite para reclamar de problemas que eles não têm como resolver. Quase chegamos a saquear o armário de bebidas.

Pensando melhor, fizemos isso também.

Sua intrínseca fleuma inglesa, combinada à sua incrível paciência, generosidade e boa vontade tornam difícil detectar quando você está à beira de despencar do penhasco da cortesia e cair no abismo. Eu ainda sou um enorme elefante na loja de porcelana, arremessando-me pelos corredores, tentando não quebrar nada.

Até então, tínhamos encarado tudo com bom humor. Para o Natal, encomendei para nós quatro aventais da Scaramouche, adornados com o slogan *Adventures in Ice Cream*. Também encomendei um pequeno brinquedo de pelúcia no formato de um cone de sorvete.

– Mas concordamos que não haveria presentes – protestou Angela.

– Não é um presente – retruquei –, é um instrumento de controle de raiva. Se eu e Gwendal sairmos da linha, e às vezes estamos correndo tanto que nem percebemos quando estamos saindo da linha, vocês simplesmente podem dar um peteleco na cabeça de um de nós, ou de nós dois, com o sorvete de pelúcia.

Angela olhou para o brinquedo.

– Eu sei – eu disse. – Tentei achar um maior.

ALEXANDRE ADORMECEU no chão de sua casa de bonecas de plástico esta noite, sua boneca bebê cuidadosamente enrolada no cobertor, ao seu lado. Gwendal levantou a casinha de plástico e eu ergui Alexandre nos braços. Ele estava completamente adormecido, abandonado, e não acordou. Ainda adoro carregar meu filho quando ele está dormindo, mas já não sinto como se estivesse roubando um abraço desesperadamente ansiado. Estou simplesmente fazendo o que um milhão de mães fizeram antes de mim, ajeitando as cobertas sob seu queixo e beijando-o na testa. Ele rolou na cama e enterrou o nariz em um coala de pelúcia.

NÃO ME LEMBRO de ter ouvido o anúncio no noticiário desta manhã, mas tudo indica que a França resolveu suspender o Código Napoleônico e instituir a Lei de Murphy em seu lugar.

Felizmente, Gwendal e eu nos preocupamos de formas diferentes. Gosto de me preocupar com questões que possam acontecer daqui a 20 anos, por exemplo, se Alexandre herdará minha aversão à álgebra ou que tipo de chapéu deverei usar em seu casamento. Gwendal só consegue se preocupar com a antecedência de dois minutos a aproximadamente seis semanas. Ele fica louco quando não consegue encontrar suas chaves.

Eu prefiro me preocupar com aquilo a respeito do qual eu não posso fazer absolutamente nada. Gwendal é um indivíduo orientado para soluções e só se preocupa com problemas que tenham resolução iminente, de preferência aquela que ele pode vislumbrar sozinho. Isso significa que temos definições opostas de uma emergência e, ainda bem, nós quase nunca acionamos o botão do pânico exatamente no mesmo instante.

A cidade estava construindo uma rotatória para dar acesso ao novo estacionamento da fábrica de sorvete e, em consequência, a linha de eletricidade principal teria que ser realocada. A fábrica deveria ficar pronta entre 3 e 8 de abril – com três semanas de atraso. Até lá, não haveria eletricidade e, pior, por causa da posição do prédio, todas as águas residuais tinham que ser bombeadas, de modo que ficar sem eletricidade também significava ficar sem esgoto. Tínhamos uma turbina de sorvete de três toneladas e uma sala de armazenamento a frio, sem mencionar um sistema de ar-condicionado com data de entrega para a semana seguinte, e não tínhamos nenhuma maneira de testá-los. Até que a linha de eletricidade principal fosse instalada, estávamos fora da rede, o que significava que não podíamos nem sequer conectar nossa própria linha elétrica – EDF, a companhia francesa de eletricidade, não podia marcar para instalar uma linha em um prédio que não existia (adicionar mais dez dias). Tudo isso estava aos poucos nos levando na direção dos movimentados fins de semana prolongados pelos feriados dos dias primeiro e oito de maio – um impulso para a inauguração que nosso plano de negócios simplesmente não podia se dar ao luxo de perder. Tínhamos uma funcionária contratada que iria começar no dia 8 de abril e nenhum local para ela trabalhar. Havia ainda o fato de que chovia há quatro dias sem parar e o canteiro de obras estava tão enlameado quanto um cocho de porco. Nós dois estávamos completamente acordados às três horas, Gwendal esfregando as mãos obsessivamente para frente e para trás em seu couro cabeludo. Eu vi nosso navio pirata lentamente afundando nas ondas. *Quinze homens sobre o peito de um morto, iô-rô-rô e uma garrafa de pastis.*

Então, algo curioso aconteceu. Vinte e quatro horas depois, tudo estava resolvido. Gwendal encontrou-se com o proprietário de manhã e achou o encanador no começo da tarde. O prefeito ficou de telefonar para ver se a companhia elétrica poderia instalar uma linha temporária. A interconexão, a proximidade, o fato de o sucesso de cada um estar intimamente ligado ao sucesso do outro: tudo isso contribui para soluções relativamente rápidas. Em Paris, se você perde o encanador, você perde o encanador e pronto. Ele pode evitá-lo por meses a fio. Aqui, é como uma máfia benevolente: *Sabemos onde você mora.* Melhor ainda: *Sabemos onde você toma seu café de manhã.*

RECEBI O TELEFONEMA um pouco depois das oito horas. Gwendal estava em nossa recém-terminada fábrica, histérico. – Havia um rato aqui na noite passada.

Vamos abrir em uma semana. Sete dias. Era só isso que nos faltava. Aparentemente, o sabido roedor atacou o chocolate, foi direto ao que havia de melhor. Se estiver morto, deve ter morrido de prazer. Corri para a fábrica, pensando nas favas de baunilha no valor de mil dólares. Nossos reluzentes pacotes de chocolate *grand cru* de 68% de cacau, da República Dominicana, empilhados como lingotes de ouro. Imaginei um rato extremamente acrobático, puro Cirque du Soleil, dando um salto triplo diretamente para dentro de nossa lata de 20 quilos de açúcar.

Passamos a manhã desinfetando o local de cima a baixo. Meus pais estão de volta à cidade para a inauguração. Eu os enviei à equivalente francesa das lojas de um dólar para comprar enormes recipientes de armazenagem transparentes, e passamos a tarde arrumando-os. Pela primeira vez, a obsessão de minha mãe por recipientes herméticos de plástico parecia perfeitamente razoável.

———

VOCÊ JÁ VIU SORVETE fazer um homem adulto chorar? Eu vi. Hoje. A baunilha foi batida demais – moléculas de gelo e pedacinhos de gelo agruparam-se em minúsculos grãos de areia. A última vez que isso aconteceu foi em setembro – meses de experiência e experimentações atrás. Gwendal ficou tão aborrecido que teve de ir para a cama e dormir. Enquanto isso, Paul e eu fizemos um passeio ao cemitério local – o lugar mais próximo com as ferramentas para cortar 8cm de nosso novo balcão de mármore. Fiquei parada em meio às amostras de lajes, resistindo à ânsia de bater o pé de impaciência.

– *Une semaine* – disse a mulher atrás da recepção.

– Uma semana? – berrei. – É só um corte. – Ela olhou para mim inexpressivamente. Eu podia ler seus pensamentos: *A maioria de nossos clientes, madame, tem a eternidade.*

Respirei fundo. *Lembre-se de onde você está, Elizabeth. Isto é a França. Nada pode ser feito de última hora.* Ou talvez haja outro ponto de vista a ser colocado: Vamos abrir dentro de seis dias – esta é a última hora.

———

ENTÃO, ASSIM SÃO 100 quilos de morangos: mais que uma banheira, menos que uma piscina. Quando chegamos para pegá-los na fazenda, ainda estavam mornos do sol. Nossa nova máquina profissional de fazer sucos chegou ontem. Então, deveremos ser capazes de cortar os cabinhos, espremer as frutas e empacotar o resultado a vácuo para ser usado durante todo o verão.

A estrada para a plantação de morangos era magnífica, ladeada de cerejeiras em plena floração. Terra vermelha, céu azul e, entre eles, o movimento bruxuleante de milhões de flores brancas oscilando suavemente na brisa. O produtor de morangos era, como diria Angela, "um gato" – vinte e tantos anos, cabelos escuros cortados bem curtos, ombros bronzeados e músculos firmes, mas não exagerados, à mostra sob uma regata verde desbotada. Tive uma breve visão de algum tipo de calendário: Fazendeiros sensuais da Provence. *Olá, sr. Maio.* Ele estivera agachado desde as seis horas trabalhando para atender nosso pedido com morangos diretamente da plantação. Provei um deles. Se isso não fizer o melhor *sorbet* de morangos do mundo, vou comer minhas alpercatas. Berthillon, aqui vamos nós.

FICAMOS NA FÁBRICA até as duas horas decapitando morangos, ouvindo a trilha sonora de *Rent*. *How we gonna pay, how we gonna pay, this year's rent, next year's rent?*

Quando voltamos, a luz no quarto de meus pais ainda estava acesa. Enfiei a cabeça pela porta.

– O que estão fazendo acordados até esta hora?

– Estávamos esperando para ver se você voltava para casa bem.

– Mãe, não estávamos em um encontro. Somos casados agora. De qualquer modo, a última vez que você ficou acordada me esperando depois de um encontro, cheguei em casa às nove horas.

– Eu me lembro muito bem disso.

―⚬―

– ACHO PERFEITO – eu disse, lambendo nosso último teste de sorvete de morango da minha colher.
– É um cidadão de respeito – disse Gwendal. Onde será que ele aprende essas expressões?
– Só estou dizendo – retruquei, parodiando minha avó materna –, que este não é de se jogar fora. – Ele podia acrescentar essa ao seu repertório.
Mas, como se verificou, há diferenças culturais até mesmo em sorvetes. Gwendal acha que o sorvete de morango que acabamos de bater não tem fruta suficiente para ter esse nome. Eu o achei divino. Aparentemente, os franceses gostam de seu morango na forma de um *sorbet* rosa-shocking. Eu prefiro esse, denso e cremoso. O gosto do leite cru – mesmo depois de um giro no pasteurizador – realmente sobressai. Gostaria de parabenizar as vacas. A cor é um leve rosado salpicado de pedaços de morangos vermelhos e maduros que resistem sob seus dentes. Devo conter meu impulso americano por ação unilateral. Faremos os dois.

―⚬―

ACORDEI COM UMA RESSACA de morangos. Acho que já não sou tão jovem quanto era. Preciso fazer o pedido de mais toucas de plástico, ou seriam recipientes de plástico? As sacolas de compras deveriam ser de bolinhas roxas ou de listras roxas? Acho que vou ficar com as listras, em homenagem a Henri Bendel. Cama. Sinto falta da minha cama. Estão prevendo chuva até o dia da inauguração, e mesmo depois. Tive um sonho à noite passada em que meus dentes estavam caindo. Essa é a teoria do caos, não?

Eu estava trancada no escritório de Gwendal, traduzindo o cardápio, quando Paul apareceu ali em cima.

– Tem um homem lá fora. Ele disse algo como "inspetor" e "Scaramouche". Está usando um macacão azul-marinho. Parece muito oficial.

Santo pistache, pensei. *O pessoal da vigilância sanitária está aqui – antes do prazo –, e eles têm o endereço errado.* Desci correndo as escadas, passei pelas formigas no assoalho da cozinha, pelas malas que bloqueavam a porta e pelos brinquedos espalhados por toda parte.

Parei de repente. Graças a Deus.

Era apenas Guy, o encanador.

—⚬—

– QUE APARÊNCIA TEM O TOMILHO? – minha mãe perguntou, quando entramos no carro. Ela passara a manhã inteira removendo os anéis de nossas garrafas de água *vintage* com limpador de dentaduras. Nesta tarde, a família inteira vai ao campo que fica atrás do *yurt* de Marion. O tomilho está florescendo: precisamos de mais um lote para o sorvete de mel e tomilho.

– Veja isso da seguinte forma – eu disse, lembrando-me da primeira visita de minha mãe à zona rural francesa –, deve ser mais fácil do que tentar acariciar uma galinha. Ao menos, o tomilho não vai sair correndo.

Gwendal prendeu o cinto de segurança de Alexandre em sua cadeirinha no carro. – E se começar a correr, Karen, saiba que não é tomilho. É uma raposa.

– Estou vendo que vocês estão rindo de mim – disse minha mãe, quando entramos em uma estrada de terra.

– Admita. Você bem que gosta.

Caminhamos até o *yurt* para ver se Marion estava em casa. – Veja, Paul – eu disse, colocando a mão na lata de café coberta com um saco plástico –, é assim que ela consegue seu acesso à internet.

– Ele não pareceu convencido.

Marion estava trabalhando em uma plantação próxima. Ela acenou com seu chapéu de palha mole. Alexandre correu para ela, seguindo suas pegadas profundas na terra recentemente arada – um jogo gigantesco de amarelinha em terra estrumada.

— Venham ver meus bebês — ela disse, gesticulando na direção de sua estufa novinha em folha. Ela nos mostrou suas acelgas, umas doze variedades de tomateiros. Do lado de fora, crescendo livremente, havia cebolinha com tufos de flores azuis. Sempre aprendo algo quando visito Marion. Eu não sabia que cebolas tinham flores.

— Adoro o cheiro de tomates verdes. Eu poderia usar isso como perfume — eu disse, esfregando uma folha em meus pulsos. — Devíamos fazer um sorvete com isso.

— *Non, non* — disse Marion, abanando as mãos freneticamente no ar. — *Toxique!* — Ainda tenho muito que aprender de botânica.

Deixamos a estufa e caminhamos pelo mato até uma clareira ensolarada cercada de pequenos carvalhos e zimbros. As estacas de *genêt* começavam a exibir suas primeiras flores amarelas brilhantes. Havia um cheiro fresco no ar, como um gato sentado em uma pilha de roupa lavada.

Estávamos no alto de uma elevação — não se podia propriamente chamá-la de colina. Havia canteiros de tomilho por toda parte, começando a explodir em flores púrpuras. Minha mãe segurava a sacola de compras enquanto Gwendal e eu cortávamos os galhos. Alexandre, já um menino de três anos e meio, insistia em ter sua vez com a tesoura de poda.

SORVETE DE TOMILHO E MEL DE LAVANDA
Glace Miel et Thym

Este sorvete me faz lembrar o sol de primavera e as colinas verdes e floridas por trás do *yurt* de Marion. Nós usamos mel de lavanda do alto da colina em Reillanne. É particularmente bom com os primeiros morangos da estação.

4 gemas
⅓ de xícara de açúcar
2 ½ xícaras de leite integral
½ xícara de creme de leite
1 pequeno punhado de tomilho fresco, com os cabinhos
⅓ de xícara de mel de lavanda

Em uma tigela média, bata as gemas com o açúcar até formar um creme claro. Reserve.

Prepare um banho de gelo – uma tigela grande cheia de cubos de gelo resolve. Reserve.

Despeje o leite e o creme em uma caçarola média. Adicione o tomilho. Aqueça em fogo baixo, até quase o ponto de fervura. Desligue o fogo, retire rapidamente o tomilho e reserve-o para uso posterior. Acrescente o leite quente às gemas, aos poucos, batendo rapidamente, sem parar, até combiná-los.

Despeje a mistura de volta à caçarola. Acrescente o mel e cozinhe em fogo brando, mexendo continuamente, até que o creme cubra as costas da colher, cerca de dez minutos.

Imediatamente, transfira o creme para a tigela, adicione o tomilho de volta e esfrie a mistura rapidamente no banho de gelo, mexendo por alguns minutos até que o creme tenha esfriado um pouco. Deixe o tomilho no creme e guarde-o em um recipiente hermético na geladeira. Se possível, deixe por 24 horas, de modo que o sabor tenha tempo de se desenvolver. Remova os galhos de tomilho e, usando uma peneira fina, coe quaisquer folhas de tomilho que estejam flutuando no creme. Congele em sua máquina de sorvete caseira segundo as instruções do fabricante. Transfira para o seu freezer para endurecer por uma hora antes de servir.

Sirva com morangos fatiados. Mantenha em um recipiente hermético no freezer por até uma semana.

Rendimento: aproximadamente um litro de sorvete

CAPÍTULO 22

MIL E UMA NOITES

Vou filmar meu próprio infomercial – "Perca 5 quilos em duas semanas: abra uma sorveteria". Nenhum tempo para comer, e o número de passos de um lado para o outro, entre a pia, a vitrine de sorvetes e o terraço, é mais ou menos equivalente a uma maratona de Nova York. Estou pensando em comprar um pedômetro, só por diversão.

Ontem foi primeiro de maio. O sol saiu à tarde e de repente formou-se uma fila. As pessoas vinham de toda parte, enchendo o terraço e empoleirando-se na escada de pedra da casa do século XVII ao lado. Voltei para casa com uma bolha no pé e creme chantilly no cabelo.

Tudo isso deve estar levando-o à conclusão de que eu estou simplesmente caindo em mim mesma: em 38 anos neste planeta, nunca havia realmente trabalhado um dia inteiro. Ser dono do lugar torna o dia mais recompensador, mas não menos cansativo. Nem melhora a minha memória, minhas habilidades em matemática ou minha destreza com um frasco de apertar e dispensar calda quente de chocolate. Por que fui para o campo de livros raros em vez de trabalhar como garçonete durante a faculdade? Há manhãs em que acho que a máquina de café é mais inteligente que eu.

Hoje foi mais calmo. Tivemos tempo de nos condoermos com as fotos da inauguração. Por sorte, depois de três dias de chuva, as nuvens se afastaram o suficiente para 150 pessoas amontoarem-se na rua e fazerem fila para três amostras em cones em miniatura. Era menos uma fila do que um carrossel. As crianças, em particular, não paravam de fazer a volta para o fim da fila para experimentar novos sabores. O sorvete de mel e tomilho foi um sucesso, assim como o *sorbet* de *pastis*. Decidimos que precisávamos trocar o nome de nosso sorvete de *ras-el-hanout* com amêndoas tostadas. Até os adultos torciam o nariz à ideia de sorvete de cuscuz e especiarias, mas todos adoravam quando era chamado de *Mil e uma noites*. As crianças eram atraídas pelas cores vivas; assim, além do *sorbet* de morangos (Gwendal tinha razão), tivemos muitos fãs para o nosso *sorbet* fúcsia de beterrabas. O de baunilha estava excepcional. Finalmente. Acho que nunca me senti mais orgulhosa de fazer parte de algo do que naquela noite.

Passei as fotografias a Rod. Nosso amigo George tirou excelentes fotos de crianças com bigodes de chocolate e exibindo todos os dentes. Enchi uma casquinha quebrada com sorvete de morango (é preciso usar os cones quebrados de alguma forma) e sentei-me a uma mesa vazia. Dois alunos do terceiro ano chegaram com a diretora da escola da vila para pendurar um cartaz do festival de cinema estudantil. Tapete vermelho e tudo o mais. O pôr do sol e a friagem retornaram. Hora de guardar tudo e fechar para a noite.

Angela colocou a cabeça para fora da janela do andar de cima.

– O dia foi bom?

Fiz que sim com a cabeça e sorri. Sim, um bom dia.

A PRIMAVERA CHEGOU sem que percebêssemos. Quando levei Alexandre para a escola na manhã de segunda-feira, os lilases estavam em plena floração. As íris já despontaram outra vez ao longo da estrada romana. Eu costumava passar por ali todos os dias a caminho da casa da babá de Alexandre. Agora que ele está na escola, só passo por esse caminho quando esquecemos um recipiente de sorvete de açafrão ou um lote de amêndoas tostadas na fábrica. Por causa de toda a chuva, o capim está crescendo a uma velocidade assombrosa. Os terrenos, que estavam marrons de lama há apenas algumas semanas, ganharam vida, cobertos de capim que chegavam à altura de nossos joelhos. Os sulcos dos tratores ainda são levemente visíveis, como se alguém tivesse corrido o dedo por um tapete especialmente felpudo.

Alexandre repentinamente se tornou muito popular na escola. Nessa idade, mais legal que um pai astronauta ou bombeiro só um pai que faz sorvete. Vou com ele à sorveteria todos os dias depois da escola. Ele vai para trás do balcão e pede a Gwendal um cone de *sorbet* de limão ou de morango, às vezes sorvete de café. Ainda que seus pais tenham ficado um pouco preocupados nos últimos meses, ele parece satisfeito com o resultado final.

Há uma nova safra de filhotes de gato no jardim do outro lado da rua. Quando abri o portão hoje de manhã, encontrei um deles sentado, imóvel como um deus grego, em uma pequena área batida pelo sol embaixo do pé de abricó. Eles estão aprendendo a pular. Quando vou imprimir algo no escritório de Gwendal, eu os vejo dar grandes saltos do galho mais comprido para as *tuiles* aquecidas pelo sol do telhado de Denis.

Ainda me sinto cansada, mas é uma espécie diferente de cansaço, uma espécie melhor. Uma coisa é certa: escrever assumiu um significado inteiramente diferente para mim. Algumas horas comigo mesma diante do computador parecem férias.

——⊙——

EU HAVIA ESQUECIDO o quanto isso é difícil. Há muito não passo tanto tempo tentando escrever com perfeição em um quadro-negro. Os sabores mudam a cada semana agora que as frutas estão chegando. Gwendal tem de levar o caminhão até Saint-Martin-de-Castillon esta tarde para obter os primeiros buquês de verbena-limão para *sorbet*. A menta que não conseguimos controlar em nossa horta finalmente encontrou sua *raison d'être* – sorvete de menta e raspas de chocolate. Estou ansiosa para fazer o *sorbet* de cereja. Acho que faremos um sundae com sorvete de avelãs e baunilha, *sorbet* de cereja e a calda de cerejas de Jean – com uma cereja fresca em cima, é claro.

A sorveteria ficou exatamente como eu esperava. Confisquei as cadeiras de ferro forjado de nossa sala de jantar e encontrei almofadas de listras vivas. As abóbodas de pedra da adega são frias ao toque, mesmo ao calor do meio do dia. No balcão de mármore, há um pote de doces cheio de Smarties coloridos, distribuídos com uma das conchas de prata de minha mãe.

Quando pensamos sobre isso, vemos que não há uma única pessoa que conheçamos que não tenha contribuído de alguma forma. O logotipo – Scaramouche com sua espada enfiada em uma espiral de sorvete – foi feito por um artista gráfico local, o marido da diretora da creche da vila. A costureira do outro lado da rua fez as almofadas para o banco de dentro da loja. Os *bidons* de três litros de azeite de oliva frutado para nosso sorvete de pinhão, azeite de oliva e alecrim vieram do açougueiro, e o açafrão, *bien sûr*, de Didier e Martine em Reillanne. O sr. Simondi, cuja fazenda fica ao pé da colina perto da fazenda de Marion, prometeu colher à mão nossos melões para *sorbet* quando chegasse a época. Angela se tornou nossa jardineira-chefe, assegurando que o terraço estivesse repleto de coloridas flores de primavera.

––⸙––

– SÓ PARA QUE SAIBA – Gwendal disse durante o almoço. – Laure vai chegar na sexta-feira.

– Laure. Laure? – repeti, fazendo uma busca no meu Rolodex interno. Oh. *Laure*. Laure é sua ex-namorada. Mais especificamente, a garota que ele namorou por cinco anos, com quem viveu por três anos e que deixou pouco antes de me conhecer.

– Sei que você gosta de estar a par dessas coisas.

– OK – eu disse, fazendo o melhor possível para soar despreocupada. – Vou me lembrar de pentear os cabelos.

Deve haver algo de sexy a respeito do negócio de sorvetes, porque as duas ex-namoradas mais sérias de Gwendal apareceram nas últimas seis semanas. Não sou do tipo ciumento. Mas Laure acabou de se divorciar e, francamente, desconfio de suas intenções. A natureza fluida dos relacionamentos franceses significa que ninguém nunca desiste completamente, atira a toalha. Há sempre a possibilidade, o *frisson* de sexo. É o que faz o ar estalar. Provavelmente dá um sabor melhor ao queijo. Uma das razões pelas quais as francesas têm uma aparência sempre tão boa é que ninguém nunca para de olhá-las.

Admito que me vesti com mais cuidado do que o faria normalmente em uma tarde de sexta-feira qualquer: o jeans que mais me favorecia, uma blusa branca ajustada com cadarço e meu cardigã de *mohair* preferido, de crochê. Joias: simples, incrustadas de minúsculos diamantes e, é claro, meu anel de casamento. Calcei minhas novas sapatilhas Matt Bernson. A ideia, a lição, se preferir: Comece todos os dias como se a ex-namorada de seu marido estivesse vindo para o jantar – e leve-a a nocaute. Não existe algo como uma MILF francesa (*Mom I'd Like to Fuck*, mãe sexualmente atraente, do filme *American Pie*); todas as mães são inerentemente desejáveis. Certifiquei-me de que meu sutiã e minhas calcinhas combinassem – para confiança interior.

O anticlímax foi inevitável. Laure chegou com seu novo namorado a tiracolo. Ela era mais alta do que eu esperava e não tão bonita quanto eu imaginara. Ela de fato tem um sorriso bonito e contagiante. Também tem doutorado em história, passou um ano ou dois em Cambridge, foi professora visitante da pós-graduação em Princeton. Obviamente partilhamos uma paixão pelo passado, por texto, pela vida em torre de marfim.

Ela era muito mais expansiva e entusiasta do que a francesa média, inclinando-se para mim ao me fazer perguntas, provando os sabores de sorvetes com grande prazer, abanando suas colherinhas de provas diante de si mesma, como Madame de Pompadour com um leque. Se não fosse pelo fato ligeiramente suspeito do reaparecimento de uma "ex" francesa, poderíamos ser amigas.

Ela chegou com uma garrafa de champanhe para comemorar a abertura da sorveteria e dois livros para Alexandre. Obviamente havia contado muito sobre Gwendal ao novo namorado (demais, talvez). As mulheres são muito tolas.

Logo depois das 18 horas, Nicole chegou à loja com Alexandre. Com apenas algumas pequenas lacunas, meus pais ou Nicole estarão aqui até o final de agosto. Estamos trabalhando à noite e fins de semana. Nunca conseguiríamos fazer isso sem eles.

Mesmo depois de um dia inteiro tomando conta de uma criança pequena, Nicole ainda conserva seu batom vermelho. É mais fácil minha sogra sair de casa sem a calça do que sem seu batom.

Claro, Laure conhecia minha sogra havia anos, e elas começaram a conversar animadamente. Sentei-me a certa distância enquanto Laure inclinava-se – ela possuía um jeito simpático de inclinar-se para a pessoa com quem estava conversando – e fazia perguntas à minha sogra que nunca ousei fazer.

– Nicole, *si c'est pas indiscret*, gostaria de conhecer alguém? – Seu tom de voz era caloroso, conspiratório.

– *Mais oui* – Nicole respondeu. – Mas os homens da minha idade, *c'est des ordures*. – Era como se ela estivesse conversando com uma velha amiga.

Entrei bufando de raiva. Na verdade, eu *estava* com ciúmes, não de Gwendal, mas de Nicole.

Três anos haviam se passado e ela e eu nunca mais falamos realmente sobre o livro. Nunca mais realmente conversamos sobre como se sentia com a morte de seu marido, o que ela esperava com sua nova vida em Paris. Conversávamos muito sobre o passado, a história da família, receitas, mas não a respeito do futuro.

– *Ça va?* – perguntei a Nicole, quando ela entrou com as taças de champanhe para lavar.

— *Et toi?*— ela retorquiu. — Se fosse comigo, eu teria ficado... — Esqueci a palavra francesa exata que ela usou, mas significava algo entre "fria" e "apoplética".

Por alguma razão, esse encontro me fez sentir triste, e com certa raiva — assim, eu saltei da beira do penhasco. — Vi a maneira como você conversava com Laure, as perguntas que ela fazia. — Hesitei, buscando a linguagem e o sentimento. — Às vezes eu me pergunto se seria mais fácil para você ter uma nora francesa. — *Alguém que sabe todas as letras das músicas de Brassens e pode ler Lacan no original. Alguém que sempre sabe o que é adequado ou não. Alguém que não esteja sempre correndo o risco de tropeçar sobre essas linhas culturais na areia.* — E, às vezes, quero... — meu francês já começava a se embaralhar — dizer algo, fazer perguntas. — Levei um minuto para recuperar minhas palavras. — Não sei se é uma questão de cultura ou de temperamento, mas às vezes eu simplesmente não ouso.

Ela me olhou, surpresa. Quaisquer que fossem as qualidades que ela atribuísse à garota americana que entrara em sua vida, tenho certeza de que falta de ousadia não era uma delas. — *Tu as tort* — ela disse, gentilmente. Você está enganada.

— Oh — exclamei, espantada que pudesse ser assim tão simples. Era um convite, um convite que eu queria desesperadamente aceitar.

Tu as tort.

Talvez eu estivesse; talvez sempre tenha estado.

Quando cheguei a casa naquela noite, eu estava cheia de perguntas, dúvidas. Isso deve ter transparecido em meu rosto.

— Foi tudo bem? — Gwendal perguntou.

— Tudo bem para mim. Não sei bem o que o namorado de Laure achou.

— Pois é.

— Na verdade, sinto-me com sorte. As pessoas que estão realmente felizes normalmente não dirigem por uma hora e meia fora de seu caminho para ver um "ex".

– Nossa. – Ele levantou os olhos do computador. – Nunca pensei que eu pudesse ganhar pontos de um encontro como esse.

– Só estou dizendo – continuei, aproximando-me por trás dele e passando os braços por seu pescoço – que prefiro estar casada com o cara mais legal que conheço do que estar falando sobre o cara mais legal que conheço com outro homem.

—☙—

TIVEMOS UM TEMPO MÍNIMO para nos preparar antes que os *paparazzi* chegassem. Temos um estande de sorvete no festival de cinema estudantil esta noite. O edifício do século XIX da escola está decorado com bandeiras, e um tapete vermelho se estende do portão de ferro forjado até o palco. Há um estande de churrasco, outro de crepes, alguém fazendo waffles. Os professores e alunos fizeram um excelente trabalho.

Os pais, todos em roupas escuras, formavam um grupo convincente de fotógrafos de celebridades. Dezenas de flashes espocavam conforme cada turma desfilava pelo tapete vermelho. Alguns dos garotos usavam camisas brancas formais e gravatas-borboleta com suas calças jeans e tênis. Todas as garotas tiveram permissão para acessar as gavetas de maquilagem das *mamans*.

É 25 de maio e, a duas horas ao sul daqui, o verdadeiro festival de cinema de Cannes está terminando. Lembro-me de como Gwendal ficou empolgado quando compareceu ao festival pela primeira vez. Certa vez, telefonei para ele. Ele havia se cortado enquanto se barbeava, pouco antes da *première* do novo filme de Indiana Jones. Segurando o telefone junto ao ouvido, ele tentava não pingar sangue no colarinho da camisa de seu traje a rigor.

– Você sente falta? – perguntei.

– Não – ele respondeu, sem hesitação. E vi que ele realmente não sentia. Havíamos nos deparado com uma vida improvável. Nem todos os planos de cinco anos no mundo nos teriam levado até ali. No entanto, era o lugar certo para estarmos.

Talvez René Char tenha se expressado melhor:
Impose ta chance, serre ton bonheur et va vers ton risque. À te regarder, ils s'habitueront.
Imponha sua sorte, agarre sua felicidade e vá ao encontro de seu risco. Quando olharem para você, eles o seguirão.
A tradução, um tanto livre, é minha.
Gwendal me deu a colher do sorvete e dirigiu-se ao palco. Haviam pedido a ele que apresentasse o prêmio para Melhor Diretor. Alexandre sentou-se no chão ao meu lado com um cone de *sorbet* de limão. O vento começou a soprar com mais intensidade. Apertei os olhos para o sol do crepúsculo e virei-me para meu próximo cliente, uma menina com um excesso de sombra verde cintilante de sua mãe nos olhos.

Receitas para uma noite de sorvete

MIL E UMA NOITES (SORVETE DE *RAS-EL-HANOUT* COM AMÊNDOAS TOSTADAS)
Glace Mille et Une Nuits

A mãe de Gwendal nasceu em Casablanca, e esta receita é uma homenagem às suas raízes *pied-noir*. Ras-el-hanout é uma mistura de especiarias do Norte da África geralmente usada para temperar cuscuz. Sua composição leva gengibre, canela, cardamomo e cravo, mas também cominho, coentro e pimenta. O sabor é um pouco parecido ao chá *chai*, mas com um toque energético. É particularmente bom com torta de maçã, torta aberta de pera ou tortas de *mince* para o Natal.

⅓ *de xícara de amêndoas fatiadas*
4 gemas
¾ *de xícara de açúcar*
2 ½ xícaras de leite integral
½ xícara de creme de leite
1 ½ colher de chá de ras-el-hanout

Toste as amêndoas em uma frigideira pequena, até dourarem. Deixe esfriar completamente e reserve.

Em uma tigela média, bata as gemas com o açúcar até formar um creme claro. Reserve.

Prepare um banho de gelo – uma tigela grande cheia de cubos de gelo. Reserve. Encontre sua peneira fina e deixe-a perto do banho de gelo.

Despeje o leite e o creme de leite em uma caçarola média e acrescente o *ras-el-hanout*. Aqueça em fogo brando, até quase chegar ao ponto de fervura. Desligue o fogo. Em seguida, aos poucos, adicione o leite quente à mistura de gemas, batendo rapidamente e continuamente para combinar os ingredientes. Despeje a mistura de volta à caçarola e cozinhe em fogo brando, mexendo continuamente, até que o creme cubra as costas de uma colher de pau, cerca de 5 minutos. Imediatamente, passe o creme pela peneira fina, de volta à tigela. Esfrie rapidamente no banho de gelo, batendo por alguns minutos até que o creme esfrie um pouco. Guarde em um recipiente hermético na geladeira. Se possível, deixe por 24 horas, de modo que o sabor tenha tempo de se desenvolver. Congele em sua máquina de sorvete caseira segundo as instruções do fabricante.

Depois de bater, acrescente as amêndoas tostadas. Congele em um recipiente hermético por uma ou duas horas antes de servir. Pode ser guardado por cerca de uma semana, mas, em termos de textura, é bem melhor ser consumido no próprio dia em que é batido.

Rendimento: aproximadamente um litro de sorvete

Observação: Ras-el-hanout *pode conter inúmeros condimentos: galanga, botões de rosas, pimenta-do-reino, gengibre, cardamomo, nigela, pimenta caiena, pimenta-da-jamaica, lavanda, canela, coentro, macis, noz-moscada e cravos, para citar alguns. Mas também já encontrei* ras-el-hanout *com curry em pó em sua mistura – definitivamente, deve ser evitado. O curry irá predominar sobre os demais condimentos.*

GELEIA DE CEREJAS DE JEAN
Marmelade de Cerises

Uma calda de cerejas à moda antiga, de dar água na boca. Servida sobre sorvete de avelã ou baunilha, com creme chantilly e uma cereja fresca em cima!

1kg de cerejas frescas
800g de açúcar (eu uso metade açúcar branco e metade açúcar demerara ou mascavo claro)
½ xícara de kirsch (licor de cereja)

Descaroce as cerejas e cubra com o açúcar e o licor. Mexa bem. Deixe a mistura descansar por 12 horas ou de um dia para o outro. Em uma panela de fundo grosso, ferva a mistura, abaixe o fogo e cozinhe em fogo brando por 20 minutos. Remova as cerejas, reserve. Continue com a calda em fogo brando por uma hora – um pouco mais não vai fazer mal –, até ficar reduzida à metade.

Distribua as cerejas entre três ou quatro potes esterilizados. Despeje a calda de cereja fervente dentro deles, deixando 6mm de espaço no topo. Feche bem os potes e esterilize-os em água fervente de acordo com as instruções do fabricante. Se, como eu, você não domina as complexidades da maneira apropriada de fazer conservas, a calda pode ser guardada na geladeira por uma ou duas semanas, ou você pode congelá-la por até seis meses.

Rendimento: três a quatro potes de 350ml

EPÍLOGO

DIA DE AÇÃO DE GRAÇAS

— O que é *"pick and pie"*? – perguntei, passando os olhos pelo cardápio que Marion e eu estávamos rabiscando nas costas de um envelope.
— Lili quer fazer *"pick and pie"*.
— Pecan? Pecan Pie? – Ah, torta de pecan.
Marion olhou para mim, confusa.
— Noix de pécan.
— Isso mesmo.

Eu decidira que, se queria tradições festivas na França, eu mesma teria de criá-las. A irmã de Marion e seu marido irlandês tinham acabado de voltar com sua filhinha de um período de três anos de residência na Califórnia. Parecia a oportunidade perfeita para sugerir um jantar de Ação de Graças comunitário.

Lili entrou com o bebê, de 11 meses, exatamente a idade que Alexandre tinha quando chegamos a Céreste. Ela já parecia em casa, arrancando frutinhas das árvores e dando risadinhas enquanto as enfiava dentro do decote da tia.

Percorremos a lista:

Repolho de Bruxelas com toucinho
Recheio
Bacalhau salgado, com alho-poró
Purê de abóbora
Batatas assadas
Purê de batatas

Suflê de milho
Torta de maçã holandesa
Torta de pecan
Cheesecake de abóbora
Fisális mergulhada em chocolate

– *Mais c'ést trop!* – disse Dominique, a mãe de Marion, limpando as botas no capacho.
– *Trop* é bom – eu disse. Demais é que é a questão.
– *Et la dinde?* – Marion perguntou.
– Eu voto para não ter nenhum peru. Ninguém o come, de qualquer forma. Tudo que é bom está nos acompanhamentos.
– Meu irmão quer um peru – Marion protestou. – Ele já viu shows de TV americanos demais.

Eu me perguntava como iríamos conseguir assar um peru do tamanho de *Desperate Housewives* em um forno francês enquanto Marion embrulhava uma grossa fatia de sua abóbora Durban favorita e a colocava em minha bolsa. Não existe abóbora enlatada na França, de modo que, se eu quiser fazer meu *cheesecake* preferido, vou ter de assar, amassar e secar minha própria abóbora.

―⁕―

NOS ESTADOS UNIDOS, não almoçamos no Dia de Ação de Graças. Fico ocupada demais pegando uns bocadinhos crocantes de recheio da ave toda vez que vou regá-la com o molho. Se alguma concessão for feita, será um salame Hebrew National com mostarda amarela da cor dos ônibus escolares americanos, que fica na bancada de onde todo mundo que passa por ali pode pegar uma fatia. Tendo visto o cardápio, a família de Marion entendeu a ideia e ninguém quis uma grande refeição ao meio-dia. Mas estamos na França, de modo que não havia a menor possibilidade de pular completamente o almoço.

Fizemos uma salada. Fatiei metade de um repolho enquanto Marion foi à horta pegar cenouras e beterrabas. Entre as cenouras, havia duas que tinham crescido unidas. Redondas no topo e afunilando-se gradualmente, pareciam os quadris e pernas de uma corista "cheinha". Sorri ao lembrar-me das picantes fotos de cenouras que deram início à nossa amizade. A beterraba úmida era escura como tinta, com um curto rabicho peludo. Enquanto Marion descascava as beterrabas, joguei as cascas na boca. O suco roxo manchou meus dedos. *Pourquois pas?* Corri para o espelho, pressionei a casca nos lábios. A cor era um pouco Elvira, mas funcionou.

Subimos o caminho para a casa da mãe de Marion, a cerca de 100 metros em linha reta. Dominique mexia o bacalhau com alhos-porós cozidos em fogo brando, que ela normalmente faz para o Natal. O bacalhau, seco e preservado em sal marinho, ficara de molho por dois dias.

– Quantas vezes você troca a água? – perguntei.

– Três vezes – disse Dominique. – Mas há um truque: você pode pôr o peixe na caixa da descarga da privada e, dessa forma, a água correrá continuamente por ele.

Franzi os lábios. Tente explicar isso no Canal de Culinária.

– TEM MILHO NISSO? – Dominique perguntou.

Prendi a respiração. Dominique acabara de se servir de uma grande colherada do meu suflê de milho. Na França, milho é comida de animais. Nunca sei ao certo o que vai acontecer quando sirvo milho a seres humanos.

– *C'est délicieux!* – ela disse, fechando os olhos de prazer. Soltei o ar dos pulmões. Mais uma adepta do Dia de Ação de Graças.

As pontas dos meus dedos ainda estavam manchadas do suco de beterraba. – Eu e Marion fizemos batom de casca de beterraba esta tarde.

– Não fizeram isso durante a guerra – perguntou Lili –, quando não havia maquilagem? Esfregar beterraba nas faces?

Dei uma mordida no bacalhau branco, junto com o suave verde dos alhos-porós. Maravilhosa comida caseira. Deve nevar esta noite, o que me faz pensar em Jean. Nosso vizinho, nosso amigo, faleceu repentinamente em julho. Ele foi a Marseille para instalar um marca-passo e três semanas depois morreu enquanto dormia. Sempre me lembrarei dele verificando a temperatura em seu roupão de banho e chinelos quando eu saí em uma gélida manhã de inverno. Seu termômetro dizia –8°C, –9°C? Penso, do mesmo modo, em Marcelle, quando vejo a florescência resplandecente das rosas no jardim ou dos lírios-do-vale no dia primeiro de maio. Desde o começo, este lugar tem sido uma colagem do passado e do presente – e agora, para nós, do futuro.

Alexandre está cochilando, a cabeça pendendo para a frente, diante de seu purê de batatas. Ainda adoro vê-lo dormir. Entro em seu quarto toda noite, ajeito as cobertas que ele chutou para o lado. Às vezes, eu o encontro virado para o pé da cama ou atravessado, as pernas subindo a parede, como se tivesse adormecido no meio de um número de circo. Entendo melhor agora o que minha mãe quer dizer quando me fala: "Você é o melhor que já fiz." Se eu puder lançar um ser humano feliz no mundo, como minha mãe me lançou, *será* o melhor que terei feito, certamente o mais importante. Não tenho mais medo desse tipo de amor que é como deitar no meio da estrada. Se demorei a chegar lá, se perdi tempo, se recuei quando devia ter avançado, espero que isso me torne mais alerta, mais cuidadosa em cultivar momentos do dia a dia com meu filho. Quando penso na infância que Alexandre tem tido aqui, ao pé da cerejeira de Jean, fico tão grata – por um pouco da paz que recuperei, um pouco do temor de que me livrei, um pouco das carências que compreendi. Não sou uma mãe perfeita, mas sou muito melhor agora.

Scaramouche rapidamente assumiu vida própria. O boca a boca neste verão foi excelente, e Gwendal já começou a aceitar pedidos de bolos em forma de tronco de árvore para o Natal. Quando fecharmos o balanço, sobreviveremos ao inverno – o que, falando com a *prudence* francesa, é tudo que você pode querer de um negócio novo. Isso dito, a metade americana do meu cérebro já está imaginando como poderemos levar nosso caminhão de sorvete amarelo-banana para o Canal Saint-Martin em Paris.

Iain pegou um pedaço da perna de cordeiro assada e passou-o a mim. – Puxa – ele disse –, ainda bem que você não conseguiu achar um peru.

Ele ergueu um copo.

– Saúde.

– *Santé*.

– Feliz Dia de Ação de Graças.

O feriado foi exatamente como deveria ser: cozinhando, compartilhando, conversando – e comendo demais. Após o jantar, Marion e eu nos sentamos à ponta da mesa, enquanto partíamos fatias do *cheesecake* de abóbora. Estava melhor até do que eu me lembrava. Fiquei satisfeita de ter reduzido o açúcar em um terço para satisfazer ao paladar francês.

Gwendal queria chegar a casa antes que a neve começasse, de modo que deixamos a louça – e toda a comida extra – na casa deles. Quando me levantei na manhã seguinte, não havia nada na geladeira. Assim, foi um feriado primordialmente francês – um jantar de Ação de Graças sem nenhuma sobra.

―⬥―

HOJE, SOU FRANCESA. Ou melhor, hoje é oficial. A qualidade de francesa já vem se imbuindo em mim há algum tempo, como azeite de oliva em uma perna de cordeiro. Perdi algumas de minhas arestas. Estou transbordando de uma sensação que faria meu eu mais jovem, cosmopolita, resfolegar de desdém. Estou satisfeita.

Quando você se torna um cidadão francês, a primeira atitude do governo é emitir uma certidão de nascimento francesa para você, como se você fosse um bebê francês que *por acaso* nascera no exterior. Meu nome e data de nascimento são os mesmos, mas o local do meu nascimento agora é Céreste. Eu renasci aqui. A metáfora é um pouco grosseira, se não inteiramente falsa.

A carta em si era uma decepção. Não é como entrar para a faculdade. Não havia nenhum *Bem-vinda, Elizabeth, à turma de 2013!* Não sei o que eu estava esperando. Um cartão musical que lançasse confete e tocasse *"La Marseillaise"*? Uma figura *pop-up* de Charles de Gaulle?

Como a maior parte da correspondência administrativa francesa, essa era uma carta com instruções para que se escrevesse outra carta. Pedia-me para verificar a certidão de nascimento anexa e enviar os documentos relacionados a seguir, mas, se eu não os mandasse dentro de três meses, não faria a menor diferença, e os detalhes dos meus documentos seriam registrados como constantes nos referidos documentos.

– Deixe-me entender direito. Estão me pedindo para enviar documentos que já têm e dos quais realmente não necessitam, mas que vou mandar de qualquer modo porque sou paranoica demais para não o fazer. – Involuntariamente, ergui os ombros e deixei-os arriarem com um suspiro. Tudo aquilo era loucamente, inegavelmente francês.

Telefonei para Marion. Eu prometera avisá-la ao primeiro sinal oficial de *frenchness*. Ela está reformando uma minúscula cabana de pedra em suas terras. Fica à sombra de um enorme carvalho e tem uma vista das colinas ao redor.

– É apenas uma carta administrativa – eu disse, tentando manter a decepção fora de minha voz. – Não sei o que eu estava esperando. Falta... *gravitas*. Gostaria de fazer algo para marcar a ocasião. Talvez eu possa plantar uma árvore.

— Que tipo de árvore?

— Não sei bem.

— Estou encomendando alguns *figuiers* para março.

Uma *figueira*. Tive uma visão repentina de Alexandre e eu dali a 20 anos, fazendo uma torta de figos e amêndoas com frutas de nossa própria árvore. A francesa dentro de mim balançou a cabeça.

— Perfeito — disse a americana.

Receitas para um jantar franco-americano de Ação de Graças

SALADA CRUA DE REPOLHO, CENOURA E BETERRABA
Salade de Betteraves crues, Carottes, et Chou Vert

Isto, juntamente com uma fatia de salame Hebrew National, é a única coisa que posso pensar em comer *antes* do jantar de Ação de Graças. Dito isso, acrescento que também daria uma excelente salada para acompanhar o próprio jantar – os legumes crus fazem um contraste vivo e crocante a alguns dos acompanhamentos festivos mais indigestos.

500g de repolho (metade de um repolho pequeno)
300g de (cerca de 4) cenouras orgânicas
300g de (cerca de 2) beterrabas vermelhas, orgânicas, médias
2 colheres de sopa de azeite de oliva
2 boas pitadas de sal grosso, a gosto

Em um processador de alimentos ou à mão, rale todos os legumes. Guarde em um recipiente hermético. Se estiver fazendo a salada com antecedência, mantenha a beterraba separada das cenouras e do repolho até o último instante. Na hora de servir, misture os legumes com o azeite e o sal.

Rendimento: oito porções como acompanhamento, 12 como parte de um tira-gosto.

Dica: Experimente esta salada com carnes grelhadas ou como parte de um prato meze, *com homus,* falafel *e molho de iogurte. Às vezes, eu substituo parte do azeite de oliva por uma colher de chá de óleo de gergelim e salpico sementes de gergelim tostadas por cima. Servi uma pe-*

quena porção da versão com gergelim com uma fatia de foie gras como tira-gosto no Ano-Novo.

BACALHAU SALGADO COM ALHO-PORÓ, O PRATO DE SETENTA E DUAS HORAS DE DOMINIQUE
Morue aux Poireaux Fondues

Esta receita é um projeto festivo exaustivo. Se contar o tempo que o peixe seco e salgado fica de molho, são cerca de três dias, do começo ao fim. A combinação de alhos-porós macios e bacalhau é inspirada, comida de criança no melhor sentido. A seguir, a extensa receita provençal seguida da prática receita americana (apropriadas para um capítulo sobre meu novo eu franco-americano).

850g de morue (filé de bacalhau salgado)
3kg de alho-poró, sem ser aparado
3 colheres de sopa de azeite de oliva
1 folha de louro
Algumas pimentas em grão
Alguns galhinhos de tomilho fresco ou seco
Pimenta-do-reino
½ xícara de vinho branco ou rosé
½ xícara de farinha de rosca
1 pedacinho de manteiga
⅓ de xícara de azeitonas pretas em conserva, picadas e descaroçadas (opcional)
½ xícara de queijo Gruyère, ralado (opcional)

Coloque o bacalhau em um recipiente grande de plástico coberto com 5 a 8cm de água. Deixe-o na geladeira por dois dias, trocando a água duas vezes. A última água não deverá estar salgada.

Preaqueça o forno a 180°C. Remova a base peluda dos alhos-porós, e as pontas verde-escuras e duras da parte de cima das folhas. Use apenas as partes brancas e verde-claras. Corte os alhos-porós já aparados em rodelas de 1,3 cm. Enxágue bem. Em uma panela, cozinhe os alhos-porós em água fervente por 3 minutos. Escorra. Em uma assadeira com tampa, aqueça o azeite de oliva, adicione os alhos-porós cozidos, mexa rapidamente. Não acrescente sal – o bacalhau cuidará disso. Quando os alhos-porós estiverem aquecidos e chamuscando (três minutos depois), tampe e leve ao forno por 1 hora.

Enquanto isso, escalde o peixe. Descarte a água em que ficou de molho e coloque-o em uma panela grande com água fria. Adicione os temperos e deixe em fogo médio até quase o ponto de fervura. Quando vir pequenas bolhas se formarem na superfície, desligue o fogo e tampe. Deixe descansar por dez minutos. O peixe será cozido novamente com o alho-poró, é melhor deixá-lo pouco cozido nesta fase. Remova o peixe para um prato e deixe-o esfriar.

Quando o peixe estiver frio para poder ser manuseado, desfie o bacalhau em pequenos pedaços (no tamanho de uma moeda de dez centavos). Quando tirar o alho-poró do forno, acrescente o peixe à panela com uma boa pitada de pimenta-do-reino moída na hora e o vinho. Mexa bem. Aqueça no fogo até o vinho borbulhar, em seguida cubra e leve ao forno por trinta minutos.

Toste a farinha de rosca em um pouco de manteiga derretida até adquirir um belo tom dourado.

Transfira o bacalhau e o alho-poró para uma assadeira de 23 cm x 33 cm. Misture as azeitonas e o queijo. Espalhe a farinha de rosca por cima. Retorne ao forno por dez minutos. Sirva bem quente.

Rendimento: seis a oito porções

BACALHAU E ALHO-PORÓ CREMOSO DE VINTE MINUTOS
Dos de Cabillaud et Fondue de Poireaux

Esta é uma reconfortante comida caseira para se fazer em dia de semana.

Para os alhos-porós
1,5kg de alhos-porós não aparados
2 colheres de sopa de azeite de oliva
2 boas pitadas de sal grosso
½ colher de chá de mostarda Dijon
2 generosas colheres de sopa de crème fraîche *ou creme azedo*

Para os filés de bacalhau
½ colher de sopa de azeite de oliva
¼ de xícara de vinho branco ou rosé
4 pedaços grossos de filé de bacalhau, de cerca de 150g cada
Sal grosso
Pimenta-do-reino

Remova a base peluda dos alhos-porós, bem como as pontas verde-escuras e duras da parte de cima das folhas. Use apenas as partes brancas e verde-claras. Corte os alhos-porós já aparados em rodelas de 1,3cm. Enxágue bem para remover qualquer vestígio de terra. Em uma panela, cozinhe rapidamente os alhos-porós em água fervente por três minutos. Escorra.

Na mesma panela, aqueça o azeite de oliva, adicione os alhos-porós escaldados e o sal, e mexa bem. Cozinhe em fogo médio com a tampa entreaberta por dez minutos, mexendo os alhos-porós a cada três minutos mais ou menos. Gosto de deixá-los dourar um pouco, até aparecerem pedaços chamuscados no fundo, mas estarão macios antes disso. Em uma tigela pequena, misture a mostarda e o *crème fraîche*. Pouco antes de servir, adicione o creme ao alho-poró e leve ao fogo apenas para aquecer.

Enquanto o alho-poró estiver cozinhando, em uma frigideira média, aqueça ½ colher de sopa de azeite de oliva e ¼ de xícara de vinho. Adicione os filés de peixe e salpique um pouco de sal grosso e uma pitada de pimenta-do-reino moída na hora. Tampe e cozinhe em fogo brando até o peixe soltar lascas, de sete a dez minutos. Eu prefiro ser cautelosa, desligando o fogo antes que o peixe esteja inteiramente cozido e deixando-o coberto de modo que continue a cozinhar por algum tempo em seu próprio caldo.

Sirva o peixe sobre o alho-poró.

Rendimento: 4 porções

SUFLÊ DE MILHO
Soufflé au Maïs

Os franceses podem achar que milho é para as galinhas, mas, depois de provarem este suflê, geralmente mudam de ideia. Este suflê foi adaptado de *Fonda San Miguel: Thirty Years of Food and Art*, de Tom Gilliland, Miguel Ravago e Virginia B. Wood (Shearer, 2005). Gosto de servi-lo com pratos de carne assada e repolho de Bruxelas salteado.

¾ de xícara de farinha de trigo
1 colher de chá de fermento em pó
1 colher de chá de sal grosso
1kg de grãos de milho, congelados ou em lata, descongelados ou escorridos
¾ de xícara de leite integral
6 ovos, separados
⅓ de xícara de açúcar

6 colheres de sopa de manteiga, derretida
120g de queijo Comté (pode ser substituído por cheddar branco), ralado

Preaqueça o forno a 180°C.

Unte uma forma de 23cm x 33cm. Em uma tigela pequena, misture a farinha, o fermento e o sal.

Em um processador de alimentos ou um batedor manual, bata o milho e o leite até formar um purê liso. Adicione as gemas uma a uma, misturando por trinta segundos após cada adição. Acrescente o açúcar e misture até ficar bem dissolvido, cerca de três minutos. Acrescente a manteiga derretida e misture até a mistura ficar lisa.

Se estiver usando um processador de alimentos, transfira a mistura de milho para uma tigela grande. Acrescente delicadamente a mistura de farinha, somente até combinar os ingredientes. Acrescente o queijo.

Bata as claras em neve até ficarem bem firmes. Em duas adições, acrescente as claras em neve à mistura de milho. Coloque na forma e asse de 50 minutos a 1 hora, até dourar por cima. O suflê é melhor morno ou até mesmo à temperatura ambiente; portanto, se você precisa do forno para outras coisas, asse o suflê primeiro.

Rendimento: oito a dez porções, como parte de um jantar festivo maior

CHEESECAKE DE ABÓBORA
Cheesecake au Potimarron

Mary McCollough, de Burlington, Massachusetts, enviou uma versão desta receita à coluna Cooks' Exchange de novembro de 1996 da revista *Bon Appétit*. Eu a adaptei, cortando o açúcar em um terço – antes mesmo de me darem um passaporte francês, eu já havia perdido o gosto por sobremesas enjoativamente doces. Usar abóbora fresca assada é um esforço extra, mas faz uma enorme diferença.

Crosta

1 ½ xícara de biscoitos speculoos *(biscoitos de gengibre)*, esfarelados
¾ de xícara de pecans trituradas
¼ de xícara de manteiga sem sal, derretida

Recheio

1 fatia de 2kg a 2,5kg de abóbora crua
3 pacotes de 250g de cream cheese, em temperatura ambiente
1 xícara *(bem apertada)* de açúcar mascavo claro
1 colher de sopa de quatre épices ou de tempero para torta de abóbora (ou 1 colher de chá de cada: gengibre em pó, canela e noz-moscada)
1 boa pitada de cravo em pó
1 colher de sopa de extrato de baunilha, ou uma fava de baunilha, com as sementes raspadas
3 ovos grandes

Preaqueça o forno a 180°C.

No dia anterior: Asse sua fatia de abóbora (não precisa descascar ou cortar) no forno a 180°C por uma hora e meia ou mais, até ficar doce e completamente macia. Deixe esfriar, remova e descarte a casca, e amasse. Passe por uma peneira fina para remover o máximo de água possível. Você vai precisar de 1 ½ xícara de abóbora amassada.

Para a crosta: Em uma tigela média, misture os biscoitos esfarelados, as pecans trituradas e a manteiga derretida.

Pressione a mistura no fundo e nas laterais (2,5cm) de uma forma de fundo removível redonda de 23cm. Deixe-a na geladeira até o recheio ficar pronto.

Na batedeira elétrica, bata o cream cheese com o açúcar até a mistura ficar lisa. Acrescente a abóbora, os temperos e a baunilha. Bata até ficarem bem misturados. Adicione os ovos um a um, batendo após cada adição.

Despeje a massa sobre a crosta, asse até ficar dourada em cima e o centro estar suavemente firme, cerca de uma hora e quinze minutos. Transfira para uma grade e deixe esfriar completamente. Deixe na geladeira de um dia para o outro.

Rendimento: dez a 12 porções

LENDO RENÉ CHAR

Se você quiser explorar melhor a poesia de René Char, há uma edição bilíngue inglês/francês de *Feuillets d'Hypnos* em *Furor and Mystery and Other Writings* (Boston: Black Widow Press, 2011). Se você lê francês, Mireille Sidoine-Andouy reconta suas lembranças de infância de Char em seu livro *Darwin fera la mis en scène: Une enfance auprès de René Char (1940-1950)* (Paris: Editions du Sextant, 2009).

AGRADECIMENTOS

Mais uma vez, sou abençoada pelos sábios conselhos e toques mágicos de minha agente Wendy Sherman, de minha editora Judith Clain e do time dos sonhos da Little, Brown. Muitos amigos contribuíram com seus valiosos tempo e comentários: Afra, Betsy, Jenny, Sarah, Zizi. Courtney Rubin, simplesmente não há papéis de carta com monograma suficientes em todo o universo. Tanto eu quanto Gwendal ficamos encantados com a força de nossos vínculos na vila: Cindy e Pierre nos receberam calorosamente e forneceram um escritório longe de casa. Agradecimentos muito especiais a Mireille Sidoine-Audouy, que teve a gentileza de compartilhar sua história pessoal conosco, e Marion Peyric, com quem discuto sobre tomates e Homero. Sentimos falta de Jeannot e Pierrette Cappelletti todos os dias, particularmente quando há uma geada. Embora eles evitem os refletores, *mille mercis* a Rod e Angela Heath; desde nossa primeira visita ao nosso mais recente cone de *sorbet* de marmelo, nada disso teria sido possível sem vocês. Aos meus pais, que nos acompanharam em mais uma rodada de ideias malucas, e particularmente a minha mãe, que provou durante todo o processo que não só é uma mãe extraordinária, mas que também possui um maravilhoso espírito esportivo. Finalmente, a meu marido e a meu garoto de ouro, que me dão mais felicidade do que eu jamais poderia imaginar. Todos os dias, vocês fazem meu coração transbordar.

ÍNDICE DE RECEITAS

Aperitivos & entradas
Aspargos com molho de tahini
　e iogurte 24
Caponata de alecrim 157
Cebola caramelizada e anchovas no
　pão árabe 26
Coquetéis de champanhe com raspas
　de trufa 350
Figos assados com roquefort e mel 122
Flores de abobrinha recheadas com
　queijo de cabra, hortelã e sementes
　de anis 193
Moluscos com açafrão, molho
　de tomate e funcho 229
Morcela com maçãs e especiarias
　de outono 139
Purê de ervilhas secas amarelas com
　vinagrete de laranja e gengibre 48
Sablés de parmesão, azeitonas
　e alecrim de Jean 195
Tartare de atum 66
Torradas com trufas e manteiga
　salgada 351

Saladas
Feijão-branco com tomates e ervas 81
Salada crua de repolho, cenoura
　e beterraba 386
Salada de cenoura ralada 274
Salada de cereais integrais com
　grão-de-bico e ervas 158
Salada de grão-de-bico com pimentões
　e ervas 25
Salada de queijo de cabra aquecido 262
Salada de rúcula com cebolas roxas
　assadas, abóbora, nozes e queijo
　de cabra fresco 246
Salada de rúcula com frango, figos
　frescos e abacate 121
Salada do *chef* com fígado de
　galinha 64

Sopas
Ensopado de lentilhas e linguiça 336
Sopa cremosa de abobrinha 98
Sopa de carne e grãos integrais
　de Espelta 334
Sopa de ervilhas secas com barriga
　de porco e conhaque 333
Soupe au pistou 214

Legumes & verduras
Abobrinha gratinada 99
Abobrinha e tomates recheados 173
Linguiça com feijão *flageolet*
　e abobrinha 274
Macarrão integral com tomates
　assados, camarão e berinjela 216

Suflê de milho 390
Tomate Napoleão com purê
   de alcachofras 194
Vagens com bacon 293

Carnes
Coelho com *pastis*, funcho e ervilhas
   frescas 49
Cordeiro de sete horas com temperos
   norte-africanos 79

Peixes & frutos do mar
Bacalhau salgado com alho-poró,
   o prato de setenta e duas horas
   de Dominique 387
Bacalhau e alho-poró cremoso de vinte
   minutos 389
Badejo assado com limão e ervas 63
Badejo com presunto de parma,
   azeitonas verdes e champanhe 140
Filés de tamboril com tomates e petits
   pois frescos 213
Salmão simples no papel-alumínio 247
Sardinhas grelhadas com vinagre
   e mel 172

Doces, bolos & sobremesas
Ameixas assadas no vinho 304
Biscoitos crocantes "borboleta" 290
Bolinhos de amêndoas com abricó
   e lavanda 159
Bolo de pera da meia-noite 291
Bolo húngaro de cerejas 248
Bolo de maçã da vovó 317
Calda de chocolate quente caseira 304
Cheesecake de abóbora 391
Chutney de figos de Mollie e David 318
Clafoutis de cereja 175
Compota de verão de açafrão 229
Cupcakes de cenoura e açafrão 231
Geleia de cerejas de Jean 337
Mendiants 141
Mil e uma noites 376
Musse de chocolate amargo 276
Peras *pochées* com *crème anglaise*
   trufado 351
Salada de pêssegos brancos e mirtilos
   com xarope de rosas 100
Sorvete de tomilho e mel
   de lavanda 365
Torta de figos e amêndoas 122
Um bolo de aniversário simples 263

Este livro foi impresso na Intergraf Ind. Gráfica Eireli.
Rua André Rosa Coppini, 90 – São Bernardo do Campo – SP
para a Editora Rocco Ltda.